Contest for The Indo-Pacific: Why China Won't Map The Future

印太競逐

美中衝突的前線，全球戰略競爭新熱點

羅里・梅卡爾夫——著

李明 譯

Rory Medcalf

推薦序

印太區域已進入高度不穩定狀態

劉仕傑
前外交官、《我在外交部工作》作者
現為時代力量媒體創意部主任

多年之後回想起二〇二〇年，無疑是近年來最接近顛覆國際權力結構的一年。二〇二〇年，也將注定成為研究國際關係的學者，必須花最多力氣爭辯的一年。

原因很簡單。美中二元超強的權力結構看似穩定，但卻在這一年出現許多想像的變數。所有的國際關係學者，都在討論一些看似遙遠，但事實上卻隨時可能發生的變局，包括：

- 中國是否即將崩潰？
- 中國是否挑戰美國全球霸權？
- 美國是否會讓中國俯首稱臣？
- 習近平是否繼續稱帝？
- 川普能否連任？
- 香港反送中抗爭如何收尾？
- 臺海是否產生變局？
- 美中是否終將一戰？

如果你對上述這些問題有興趣，那麼，澳洲國立大學教授羅里・梅卡爾夫（Rory Medcalf）這本《印太競逐：美中衝突的前線，全球戰略競爭新熱點》，非常值得一讀。

這本書的中文書名較為中性，它原本的英文書名更能反映作者原始的想法：*Contest for the Indo-Pacific: Why China Won't Map the Future*。簡言之，作者對於中國能否與美國正面抗衡，並試圖成為全球第一強權這件事，持相當保留態度。

其實，要觀察二〇二〇年的國際政治趨勢，必須將它放在歷史脈絡下分析，亦即，中國自從一九七九年實施改革開放以降，經過九二年鄧小平南巡，確定「摸著石頭過河」，國力逐年持續上升，儘管經濟成長率從早期兩位數成長逐步調降，變成保八、保七甚至保六，但中國的外交野心昭然若揭，這是不爭事實。

中國的外交企圖心，展現在許多層面，最明顯的包括（但不受限於）：

- 戰狼式外交。
- 一帶一路。
- 爭取國際組織的領導權。

以戰狼式外交為例，中國派出鷹派外交官及官媒喉舌，在國際媒體上唇槍舌戰，替中國外交政策進行辯護，輔以在推特（Twitter）上大肆攻擊美國外交官及高層政要。其中最有名的，包括趙立堅、華春瑩，與中國駐英國大使劉曉明等。

以一帶一路來說，中國結合債權外交，華麗包裝海外基礎建設投資案，讓財務不佳的國家陷入債務陷阱，最後只得割地（例如租約九十九年）賠償。

而在國際組織的領導上，持平而論，中國的確展現長期深耕的野心。最有名的例子是二〇二〇年三月份世界智慧財產權組織（World Intellectual Property Organization，簡稱ＷＩＰＯ）總幹事的選舉，中國籍候選人王彬穎當時為副總幹事，且已於該組織任職近三十年，不過最後仍在美國的強力動員下，敗給新加坡籍候選人鄧鴻森（Daren Tang）。更不用說，在二〇二〇年的武漢肺炎中，遭到臺灣人痛罵的世界衛生組織（World Health Organization，簡稱ＷＨＯ）祕書長譚德塞（Tedros Adhanom Ghebreyesus），背後中國操作的痕跡斑斑。

但偏偏，上述中國的這些外交攻勢，遇到了一個非典型的美國總統川普（Donald Trump）。川普總統在二〇一六年的競選口號：讓美國再次偉大（Make America Great Again），事實上挑戰的就是中國。

依著這樣的脈絡觀之，二〇一八年延伸至二〇一九年的美中貿易大戰，正是川普總統逼著中國國家主席習近平面對一個終極問題：沒錯，中國可以當一個全世界無法忽略的老二，但如果要挑戰美國霸權，那是不可能的。

上述的中美外交對峙態勢，在二〇一九年夏季，卻因為香港的反送中抗爭，打亂了川普總統的算盤。接著，又因為二〇二〇年年初的武漢肺炎疫情，讓各國疲於防疫，而全球外交局勢，因而陷入暫時凍結。

臺灣，正是在上述如此詭譎的國際政治態勢中，扮演了一個重要但卻隱性的角色。臺灣作為亞洲民主的模範生，擁有不容忽視的經濟實力，且在全球疫情中意外成為抗疫英雄，種種因素瞬間讓臺灣成為印太戰略焦點。

在成為印太戰略焦點的同時，這也意謂著，臺灣必須承受更高的地緣風險。無論二〇二〇年美國大選的結果為何，在臺灣享有愈來愈高的外交紅利當下，中國內部的鷹派必將蠢蠢欲動。

作者梅卡爾夫教授在書中用了「黑象」（black elephant）一詞來形容印太的戰略風險，其中包括中國入侵臺灣。依照作者的說法，中國倘入侵臺灣，必須承受極高風險，包括其他國家支持臺灣的自衛行動，並且挑戰中國封鎖，「即便它們並不承認臺灣是個獨立國家」。

作者對於中國的軍事實力，以及中國是否存在絕對的軍事優勢，顯然存疑，這也是為何他點出了「維修」的困境。依照作者的看法，軍隊必須花一半的經費用來維修軍備，「即便中國已經取得全球第一的軍事優勢，但是它能一直維持下去嗎？」

除了維修，作者亦直言，中國的軍隊是一支沒有戰鬥經驗的軍隊，「自一九七九年和越南爆發戰鬥以來，這支軍隊沒有打過一場戰爭，從一九八〇年代末期以來，這支軍隊不曾在憤怒中開過一槍」。而缺乏戰鬥實務經驗的中共，出兵攻打臺灣的可能性有多高？畢竟，美軍可是有豐富作戰經驗的部隊。當然，另一個會被提及的問題是：美軍究竟會不會出兵協助臺灣？這個問題，恐怕短期內不會有答案，只待有天萬一臺灣海峽真的爆發戰爭，才能驗證。

「美軍會不會出兵援助臺灣」這件事，並非是憑空想像的命題。二〇二〇年七月二十九日，向來高度友臺的美國眾議員約霍（Ted Yoho）提出《預防臺灣遭侵略法草案》（Taiwan Invasion Prevention Act），該法授權當臺灣遭到中國武力攻擊時，美國總統得以決定以武力回應，並提出其他相關增進臺灣安全的合作方式。

上述法案能否順利在美國參眾兩院通過，以目前來看或許言之過早，但不可否認的是，中國對臺灣的武力侵略的確是潛在的威脅。倘《預防臺灣遭侵略法草案》真的通過，對中共而言將是一大嚇阻信號。不過，就如同《臺灣旅行法》於二〇一八年通過後迄今，臺灣總統尚未在訪美一事上明顯提高規格一般，《預防臺灣遭侵略法》縱使順利通過，也不保證美國「一定」會出兵協防臺灣。

作者甚至點出四項因素，直陳這些因素造成中國帝國過度向外擴張的陰影，包括中國一帶一路沿線的印太地區和歐亞大陸，各地已經出現反彈；印太地區部分國家逐漸強大；美國力量雖然稍有衰退，但距離被淘汰出局還早；中國的國內問題（包括債務、人口問題、環保壓力、不滿情緒）可能逐漸惡化。

本書中文版出版時，臺灣正在討論中共是否即將對臺灣開戰，以及中國出現糧食危機，習近平能否持續稱帝，而美國即將於兩個月內舉行大選。種種因素都顯示，印太區域已經進入高度不穩定的狀態，各種型態的大小衝突隨時都可能一觸即發。中國的領導者如果選擇規避風險，也許印太區域的和平還有一絲期望，但衝突爆發與否，中間尚存在許多外部變數。

對印太局勢及美中臺關係有興趣的讀者朋友，這本書甚具參考價值，我在此誠心推薦。

推薦序

尋找印太戰略知識建構的歷史脈絡

賴怡忠／遠景基金會執行長

（本文僅代表個人觀點）

《印太競逐》（*Contest for the Indo-Pacific: Why China Won't Map the Future*）是澳洲國立大學羅里・梅卡爾夫（Rory Medcalf）教授的最新力作。討論的是二十一世紀美中競爭最關鍵的地緣戰略場域，印太區域的過去、現在與未來。書中討論了印太作為區域單元的歷史過程，美中成為主要競爭者的演變歷程，說明了為何美中競爭的核心場域會在印太區域，以及印太區域的未來可能發展。

但如果將本書作為「另一本」談論美中在印太如何爭霸，或是強調為何美中會走向對立競爭而不是合作雙贏的著作，就似乎小看作者的苦心。這本書固然有為某些政策主張辯護的味道，但也需要關注其參與戰略社區的知識論辯角色，這就牽涉到印太戰略知識建構的歷史脈絡問題。

獨立於美中以外的印太戰略觀點

今天以美中二元對立競爭格局作為認識基點的印太戰略，其發展過程並不是這樣。首先，中國作為印太戰略的受眾，當美國提出印太戰略時，北京認定這是個要圍堵中國、抑制中國發展的地緣戰略，當然本身不會主動提出什麼印太戰略。而美國在二〇一七年十二月下旬提出印太戰略時，則是作為含括在其「國家安全戰略」的其中一部分，並非單獨提出。甚至在當年十一月川普總統於亞太經濟合作會議（ＡＰＥＣ）提到的印太戰略，也是以經貿為主要賣點。美國是直到隔年（二〇一八）七月底才提出美國的「印太經濟願景」，並在兩年之後的二〇一九年，國務院提出「印太願景」，與國防部提出「印太戰略報告」後，美國對於印太戰略在安全、外交、經濟的拼圖才完全到位。今天我們所熟知的美國印太戰略，川普政府是用了近兩年才完成的。

但是印太戰略不是美國所獨有。川普政府用了兩年才完成的印太戰略設計，能在剛開始沒多久就獲得幾個主要國家的響應，這代表其他國家也有自己對印太區域的想法，且與美方有相當討論，因此不會對美國的印太戰略提案感到意外。

在這個意義上，梅卡爾夫這本書的貢獻就很特別。相對於外界多將重點放在討論美國印太戰略之計畫作為以及中國的回應等議題時，梅卡爾夫在此提醒大家，其他國家對於印太戰略的設計與作為，對形塑這個區域的印太想像也具同等的重要性。梅卡爾夫一開始以日本首相安倍與印度總理莫迪的火車之旅，與之後共同發布的日印共同聲明作為開場。值得注意的是，這個旅程發生在川普剛當選總統但尚未就職，美國內部出現拒絕接受川普總統的抗議潮期間，更比川普政府公布國家安全戰略的時間還早上一年。梅卡爾夫很明顯地告訴大家，要將二〇一六年的日印峰會放在印太戰略的框架下理解，象徵這個日印峰會形同為之後美國提出印太戰略之舉，作出先行預告。

日本遊說美國採取印太戰略

事實上，根據日後一些美方官員的回憶或私下表述，也把美國發展的印太戰略歸功於日本安倍政府的積極遊說。今天美國印太戰略的重要核心之一是以美、日、澳、印度四國為核心的「四方安全對話」（QUAD），這個「四方安全對話」的最早發想是來自二〇〇六年到二〇〇七年安倍第一次擔任首相時，其外交政策提到要以美日澳印這四國建立「民主鑽石」（Democratic Diamond）同盟，以沿著印度洋－太平洋區域建立一個「自由與繁榮之弧」（Arc of Freedom and Prosperity）。因此安倍首相算是建構「四方安全對話」的先行者。

只不過當時建構這個民主鑽石時，雖然小布希政府的錢尼副總統對此全力支持，還利用美印年度的「馬拉巴爾軍演」（Malabar Exercise）在二〇〇七年使得美日澳印四國首次聯合參與五國海上軍演（另一個參演國是新加坡），但是在中國強力抗議之後，印度與澳洲的態度就變得比較猶疑。澳洲在二〇〇七年底之後大選出現政黨輪替，號稱最懂中國的澳洲工黨領袖陸克文（Kevin

Rudd）上臺擔任總理，並在北京與中方領導人會面時，公開說出澳洲會退出馬拉巴爾軍演。加上安倍也在二〇〇七年秋天因身體出狀況而閃電辭職，繼任的福田康夫對於發展民主鑽石興趣缺缺，這個美日澳印鑽石同盟在澳洲退出、日本無力推進下，也就無疾而終了。

等到安倍在二〇一二年底帶領自民黨大選獲勝後，民主鑽石的概念又再度回到日本外交圈，並開始進化為日本的印太戰略。當時美國歐巴馬政府雖有「亞太再平衡政策」（Asia Rebalance），但是對於中國從二〇一四年開始在南海填島造陸的作為回應無力，且當時的國務卿凱利（John Kerry）認為亞洲再平衡政策主要是經濟政策。因此歐巴馬政府用了許多力氣推動「跨太平洋夥伴協定」（ＴＰＰ），但在軍事安全議題缺乏有力回應，這使得安倍首相的印太戰略在華府找不到有力的合作夥伴，更遑論形成民主鑽石。可能是基於這個原因，當川普當選，川普政府還在形成其亞洲政策，希望發展出一個有效應對中國挑戰的策略時，安倍政府積極參與這個政策討論過程，也提出自身的印太戰略建議，因此說服了川普政府，而予以採用。

但是對美國來說，民主鑽石／四方安全對話作為印太政策的核心，是對其在冷戰時代所建構之亞太安保體系經營方式出現的重大改變，因此華府會被日本說服的這件事本身，也有很重要的意義。

美國冷戰期間在亞洲所建構的安全體系，是把其與日本、韓國、澳洲、菲律賓、泰國、紐西蘭等多個國家所建構的雙邊同盟組合起來的安全經營。類似以美國為中心，多個雙邊同盟為軸的「中樞輻射」（Hub and Spoke）扇形體系。在亞太地區會採用這種不同於北約（ＮＡＴＯ）的方式有其歷史的理由。但經年累月下來，也形成自己的操作文化與官僚慣性，現在要引入一個以美日澳印四國為核心的體系，其他雙邊同盟等著靠邊站。而在這四國中，印度與美國不存在同盟關係，在冷戰時代還分屬不同陣營。因此這個巨大變化會帶來多少操作的困擾與適應的麻煩可想而知，特別是在處理瞬息萬變的區域事態，需要快速反應時，如果無法仰賴既有的體系，不僅溝通成本升高，執行的時效也會受影響。這也是為何時任美國國防部長馬提斯（James Mattis）於二〇一八年六月在新加坡香格里拉會議上說，四方安全對話是「另一個」安全機制，是補充既有的雙邊同盟或是三邊安全合作的機制。換句話說，當時美國國防部還不把四方安全對話視為其印太戰略操作的核心。但到了隔年六月發表印太戰略報告時，四方安全對話的重要性就被顯著提高了。

澳洲的國安辯論與印太戰略思維

安倍雖然是首先提出美日澳印「民主鑽石」這個四方安全對話機制的最早發想者，但是有意識地提出「印太戰略」（Indo-Pacific Strategy）的卻是澳洲，時間也是早在二〇一三年。

二〇一三年五月澳洲發表的國防白皮書，首次提到澳洲的戰略利益相關區為印太區域，隨後也是由本書作者在不同場合解釋為何澳洲會以印太（Indo-Pacific），而不是傳統的亞太（Asia-Pacific）來界定其國家利益區域，特別是歐巴馬政府才以「亞太再平衡」名稱取代先前的「重返亞洲」。梅卡爾夫當時解釋是認為中國與印度的外向型崛起，以及美國在此區域持續的存在，是澳洲採用這樣認知的重要原因。

當然從地理上，澳洲是少數直接連結印度洋與太平洋的「兩洋國家」。而在一九九〇年冷戰剛結束，有關亞太區域經濟整合的議題被提上檯面時，當時的馬來西亞總理馬哈迪就主張建立東亞經濟圈（East Asia Economic Group），並認定澳洲不屬於亞洲，將其排除於這個經濟圈以外，也引發了這個經濟圈到底是亞洲（Asia）還是亞太（Asia-Pacific）的爭論。之後出現的ＡＰＥＣ，可說是以「亞太」取代「亞洲」作為區域整合的指導概念，也讓澳洲以其屬於太平洋的身分，「順理成章」成為ＡＰＥＣ的成員。這段過程也再一次強化了澳洲對於「亞洲」等大陸概念的不安，以及對於海洋的重視。

澳洲印太戰略的出現早於習近平上臺，南海島礁的軍事化還未出現，但隨著中國對外作為日益強勢，美國也經歷從一個對中國的步步進逼態度軟弱毫無作為，但為歐洲盟邦喜愛且具高度可預測性，也宣稱重視亞洲的歐巴馬總統，到之後一個變化莫測不按牌理出牌，不少歐洲國家領袖避之唯恐不及，但對中國採取極強勢作為應對，甚至不惜發動貿易戰的川普政府。這使得如何看待現在的美中關係、美澳同盟，以及美國在這個區域的存在感，坎培拉也有激烈的爭論。

曾任國防部副部長的休．懷特（Hugh White）強調中國崛起與美國下墜勢不可免，認為澳洲必須理解這個現實，並調整過去以美澳同盟為主的外交與安全策略，也認為澳洲必須更「亞洲化」，以積極利用亞洲快速發展提供的經濟機會。

本書作者梅卡爾夫則持相反觀點，認為中國本身與澳洲的價值存在基本差異，而且中國並未崛起到那麼強大，甚至在某些領域中國已經出現勢衰的徵候，同時美國在這個區域的持續存在，以及美國國力也開始回升，顯示美澳同盟對澳洲依舊具關鍵重要性。澳洲更要先確立海洋的自由連通，避免落入大陸強權的控制。另一位也擔任過澳洲國防部副部長的狄布（Paul Dibb）更進一步認為，澳洲必須與美國積極維持有利於民主與自由開放的印太戰略平衡，對中國破壞現狀的作為必須強力回應，也公開主張當臺海有事而美國捲入時，澳洲必須基於美澳同盟對美國予以協助，不可能置身事外。梅卡爾夫基本上也認同狄布的主張，而休．懷特則擔心這會使坎培拉因一個不屬於澳洲核心國家利益的爭端，而無端捲入與中國的衝突。兩造對澳洲在臺海議題的不同主張，是進一步了解澳洲近幾年印太戰略與對中政策關係的重要關鍵。

美中印太競逐，中型國家也是重要棋手

日本在二〇〇七年提出美日澳印合組「民主鑽石」，但是日本當時的「自由與繁榮之弧」針對的對象除了防範中國外，也關注恐怖主義，因此不是完全針對北京。而澳洲在二〇一三年工黨吉拉德（Julia Gillard）擔任總理時在其國防白皮書率先提出「印太」而不是「亞太」的概念，提出的時間點也比中國於當年九月的「一帶一路」計畫更早上幾個月。這些現象顯示印太作為分析的參照與戰略設計的出發點，是來自於美中之外的大中型區域國家的構想。現在包括東協、印度、英國、法國等，也紛紛提出自己的印太願景。今年北約祕書長在六月的演講中也指出，北約

也有必要思考自己的印太戰略以面對未來的挑戰。

固然美國的作為與中國的對應，是分析印太局勢未來的可能發展與預測印太戰略可能作為的關鍵背景，但本書作者梅卡爾夫告訴我們，這個區域的多個中型國家，也會對印太競逐的態勢與內容有深刻影響。這是與美蘇在冷戰時代於歐洲的二元對峙架構非常不同的場景。這意味著回溯這個區域的歷史發展過程，特別是海洋史以及與其相關的地緣戰略知識背景，並比對現在的發展特性，是預期未來可能變化、預見臺灣可能扮演的角色，與展開相應政策設計的重要功課。梅卡爾夫特別為本書的臺灣讀者寫序，顯示了他是如何重視臺灣在這個印太對抗格局的中心作用，相信讀者讀完本書後，會更有體會。

獻給伊娃

CONTENTS

繁體中文版前言

preface

二〇二〇年代在不確定的情況下展開序幕，但二〇二〇年本身的情況卻很快就變得明朗。這是國際事務充滿暴風雨和衝突的一年，而且還有更多動盪將隨之而來。

新型冠狀病毒（COVID-19）源自中國武漢，其疫情已經升高全球危機和不安全感。理論上，爆發公共衛生緊急情況，正是所有國家和社會超越彼此在政治、民族主義和不安全感歧見的最佳良機。例如，在一三四八年，鼠疫（黑死病）的可怕影響力，就讓英國與法國的百年戰爭出現長達七年的停戰期。然而，這一次，新型冠狀病毒災難卻讓各國之間的戰略競爭更形惡化，尤其是圍繞在習近平領導下的中華人民共和國蠻橫崛起的危險敵對氣氛。因此，新型冠狀病毒已經加速了本書介紹的多層級戰略緊張動力。這次疫情和它引發的複雜後果，正在強化印太地區各國之間的相互競爭。

因此，本書甚至比我當初執筆時所預期的更

符合現在的狀況。坦白說，本書並不是專門探討今天這個世界，或甚至未來世界。本書特地把地圖翻轉過來，用來敘述橫跨各大洋的國際連結與競爭歷史，並且深人探討二〇三〇年代及之後的地緣政治潮流。本書大膽作出以下幾種結論：中國地區性快速擴張帶來的危險本質；中等實力國家夥伴聯盟增加所造成的多極前景；不管是川普連任或他人上臺，美國勢力終將留駐亞太地區；以及更多國家以強硬態度對抗中國所呈現的重大價值，因為，從戰略觀點來看，這等於是在幫助中國，就是找出一個解決點，用來約束中國本來難以遏阻的野心，以免情勢演變成無法控制的危機。

當然，本書的種種評斷，尚需要持續接受檢驗，而且每一天都會出現正反兩面的新證據。中等實力國家儘管有很多問題，但它們本身還是需要加強韌性和團結。在二〇二〇年，日本、印度和澳洲已經加強彼此之間的關係，並和美國建立起四方聯盟。在六月四日意義重大的這一天，澳洲總理史考特・莫里森（Scott Morrison）和印度總理納倫德拉・莫迪（Narendra Modi）舉行了極不尋常的高峰會，替這兩個重要的亞太民主國家正式締結全面性的戰略夥伴關係。四方對話或「四方聯盟」不僅沒有如批評者那樣消退，反而變成解決共同問題的一個更大聯盟裡的核心團體。四方聯盟並且和越南、南韓及紐西蘭持續定期舉行會議，協商如何處理新型冠狀病毒疫情，以及如何讓它們的社會和經濟因應未來的衝擊，像是供應鏈危機。在此同時，五眼情報聯盟（美國、英國、澳洲、加拿大和紐西蘭）正試著建立起重要科技的新供應鏈，以保護它們對抗中國的影響力。英國已經提議，集合世界各地擁有相同經濟目標的十個國家，組成一個團體。美國政府也提議，擴大由七個民主經濟大國組成的G7集團，容納更多夥伴國家，像是澳洲、印度和南韓，以及比較有爭議性的俄羅斯，以制訂和中國建立新關係的條件。

中國目前的戰略錯誤，就是對疫情表現得過度有信心。全球大部分國家都已經認定，北京初期處理病毒的方式是失敗的（包括隱匿疫情，以及讓新型冠狀病毒蔓延到全世界），這將對中國的國際關係造成長遠的傷害。雙方互不信任的程度因而更為加深。不過，在終於控制住國內疫情之後，中國政權又再度允許自己在外交上展現過度自大，也就是古希臘人所稱的「傲慢」。那些因為被來自中國的疫情影響而發生健康與經濟大災難的國家，現在卻被北京警告，要它們保持沉默，不要支持對這次危機進行獨立的國際調查。而透過所謂的「戰狼」外交，中國官員已經對澳洲等國發出經濟威脅，而不是對它們提供合作與作出解釋。中國軍隊也企圖威嚇印度，主要是透過在爭議邊界的一些軍事手段。南海的緊張情勢更形惡化，越南、菲律賓、馬來西亞和印尼全都展現出更大的關切和決心，並且重新開啟法律訴訟以及與美國建立夥伴關係的諸多選項。在此同時，從歐洲一直到非洲，全世界大部分國家都已經體認到，和威權主義的中國建立關係，雖然帶來一些機會，但也帶來同樣多的危險。

有些國家甚至更難對抗中國勢力，因為它們自己的財富和力量已經遭到疫情的嚴重傷害。這種新的戰略弱點，將鼓勵它們甚至更努力想要和他國建立夥伴關係，找出更多的安全保障。然而，所有這些中等實力國家，也就是美國和中國之外的一些國家，在沒有美國領導的情況下，能夠守住它們的立場多久呢？另一方面，美國政府的部分機構（尤其是美國軍方和國務院），也一直在發表它的盟國和夥伴們想要聽的話。例如，美國國務院宣布一項「亞太共同願景」聲明，強調要建立多邊機構，以及和不同的夥伴國家（特別是亞洲國家），共同推動經濟發展。五角大廈也將重新加強美國在印太地區的軍事部署。然而，美國領導或甚至影響世界事務的能力，正受到美國在二〇二〇年年中政治動亂的影響，而這場政治動亂主要跟新型冠狀病毒疫情有關，並且也受到支持種族權益與平等的示威浪潮影響。一直到這一年的十一月，美國將會一直深陷在嚴重的政治鬥爭之中。甚至即使換成拜登領導的民主黨政府上臺，也不會馬上出現轉機。將來，美國在重建它的經濟、社會融和與國際聲望的過程中，將會付出極大代價，以及承受很大的痛苦。川普如果敗選，他的政治支持勢力可能會反撲而引發新的危機。

不管如何，將會出現一股具有長期意義的驚人趨勢，那就是美國朝野會出現新共識，一致認定，中國就是美國最大的戰略競爭對象，習近平推動的政策，就是對美國利益的最大威脅。在經濟、科技、宣傳與軍事事務方面，全面性的戰略競爭正在成形當中。如果美國真心想要和中國競爭，那麼它將需要與印太地區保持接觸。這將使得臺灣對美國更為重要，其重要性並將與日俱增。

同時，在北京，情勢已經很明顯，習近平政權不會袖手旁觀，而會把對國內的極端控制與對外的地緣政治鬥爭結合起來。然而，中國本身也面臨極大的壓力。中國老百姓已經被大量的宣傳活動洗腦，重新認定，新型冠狀病毒疫情的獲得控制，是中華人民共和國政治模式的全面勝利。然而，這同一批中國百姓卻也很可能不會忘記，當初一些英雄式的醫療專業人士，在企圖吹響疫情的警告哨子時，卻遭到中國政府處罰，以及因此所引發的大量民怨。甚至在新型冠狀病毒疫情爆發之前，中國內部對於一帶一路龐大花費的不滿情緒，已經在不斷擴大之中，而一帶一路則是貼上習近平標籤的國際野心計畫。由於新型冠狀病毒疫情的緣故，一帶一路也已經變得更為複雜和問題重重。很多國家變得沒有能力償還它們的債務，很多工程計畫無法完工，而因此引發的新民怨，可能會對派駐在遙遠國外的中國人造成危險，像是非洲地區。

目前，中國共產黨正承受著鎮壓周邊地區與民族主義的雙重壓力。這包括對中國周邊地區憤怒情緒的鎮壓，已經進入新的嚴重程度。對維吾爾族的集體監禁還在繼續；在香港，一國兩制的面具已經被殘忍地摘掉，但港人的反抗仍然存在；中國並且加強對臺灣及其自由民主制度的威脅。

二〇二〇年的另一項重大改變就是，全世界開始認識臺灣在全球和印太地區的重要性。臺灣的成就和範例，對於各國爭相要建立一個穩定、繁榮與和平的印太地區，關係重大，因為在這樣的地區裡，各方權益都要獲得尊重，所有歧見都必須用和平共存與禁止迫害的精神來處理。事實上，二〇二〇年也許就是一個轉捩點，讓全世界開始尊重和注意到臺灣，並且讓臺灣的制度與人民被國際廣泛接受。臺灣等於每天都在提醒世人，中華文明與民主機制其實是高度相容的。儘管遭到來自中國大陸的大量宣傳和干預，臺灣還是在二〇二〇年一月成功舉行了一場選舉。蔡英文連任總統，證實她的政策就是要追求臺灣模式的多黨民主、社會融和、國際交流、經濟多元化和維持海峽兩岸現狀。臺灣快速「壓平疫情曲線」（flattening the curve），以及阻止新型冠狀病毒擴散的兩大傑出成就，被認為是民主制度的政策效率與政府良善治理的全球範例，特別具有重大意義。

在這個背景之下，印太與世界各國將開始更加注意臺灣自身的外交與區域交流，即使北京正在加倍努力限縮臺灣的國際空間，像是全力阻止臺灣參與世界衛生組織。隨著中國繼續在印太地區進行專橫行動，因而使得這地區的衝突和摩擦不斷增加，所以，愈來愈多的國家將需要考慮到，中國對臺灣的壓迫和攻擊，可能也會傷害區域穩定和經濟復甦。臺灣將是很多國家經濟多元化戰略的一部分的這種想法是千真萬確的，因為這些國家已經厭倦過度依賴單一貿易與投資夥伴。不管是哪一個國家，思考到臺灣的外交狀態時，都會毫不猶豫地認定臺灣是印太經濟的一份子。在這種觀念之下，對臺灣安定的威脅，就是對所有國家利益的威脅。於此同時，美國、它的盟國與夥伴，將會毫無疑問地使用外交與嚇阻力量的各種組合，來鼓勵繼續維持臺灣海峽兩岸的和平。

有個很微小的好消息就是，儘管中國不斷作出各種威脅和恐嚇，但中國其實還是有可能會選擇規避風險。本書大略描述的中國亞太重大野心，就是結合了中國蓄意培養的民族主義，以及它向外擴張的國際利益和活動，這將會造成中國出現無法預測和無法控制的行為，像是出動人民解放軍前往離中國很遠的外國地區進行干預行動。中國事務觀察家在企圖了解中國如何處理新印太危機時，將會先行了解中國公開宣稱它將會承受的重大危機，以及它私底下表示願意承受的較小規模危機，在了解這兩者之間的缺口之後，觀察家將使用這個缺口作為中國制定各種對外政策的基礎，並以此找出解決問題的關鍵點。這將會是一場漫長的戰略賽局。

羅里・梅卡爾夫（Rory Medcalf）

坎培拉，二〇二〇年六月

01

chapter

名稱、地圖和各國

二〇一六年十一月十一日，正當全球震驚於川普當選美國總統之際，兩位風格迥異的朋友，正坐在來往於東京與神戶的日本新幹線子彈列車上交談，列車一路從東京海邊奔向另一處海邊。他們這趟旅程尚未被視為是外交傳奇，但其實應該是。

坐上印太快車

日本首相安倍晉三（Abe Shinzō）和印度總理莫迪都享有強勢領導人的好名聲，兩人都是積極幹練和具有領袖魅力的民族主義者，企圖以民主治理手段來喚醒他們各自有點慢調子的國家。然而，兩人出身背景卻大不相同。莫迪出身印度古吉拉特邦（Gujarat）一個小商人家庭。吹捧他的傳記裡說，他從小幫助父親在火車站賣印度奶茶。安倍則是貴族子弟，出身一個與日本帝國時期有關係的保守政治家族。他們兩人的國家也截然不同：日本富裕安定、科技進步，人口卻不斷減少和老化；印度則是一個色彩繽紛、喧囂、雜亂的國家，尚未開發，人口主要為年輕人，而且還在成長之中。不僅如此而已，東京和德里肯定處於兩個不同的世界，各有自己的獨特問題和要優先處理的事情。在莫迪兄和安倍桑成長的這個時代裡，這兩個國家少有接觸。

然而，在二〇一六年這一天，莫迪和安倍相對微笑與熊抱的這趟火車之旅，則反映出世界事務的一項改變，雖然不太令人感到震驚，但其重要性卻也不輸剛剛在美國發生的事情。地緣政治結構（各國之間的權力關係）正在加速進行深度改變，並且受到過去二十年來經濟、戰略和地理位置相互作用的影響。在這場火車之旅的舞臺上，以及在那次為期三天的高峰會的其餘時間裡，亞洲第二和第三大經濟體這兩位領袖之間的實際會談內容，都是兩國政府的國家機密。他們發布的兩國聯合聲明，全部共有五十八段文字，從中可以很清楚看出，這些都是實質的會談。[1]可以諒解的是，當世人大部分眼光都聚焦在美國總統的戲碼上時，日本和印度已經塑造出未來。出於明智考量，在這份文件裡，完全找不到「中國」這兩個字，事實上也沒有必要提到它，因為這兩個字是到處存在的潛臺詞。

有兩件事特別引人注目。首先，日本和印度過去一向對彼此漠不關心，現在則同意密切合作處理所有的問題：國防、外交、經濟、教育、開發、科技、能源、環境、文化等。接著，他們還指定一個特別的地區來從事這些合作：這地區是地球上一塊很大的弧形地區，現在，當地國家的領袖們已經選擇把它稱作「印度洋—太平洋」（Indo-Pacific，簡稱印太）地區。對很多人來說，這個地名是新的；甚至對老練的外交觀察家來說，此時使用這個地名，令人覺得很有趣，但也深具意義。在目前的國際事務中，這不是人們熟悉的名稱，既不是大家熟知的「亞洲—太平洋」（Asia-Pacific，簡稱亞太），甚至也不是「亞洲」（Asia），而是明確地稱之為「印太」。

這是怎麼回事？這只是故意選用這個名稱來取悅印度，或者還有更多意義？已經有另外一個國家，澳洲，正式用這個名稱重新命名它自己所在的地區，在隨後幾年當中，這個趨勢被延續下來。今天，印太熱潮似乎已經被很多國家政府採用，從華府到雅加達，德里到東京，坎培拉到巴黎到河內到倫敦。這個地名幾乎在每一個重要的國家首都裡都被廣為接受，除了北京。

本書的目的有兩個：合理說明印太地區的過去、現在與未來；以及解釋這個地區如何對抗中國的威嚇力量。[2] 對世界這一大塊地區的規劃方法，是怎麼來的？它對今天的現實狀況、各國的命運與福祉有什麼意義？以及，為什麼它對接下來將要發生的事情如此關係重大？在某種層面上，印太被當作單純只是一種理念，用來描述和想像這個地區已經成為全球戰略和經濟活動吸引力的中心，就如同十九和二十世紀大部分時期的北大西洋。但這裡面也存在著實質的意義，就是地理名稱可以塑造世界。人們替地圖上的一個區域想出一個名稱，而這個名稱就會同時反映和影響真實世界的各種實況與具體發展，例如，軍事部署，經濟繁榮狀況，以及供世界上最強大國家用來評估風險。

名稱中有什麼？

使用印太這個名稱，不是只在玩文字遊戲。這反映出某些真實情況：很多國家正在改變對安全、經濟與外交的作法。對印太地區的描述，帶來的並不是含糊的文字和地圖，而是幫助這些國家面對二十一世紀最兩難的國際困境：在不選擇屈服或衝突的情況下，這些國家如何能夠回應強大且經常是高壓姿態的中國？這是日本和印度共同面對的一個問題，因為最近幾年來，這兩國在邊界上對抗中國時，經常處在一種可能會引發戰爭的情況，而且戰爭真的有可能在某一天爆發。但從更微妙的層面來看，這也是其他各國所面臨的挑戰。

在敘述層面，印太只是一個中立的名詞，用來描述以亞洲海洋事務為中心的一幅擴張中的新地圖。這可以解釋成，太平洋和印度洋正透過貿易、基礎建設和外交而被連結起來，因此，中國和印度這兩個全世界人口最多的國家，現在正一起崛起。它們以及另外很多國家的經濟，全都仰賴全世界最重要的這條商業動脈，從中東和非洲經由印度洋海路運來石油，以及無數的貨物在這條海上路線來來回回運送。

但印太地區也即將因為幅員廣大，以及這地區內很多不同國家的團結而增強實力。這個名稱確認了，現在經濟關係和戰略競爭已經把兩個大海洋的廣大地區包含起來，這主要是為了因應中國的崛起，其他國家必須在已經變得模糊不清的舊有地理疆界上建立起新的夥伴關係，以此來保護他們的利益。

有些人警告，印太實際上就是地緣政治議程的代碼：美國意圖用它阻撓中國，印度企圖藉它壯大，日本計畫用它重拾影響力，印尼尋求用它來做各種操作，澳洲用它來追求建立聯盟，歐洲以此作為參與亞洲世紀的藉口。比較尖銳的批評者則宣稱，這只是一種「歐威爾式」的術語，沒有任何意義。[3]當然，中國對這個名稱覺得危險和不舒服。它認為，這基本上是一種戰略，目的是要聯合四個民主國家對抗中國勢力，這四個國家就是美國、日本、印度和澳洲。中國外長王毅甚至公開嘲笑，「印太地區就像太平洋和印度洋上的浪花，一時引人耳目，轉瞬歸於平寂」。[4]

然而，事實並非如此。諷刺的是，讓印太一詞成為事實的，最主要就是中國自己的行為：它在印度洋、南亞、南太平洋、非洲和更多地區不斷擴張經濟、政治和軍事活動。中國領導人習近平一手主導推出他的標誌性外交政策「一帶一路」，這是相當龐大的計畫，要花很大一番功夫才能解釋清楚，它有一部分是基礎建設與貸款的大禮包，一部分是戰略攻勢，一部分是市場行銷。「一帶」涉及中國在陸地上的野心。不過，「一路」就是「海上絲路」的簡稱，指的是中國特色的印太地區。在這個崛起中的帝國裡，商業帶來危險和機會，軍艦和潛艦橫行在海上航線中，軍人和間諜混雜在商人之中，中國與其他強國之間的全面競爭，讓他們公開宣稱的合作蒙上了一層陰影。

這個名稱中有什麼呢？乍看之下，印太這個標籤似乎有點混雜和不和諧。聽起來，它好像很多，卻又不夠，只有兩個形容詞，卻沒有名詞，只有大海，沒有陸地，只有亞洲，沒有大陸，混合了兩大海洋，每一個都大得可以獨自存在。很多年來，人們和政府已經習於承認像亞洲和亞太這樣的名稱，為什麼還要再增加一個新的地區名稱呢？還有，再創造出一個新名稱，對這地區人們的生活、和平、自治、尊嚴及物質財富，又有什麼不一樣呢？

心理地圖與具體事實

在治國之道裡，心理地圖很重要。[5]國與國之間的關係，不管是競爭或合作，都涉及心理地圖。心理地圖定義每個國家的自然「區域」：地圖上有什麼，或是沒有什麼，以及為什麼。這等於是學者所謂的戰略系統，或是區域安全體系，也就是說，在世界的某個地區裡，一個或更多強權國家，對區內其他國家的利益造成強烈和無從逃避的影響。[6]心理地圖的重要性，和實質地圖製作本身同樣古老。

一個國家在地圖上被想像成什麼模樣，就代表那個國家的這種模樣被認為是重要的。這接著會影響到領導人的決策、國家命運，以及策略本身。地圖跟權力有關係。領導人如何定義某個地區，會影響到他們的資源分配和注意力；朋友與敵人的排名；應該邀請誰坐在交際場合的首桌，誰則可以被視而不見；什麼事情應該被提出來談論，什麼事情不要談，什麼事情應該把它忘掉。幾個國家共享地理上的某個地區，或是對它進行區域劃分，這會塑造出國際合作的機制，像是給某些國家特權，或是貶低某些國家的地位。例如，二十世紀末，印度對外開放，並且向東眺望時，基於當時的亞太和東亞半球的概念，各國都會把印度這個亞洲第二多人口的國家給排除在外。這不僅不公平，根本是站不住腳的。印太則改正了這一點，但更重要的是，有人認為，以這種方式來看世界，全是因為印度，但其實不是，主要是為了要確認中國正在擴大戰略地區，並對此作出反應。

在規劃世界地圖方面，並沒有一種正確或永久的方式，各國會選擇規劃他們想要的地圖，讓事情簡單化，讓複雜的現實狀況合理化，而最重要的是，讓它在某個特定時段裡照顧他們的自身利益。目前，中國把世界大部分地區簡單描述成「一帶一路」，並且已經把它當作常用語，不過，這個名稱的意義和目的是可以更改的，並不透明，並且和中國的利益緊緊結合在一起。有很長一段時間，人們一直很習慣這樣的標籤，像亞太、東亞、南亞和東南亞、歐洲、北大西洋、歐亞等。先前針對亞洲提出的政治性標籤，像遠東和近東，在今天已經比較少被提及，但中東則是一直被沿用下來。

這些全都是地理概念，在某些時候，強大國家會為了自身的政治目的，把他們發明出來的這些名詞奉為圭臬。[7]亞洲這個名詞，最初甚至不是亞洲人發明的，而是歐洲人基於自身的原因發明出來和加以調整。它的想像疆界一直在轉移中。在古代，雅典人一開始把希臘以東的所有地區都視為亞洲。一八二〇年代，奧地利帝國政治家克萊門斯・梅特涅（Klemens von Metternich）半開玩笑地把歐洲和亞洲的界線畫在維也納和布達佩斯之間的某處。二〇一四年，中國舉辦一場會議，呼籲只由亞洲人自己來決定亞洲的前途，但其中有一個有趣的陷阱：它提議的會員國竟然包括俄羅斯和埃及，這兩國是中國的朋友，但很明確不是亞洲國家，相反地，印尼和日本則未被列為會員國，因為，雖然這兩個國家毫無疑問是亞洲國家，但它們卻能夠在未來讓中國很不好過。[8]

跟先前的心理地圖一樣，從某些方面來看，印太這個名稱是人為的，並且是偶然出現的，但它卻很適合當時情勢，因為二十一世紀是海上連通時代，而且這時的地緣政治是多面的，或者如一些外交家所說，是多極的。十年前，在討論國際關係時，幾乎沒人聽過印太這個名稱；今天，我們見到，有關亞洲心理地圖的概念爭論，正被簡化成兩大項，就是中國的一帶一路對抗印太，而後者則是由幾個國家用各種方式來推動，這些國家包括日本、印度、澳洲、印尼、法國，以及正在審慎思考中的美國。其他國家則尋求了解這兩個名稱的概念，希望從中找出，他們應該如何操縱、調整、對抗或避開它們。

印太這個名稱因此成為某些理論決策的代碼。一方面，它是針對正在崛起的中國發出的一項訊息，警告中國，它不能期望其他國家會接受中國是此地區和世界的中心的這種自我意識；但它同時也是針對美國的一項訊息。它發出一種信號，讓世人明白，需要作出選擇的，不是只有中國和美國這兩個國家，其餘國家也需要避免掉入新加坡資深外交官比拉哈里・考西坎（Bilahari Kausikan）所謂的「偽二元」心理陷阱，也就是說，堅持到最後，所有一切最後將總結成一種選擇：是要選擇代表未來的中國，或是代表過去的美國。[9]

當然，簡單的二元選擇是很吸引人的一種方法，可以用來理解，報紙頭條新聞所報導的，關於中國和美國的驚人經濟規模裡，那些讓人看了頭腦發麻的統計數字。單獨來看，這些資料透露出令人注目的訊息：中國若不是已經超越美國，成為世界第一大經濟體，就是很快就會如此，除此之外，其餘的就無關緊要了。[10]但比較明智的作法就是，好好審視一下其他統計數字，而這些統計數字就依附在某個地區中的兩個領導國家身上，此一地區裡另外還有很多有實質力量的國家，這個地區，我們現在就把它稱作印太地區。

這種複雜的現實狀況包括了很多「中等主要參與者」（中等實力國家），也就是中國和美國以外的一些重要國家。本書的核心論點就是，本地區的中等主要參與者團結起來，就可以影響本地區的勢力均衡，甚至還能夠減少美國扮演的角色。例如，我們可以思考一下，有可能組成另外一種不一樣的四國聯盟，包括日本、印度、印尼和澳洲。這些國家全都和中國有嚴重歧見，而在有關於它們的國家安全時，四國彼此之間都有相當程度的交集，而這樣的交集程度還正在不斷成長之中。它們正好是剛冒出頭的印太世界觀的推動者，它們也都不是被動或無足輕重的小國家。二〇一八年，這四個國家的總人口是十七億五千萬人，採用購買力平價（purchasing power parity, PPP）來計算的總國內生產毛額（gross domestic product，下稱GDP）為二十一兆美元，總國防支出是一千四百七十億美元。相對地，美國人口為三億二千七百四十萬人，GDP為二十兆四千九百億美元，國防支出為六千四百九十億美元。至於中國，它的人口是十三億九千萬人，GDP為二十五兆美元，國防支出為二千五百億美元。[11]（當然，這是假設中國的經濟成長統計數字和人口數並沒有灌水，但事實上，我們有理由懷疑中國造假。[12]）

把這些數字往未來推進一個世代，來到二十一世紀中期，這些中等實力國家發揮均衡作用的潛力，仍然十分突出。到二〇五〇年，這四個中等國家的總人口數可望達到二十一億零八百萬人，採用購買力平價來計算的總GDP將會達到驚人的六十三兆九千七百億美元。到那時候，美國人口估計將達到三億七千九百萬人，GDP為三十四兆美元。中國人口將達到十四億零二百萬人，GDP為五十八兆四千五百億美元。即使只是把印太地區夥伴中最大的三個國家（印度、日本和印尼）加起來，就會在人口數上多過中國，他們的經濟實力更會超越中國。到那時候，他們的總國防支出也會多過強大的人民解放軍。如果再加入一個或更多本身與中國也有摩擦的本地區崛起中的實力國家，這些數字會更加強大。越南就是這樣的國家，但那時候，它可能已經擁有一億二千萬人口，並且是全球排名前二十大的經濟體。即使這些國家當中的兩個或三個結合起來，也會讓中國卻步。而我們在討論這些問題時，甚至還把美國在夏威夷以西的任何戰略角色排除在外。如果增加了美國這個持久的實力，即使只是少數幾個中等國家的結盟，其聲勢也會壓過中國這個巨人。還有，國家大小並不代表一切，他們的海洋地理位置有助於增加他們的活動能力，這是他們的戰略優勢。

當然，從某個層面來看，儘管以上都是根據現有的數字和假定的趨勢得出的論點，但這些其實全都只是猜測性的推論。但是，大家普遍斷言，剛剛展開的這個世紀屬於北京，在規劃未來時，中國將主導所有各方面，不過這樣的論點，同樣也是純屬猜測。我們是可以這麼說，印太地區國家的各種結盟都可以制衡中國，只要這些國家能夠團結起來。但事實上，要這麼作，需要他們的領導階層有所突破，需要有遠見，更需要透過外交努力來使任何合作變成正式的結盟：這樣的安排需要各方遵守相互義務，以及表明願意彼此相互承擔風險。還有，組織鬆散的民主國家，很難看出能夠對抗專制中國動員國家資源的能力。然而，印太地區仍然處於一場長期賽局的初期階段，所以還有很多也許可行的聯盟組合，只要碰上正確的環境，還是能夠找到他們自己堅強的實力。[13]

印度和日本這兩位在火車上會談的總理和首相，可以預告未來將會出現這樣的團結嗎？當然，目前已經固定一年舉行一次的安倍和莫迪高峰會，並不是唯一僅有的：大多數人在憂慮的情況下，都會找別人談談。但特別是在印太地區，新的對話和合作的「安全網」，已經在很多看來不像夥伴的國家之間編織成形，他們會兩國聚在一起對話，或是三國會談，或甚至找來更多國家開會。日本和印度只是比大部分國家更有理由需要合作，也比其他國家更積極主動。安倍和莫迪已經建立起互信的對話和合作習慣，觸及的議題包括安全與共榮，共商如何解決問題，並且開始分享戰略策略，對戰後採行和平主義的日本和採行不結盟主義的印度來說，這在過去是無法想像的。這不是忙碌的兩個國家元首像以前那樣照原稿宣讀會談結論，而是兩位領導人之間進行開放和積極的深度商議，決心對抗專橫的中國和難以預測的美國。二〇一六年十一月，日本和印度這兩位領袖一起坐下來，探討如何規劃他們涵蓋兩個大洋、從美國加州直到東非的地圖，並且思考，兩國的地理位置如何能夠幫助他們制衡正在日漸擴大的中國武力。[14]

打破界限

他們的答案呢？這兩位亞洲領袖把印度的「東進」（Act East）政策連結到日本的「自由與開放印太」策略，這是安倍幾個月前在非洲揭示的政策口號。[15]很明顯的變化是，二〇一七年，美國也採用同樣的口號來定義它的區域政策，這是美國願意接受其他國家領導的一個很罕見的例子。[16]每個國家如何解讀這個政策口號，也許彼此之間的差別並不大，但對日本和印度來說，印太政策是引導他們安全駛過亞洲強權政治亂流的一個方法，尤其是習近平領導下的中國在這兒正扮演狂暴破壞的角色，川普的美國則未能在此發揮正常功能，其餘國家則急於盡力維護此地區的和平、繁榮與主權。想要達到這個目的，就必須打破二十世紀末用來分隔太平洋與印度洋的心理疆界，因為以前的亞太概念，現在已經僵化和過時。

日本是亞洲最開發的國家，印度則很快就會成為亞洲人口最多的國家，現在，基於兩位政治強人的兄弟情誼，這兩個國家似乎就要橫跨兩大洋攜手合作。印太理念可以同時用來解釋為什麼要成立和推動這組新聯盟。跡象顯示，現在這個夥伴關係已經建立，並且被併入兩國的官僚機構內，也將比之前的其他政治口號更持久。[17]但就事情本身來說，莫迪和安倍的這次火車之旅，並不是改變這個世界地圖的決定性活動。畢竟，外交的本質就是相互訪問、會談和發表公報的不斷循環，在這過程中，每件事看起來似乎都很重要，但似乎又沒有太大進展。不過，其中出現的大量資料和模式，全都顯示出，這個亞洲新地圖正在持續重新構想當中。

當代印太地區的理念，最早出現在二十一世紀開始後不久。[18]澳洲是第一個把自己所在地區正式命名為印太地區的國家，時間是在二〇一三年的國防政策白皮書裡，其中附有一幅地圖，顯示這處超級廣大地區透過能源運輸和貿易的海上航路連結起來。[19]美國於二〇一七年十二月發表「美國國家安全戰略報告」（National Security Strategy of the United States of America），宣布印太地區是它的區域主要戰略利益，並且是一個和中國高度競爭的地區。在美國作此宣布之後，印太地區的進展才真正加快腳步。[20]

印太現在已經成為美國在這地區的標準模式。以夏威夷為基地的軍力強大的美國部隊也已經改名為「印太司令部」（Indo-Pacific Command）。伴隨新的名稱而來的，有政策演說、戰略文件和立法，從白宮一直動員到五角大廈，從國務院到國會，民主黨和共和黨的國會議員們現在至少已經團結一致要對抗一項重大挑戰：長期對抗中國。[21]川普對這個新名稱的使用方式，卻不算是最佳廣告。因為，對於這個或是任何會牽涉到盟國的其他外交政策，他都不太支持。

但這也證明，印太這個概念極具彈性，因此很多國家才會接受它。跟某些人說的正好相反，印太這個名稱並不是某個知識分子在華盛頓發明出來，然後強硬推薦給不願意接受的亞洲國家。[22]相反地，它百分之百是本地區外交、安全與經濟會商後的結果，並獲得亞洲和其他地區愈來愈多的支持。在高舉印太旗幟方面，美國一直是追隨者，不是領導者。

外交高峰會上，骨牌效應發生了，很多政府突然開始使用印太這個名稱，完全不理會中國警告他們不要使用這樣的名稱。二〇一八年在新加坡舉行的亞洲安全高峰會上，印度總理莫迪發表他的主題演說時，就用這個名稱作了一次生動、有力的演說。[23]接著，在二〇一九年六月，東南亞國家協會（Association of Southeast Asian Nations, ASEAN，簡稱「東協」）全部十個會員國一致同意，他們和這個擴大地區的關係將建立在印太這個基礎上。[24]這證實了印太不再是亞洲感到陌生的概念，相反地，它給了東協的中等實力會員國比亞太時期更多的向心力，也多過他們對北京一帶一路世界觀的信心。對於急於在這個不確定世界裡找到堅定立場的很多國家來說，印太具有近乎圖騰似的重要性。

回顧過去

面對新的時代，代表必須重新看待過去。結果發現，印太，或是類似的概念，其實有很豐富的歷史。這個名稱的使用，最早的紀錄是在一八五〇年左右。[25]但這個概念的內涵，甚至更為古老。在這個相互連結在一起的世界裡，包括兩個海洋的此一廣大地區的漫長過去，幾乎已經被遺忘一半，本書的第一部分就是要重新探討這樣的過往歷史。以這樣方式來重新解讀歷史，正是證實亞洲海域從來就不是以中國為中心的區域。相反地，此一地區正在重新發掘它的印太命運。在牽連各國的這場風暴中，這樣的過往不僅僅只是序幕而已。

將兩個海洋合併起來的概念，有著很古老的歷史。這是用來了解亞洲的一種更為持久的方法，遠勝過二十世紀的一些想法，像是亞太。首先，在有關海洋物種與海洋洋流方面的生物地理學裡，科學家就一直把印度洋和太平洋看成是相連在一起的區域。像這樣連結在一起的生態系統，並不會自動把世界上的一塊土地變成經濟和強權政治中的一個明確地區。但是從這個地緣政治觀點來看印太地區的前導理念，也可以回溯到幾千年前，也就是在還沒有歷史紀錄之前的本地區海洋貿易和移民的原型經濟。

在這之後，緊接著就是印度教和伊斯蘭教傳播到東南亞，以及佛教傳到中國、日本和韓國，中國和東南亞及印度洋國家建立起進貢國關係，歐洲殖民主義入侵，以及隨後亞洲地區普遍出現的反抗運動。在這段期間的地圖製作過程中，印太地區的輪廓線一直存在。從一四〇〇年代到二十世紀中期，典型的「亞洲」地圖上都可以看到印太地區的曲線，包括兩個海洋、印度、東南亞、中國及周邊地區，這些全都被畫進同一幅地圖中。重新評估後，就可以說明帝國時代如何分裂，然後再整合這個地區，接著，又分裂，最後則是美國和日本在印太地區戰爭中的衝突，直到大戰在一九四五年結束。

戰後，亞洲出現長時間的和平，區內各國開始追求區域合作與認同。中國和印度關係陷入冷淡，在一九六二年還差點爆發戰爭，兩國為了保護自己國內安定，都對世界關閉經濟大門。冷戰更進一步造成這個地區的分裂。這時出現了一個暫時性的概念，叫做亞太（亞洲—太平洋），目的是要把日本和其他亞洲經濟體和美國及澳洲連結起來，並讓美國能夠橫跨太平洋參與這地區的事務，甚至後來冷戰結束，即使美國有了可以離開的理由，但美國還是選擇留下來。不過，一旦中國和印度開始進行改革，並且開放對外貿易以及再度向外擴張勢力之後，印太地區體系結構的再度出現，終究無法避免。這樣的舞臺出現在一九九三年，當時，中國經濟剛剛大幅成長，開始利用印度洋運送能源、資源和貿易貨品到自己國內。亞太這個概念卻藏有造成本身死亡的種子：沒有中國，這樣的地區就不算完整，然而，中國如果不把眼光投向南方，並且隔著印度洋向西看去，它就無法崛起。

在二〇〇〇年代初期，印太地區存在的事實變得更加明顯，因為中國、印度、日本、美國和其他國家已經開始在印度洋和太平洋地區相互競爭，或爭取相互合作。東南亞國家已經在尋找如何在本地區建立起某種組織，他們的方法是透過舉行名叫東亞高峰會的外交論壇，但最後卻把更多的國家都包含進去，這也反映出，新的印太地區已經成形，只不過還沒給它正式名稱。很多國家重新在這兩個海洋地區展開各種外交活動，美國、印度、日本和澳洲之間因此產生各種夥伴關係。這些外交活動後來促成這地區針對各種實質事件作出反應，像是二〇〇四年印度洋發生大地震和大海嘯災難，國際間馬上快速前往救援，另外像是索馬利亞海盜在印度洋橫行，中國海軍歷史性地重返印度洋，以及中國經濟利益快速伸向這地區，這些也都引來本地各國的反應。這個地區已經出現新的面貌。

角逐現在：很多主要參與者，很多層面

本書第二部分揭示當代印太時刻的一些極度複雜面，以及各國如何在這場有著很多主要參與

者和很多層面的大賽局裡交相互動。中國不斷在印度洋擴大它的經濟、軍事和外交活動，這象徵印太地區的戰略體系正在成形當中，代表一個強權國家在這個地區的某一部分的活動與利益，也會影響到這地區其他國家的利益和活動。印太這場勢力競逐的賽局，至少和四個國家的利益產生互動，這四個國家是中國、印度、日本和美國，另外受到影響的還有很多國家，包括澳洲、印尼，和其他東南亞國家、南韓，以及距離更遠的利益關係者，包括歐洲。俄羅斯也一樣，也開始把勢力延伸到這個區域。印太是一個多極體系（multipolarity），這個地區的命運會陷入井然有序或是混亂失序，將不會由一個或甚至兩個強權國家決定，像是美國和中國，而是由很多國家的利益和機制來決定。這個地區最重要的戰略挑戰也許完全集中在中國身上，但這個地區的實際地理中心並不是中國。

提到這地區的武力競逐，經常被認為，指的就是大英帝國和俄羅斯在十九世紀爭奪中亞控制的大博弈（The Great Game）。但現代這一次的印太競逐，主要參與者則不只兩個。學術理論和戰略賽局有助於說明，當國家利益不同時，這些國家將會如何互動。但萬一每一個國家都有不同的玩法呢？如果兩國在相互競爭的同時，又進行合作呢？畢竟，本地區每一個國家的行動背後，可能各有很不相同的驅動力，這同時包含了利益、價值觀和認同感。除了有關於國防與安全這些狹隘的理念之外，也許還牽涉到民族主義、歷史、政治合法性，當然還有經濟，這包括資源的爭奪，以及在一個飽受威脅的自然環境中的永續生存問題。

尤其是對中國來說，有一個困擾的問題存在於它的國內與國際事務之間。對習近平和中國共產黨來說，他們已經發現，想要完全掌控權力，必須要能夠提升中國人民的期望，讓中國人民相信，他們的國家在海外將會是一個大國，而且能夠成功抵抗任何反對力量。這樣造成的結果就是典型的擴張領土或是發動角力戰，因為中國既沒有能力，也不想採用像帝國主義那種赤裸裸的舊時代作法，但是相反地，它擁有足夠的力量來迫使其他國家加強國防，以及思考大家如何團結起來。中國的向外擴張政策，代表它在海外造成的問題正在累積當中，而發生重大失誤的機會也隨之大增。結果，這讓習近平和中國共產黨的處境特別危險，因為和任何其他大國相比，中國已經把它的政治制度的合法性，絕大部分都押注在海外的成功表現上。如果事情出錯，整個中國體系將會受到重大打擊，尤其是，如果爆發安全、政治與經濟危機，那麼，其後果將很難預測，也不可能控制。

國與國的互動，會在很多層面裡進行。在一個政治多極化的地區裡，一個有著很多主要參與者參與的賽局，本來就很複雜，但更增加這個賽局複雜性的，就是因為這個賽局事實上同時也是一個多層面的謎題。有四個層面浮現出來：經濟、軍事武力、外交，以及各國的國族敘事角度之間的衝突。這些層面混合在一起，另外再加入合作元素，就會成為全面競爭的型態，將會塑造未來的走向。

地緣經濟

驅使現代印太地區崛起的是經濟，尤其是對能源的需求。事實上，中國、日本、南韓、臺灣、東南亞、澳洲和印度，全都仰賴印度洋的海上航線來取得能源，也因此得到繁榮和安全。海運貿易使得這條海洋高速公路成為全球經濟重心，至少載運全世界三分之二的石油和三分之一的散裝貨物。對於國際供應鏈是不是將延伸到南亞，或是仍將大部分維持在印太地區，或是在混亂中找出新的法子來適應自動化和「境內轉包」（onshoring）的新潮流，或是預期美國和中國之間的產業相互依賴程度將會出現大幅度下降，以上這些，其實都還不確定。

但現在同時也出現連結性的競賽。中國和其他國家爭相建造港口、道路、鐵路、電力與通訊基礎建設，要把亞洲連結在一起，並把它和非洲、歐洲及太平洋地區連結起來。這種競賽還延伸到小島國家，因此把南太平洋地區也併入印太地區。同時，從全球觀點來看，這樣的競賽也是在爭奪科技制高點，包括人工智慧、量子運算和5G通訊。跟本世紀初的全球化夢想正好相反，經濟互相依賴不再只是要求打破疆界和讓所有國家一起崛起，它已經成為權力與影響力的工具，是從最近新流行的「地緣經濟學」中取得的。[26]這有一部分跟地理有關，有一部分則不是，但完全跟財富與權力的關聯有關係。它代表了各國是透過經濟來爭奪權力優勢，而非透過軍事武力，這也是在延續其他形式的戰爭與政治。[27]

不管後來是不是會被證明是寬宏大量的善行，或者只是愚蠢的政策，中國一帶一路的到處放貸和興建基礎建設的喧鬧作法，已經成為地緣經濟的強勢展現，是一種強行出頭的策略。[28]「一路」指的是中國特色的印太地區，企圖把中國的影響力延伸進入印度洋和南太平洋地區。「一帶」則是經由歐亞陸路向外連通，其重要性次之，因為海路運送貨物和石油，將來仍然比較便宜，風險也相對小得多，即使比陸路運輸緩慢。誠如中國主要的印度洋專家，雲南財經大學印度洋地區研究中心教授朱翠萍指出的，中國需要經由海上運送九〇%以上的進口石油、鐵礦、銅和煤。[29]一帶一路的戰略衝擊值得密切注意，包括是否會造成新殖民主義，因為不管是意外或是故意的，在經由一帶一路連結之後，中國的高壓政治影響力將會出現在這些地區，也會造成這些地區的安全疑慮。但這並不表示，所有這些活動一開始就是別有用心的大戰略，或是，即使是在面對當地複雜政治情況下也一定要成功。例如，具有關鍵地理位置的國家，像斯里蘭卡和馬來西亞，目前的態度仍在未定之天，中國是否能夠繼續在這兩個地區維持優勢支配地位，並未完全確定。[30]但是，跟之前的歐洲老帝國一樣，貿易之後，大國旗幟很明顯會隨著進入，經濟會蒙上安全陰影，國內更會出現內部衝突的危險。

軍事力量

印太擁有很明顯的軍事規模。關鍵時刻就是中國轉向海上發展。它的海軍正在快速擴張，這符合中國國家主席、共產黨總書記、軍委主席及核心領導人習近平在二〇一五年宣稱的，在保護中國利益時，「陸地勝過海洋的這種傳統軍事觀念必須要摒棄」。相反地，中國的海軍新戰略是「近海防禦」和「遠海防衛」，這是要將武力部署到遠方海域的委婉說法。[31]這並不只是嘴上說說而已。大規模的造艦計畫已經進行了好幾年；航空母艦已經下海服役，不僅僅只是巡航中國近海或甚至南海，而是直接駛向大海展現武力。二〇〇九年年初，人民解放軍海軍三艘軍艦出現在印度洋打擊索馬利亞海盜，而且從那之後，中國海軍一直持續這類活動，不斷分批派遣艦隊進入印度洋。這是自從鄭和在一四〇〇年代下南洋以來，中國海軍第一次進入印度洋。這一次，不再只是帆船，而是出動了驅逐艦、陸戰隊和潛艦。這些艦艇執行了和平時期與戰時軍演，和夥伴國家交流與聯合軍演，拜訪外國港口，以及駐防位在吉布地的中國第一個海外軍事基地。這一次，中國計畫留下來不走了。

當然，這樣作的並不是只有中國。公平來說，中國有很龐大的利益必須要保護，而且它也不是在印度洋海上揚帆巡弋的唯一一個外來大國。也許真正讓人感到驚訝的是，中國海軍怎麼花了那麼長的時間才回來。美國海軍已經長時期在那兒活動，包括在有主權爭議的英國屬地迪亞哥加西亞島（Diego Garcia）設立軍事基地。日本也搶在中國之前，先在吉布地開設了基地。自從葡萄牙航海冒險家瓦斯科・達伽馬（Vasco da Gama）在五世紀前率先展開建立海洋帝國的日子開始，歐洲國家就一直在這兒進進出出，現在更再度進入。在本世紀，從俄羅斯到新加坡，幾乎每一個國家的海軍都已經派遣船艦前來保護商船不被索馬利亞海盜搶劫，這也正是中國海軍在此活動的理由。

麻六甲海峽連接印度洋和太平洋，是一處具有戰略價值的細頸狀海域，世界各國海軍不是只有聚集在麻六甲以西的海域活動。印度、美國和日本軍艦一起在從孟加拉灣到西太平洋的海上舉行聯合演習。幾乎每一個主要國家的海軍，都會聯合澳洲在達爾文（Darwin）北方海上進行演練。正當中國在南中國海的人工島礁上建立軍事基地時，來自全球各地的商船船隊和軍艦艦隊，陸續穿過位於印太地區中心的這條共用的海上高速公路，以此方式行使他們的合法國際通航權。南海爭議的對與錯，到處都有討論，但可以諒解的是，大家愈來愈擔心，這個競爭激烈和人口壅塞的地區會爆發戰爭。而在這個全球緊密連結的時代，在那兒爆發的戰爭將會擴散開來，造成嚴重影響。

各國軍隊不斷現代化，並且爭相部署在印太地區各處。這種趨勢就是軍事術語所說的「力量投射」（power projection），以白話來說，就是橫渡大海到遠方作戰的能力。遠距和跨海作戰的工具，包括航空母艦、兩棲作戰部隊、驅逐艦、潛艦、偵察機、人造衛星和飛彈，再加上未來先進的無人機群，以及操控網路和電子戰的那些看不見的手。[32]花費鉅資爭取在海面下戰爭中取得優勢，這已經成為和平時期會固定發生的行為，也是一場強迫性的捉迷藏賽局，因為中國、印度、巴基斯坦和北韓，都在爭相模仿美國、俄羅斯、英國和法國，忙著把核子武器部署在潛艦上。

本地區幾乎所有國家都在加強軍力和備戰，但這是為了什麼呢？難道主要是為了加強合作，共同面對問題，像是恐怖主義、海盜、非法捕魚、處理氣候變遷時代的災難救助、海上搜救、維護和平、穩定動亂國家政情、從動亂地區撤退民眾？難道是為了維護航海上航道，保護能源和貨品運送，以及維護國際法？或者，是為了要制止、強迫和抵抗外來的侵犯，並且在必要時，不管是冷戰或熱戰，在新爆發的戰爭中和其他國家作戰？在加強軍力背後，是愈來愈濃厚的懷疑氣氛。也許沒有國家計畫直接入侵其他國家，但他們的意圖並不透明。中國並不相信美國所說的話，而相對地，在眾多國家中，美國、日本、印度、澳洲和越南則特別懷疑中國。

外交

所有這些軍事猜疑，似乎會讓大家緊急呼籲加倍注意外交斡旋，以及遵守相關規則來維持和平。但悲哀的是，印太地區的和平架構其實薄如紙張，因此成了各國可以相互爭奪影響力的另一個舞臺。本地區的多國外交有時候可以形容是極盡尖刻辛辣，對於建立實質合作和減少衝突危機，鮮少有幫助。所謂的建立信心措施，像是架設熱線電話、訂定可以幫助讓冷戰維持冷度的規則和行為準則，這些都作得極少，也沒有人遵守。

真正的行動都在幕後進行，中國、美國和其他國家都在爭相取得主導議題。本區內的正規外交活動仍然是單邊的，各國都在尋求與另一國進行一對一的互動。這對強國有利。但另外一種趨勢是以多取勝，在多國架構下求取安全。這又帶我們回到那些中等實力的國家，像是澳洲、印度、日本和印尼，以加強彼此結盟的方式來建立外交基礎，最典型的例子，就是莫迪和安倍的子彈列車之旅。

這時，一種新的外交形式逐漸受到重視，叫做小邊主義，就是由三個或更多的國家組成彈性聯盟，分享共同利益和價值觀，結合彼此能力和意願，合作解決問題。最引發爭議的是美國、日本、印度和澳洲的四方對話，中國認為這是為了對抗它的崛起而推出的一種尚未具體成形的聯盟。但有一些正在悄悄進行，且有時更有影響力的三方聯盟，正在逐漸浮現，像是美國─印度─日本；印度─日本─澳洲；澳洲─印度─印尼，甚至還有一個由澳洲、印度和法國組成的所謂的印太區新軸心，由法國總統艾曼紐・馬克宏（Emmanuel Macron）於二〇一八年年初在雪梨港宣布。

但關鍵性問題仍然未得到解答。以上各種聯盟能夠促成設立有效率的區域性機構，並且透過外交安排，讓這些國家在此作出真誠的承諾，保證支持本地區的和平和安定嗎？如果其中某個成員國和中國發生衝突，這些新夥伴會彼此相互支援嗎？當涉及到重大利益時，這些中等實力國家可以容忍彼此之間出現多大的歧見？

國族敘事

以上問題的答案，有部分跟認知有關，因為，海外抗爭有另外一個層面，就是努力去塑造人們的認知，也就是對事實的看法。在北京與華府之間，有很多國家正在觀察，各國對中國強大實力和專橫行為會作出什麼樣的反應。印太地區的勢力競賽，包括努力去塑造當地人民和決策者的態度與敘事方式，這正是中國古代軍事家孫子在他的《孫子兵法》裡所說的，「不戰而屈人之兵」。因此，第一個對外推動「一帶一路」的中國智庫就命名為「國家全球戰略智庫」，這不是沒有道理的。目前，在塑造認知和宣傳之間出現了一場永無休止的爭論，也就是敘事方式之戰。「政治戰」的警報已經響起。[33]對法律重新作出解釋，或是打起「法律戰」，目前正大行其道。重新闡釋歷史也是如此。就如目前全世界正在擔心「假新聞」造成的危險，而某個國家為了讓自己的利益超越其他國家而製造出來的「假歷史」，其實也帶有一些危險性。

中國正在把以說服和引誘為手段的「軟實力」，和以內部政治干預為手段的「銳實力」合而為一，用來化解反對力量及改造印太地區賽局的規則，適用範圍從澳洲到斯里蘭卡、巴基斯坦到太平洋島國。[34]這種敘事方式之戰不再全對中國有利。但美國和其他國家的反應方式卻也存在著危險。直接反駁，可能造成反效果，一位美國官員就有這樣的發現，她把跟中國的競爭比喻成是一種「文明衝突」，充斥著令人不安的文化或甚至涉及種族的詞句。事實上，這更像是一場政治體系的衝突，華府需要保有更多元的朋友，而不是和他們為敵。[35]

其他國家則加入「軟實力」競賽，其中，像日本、美國和澳洲都在促銷他們自己版本的印太構想，用來取代一帶一路。大學、智庫和媒體組織再也不能把他們自己想像成是超然的觀察家和翻譯員。在電子科技幫助下，他們已經快速成為事件的一部分，是策略競賽中的工具。各國現在擔心，來自國外的政治干預、宣傳和間諜活動，正以新的型態再度出現，而且看起來不再像是冷戰再度開打了。最近幾年，針對中國共產黨在澳洲的影響力調查，加上俄羅斯和中國在美國的活動被一一揭露，已經引發全球和各地更廣泛的討論。印太地區未來的戰略競賽，將不會局限於海上和各方競逐的國際邊界，同時也會在各國自家裡開打。這場大博弈將不再只是在戰略菁英之間進行。全部人口的意見和情緒將會加入賽局之中。人民的認知正在被武器化。這樣的緊張氣氛可能會破壞很多國家的內部凝聚力，甚至像新加坡這樣管控嚴密的小國家也不能倖免。[36]多元文化的社會和民主國家尤其容易受到影響。

固守未來：戰爭與和平，生存與戰略

那麼，過去和現在告訴了我們，前面會有什麼危險和機會呢？本書最後部分集中探討，印太地區會出現什麼樣的未來，以及相關國家可以作出什麼選擇，用來塑造未來，探討如何處理高壓脅迫這些問題，因為如果抵抗不了外來的高壓，這個地區最後將陷入衝突，或是集體投降。這些國家之間未來的關係，只要是能夠達成某種程度的和平共存、理性競爭和對抗方式，就可以繼續保持目前的合作型態，如果沒有這樣作，這地區就會陷入全面衝突，包括直接爆發戰爭。現在，印太地區的態勢是位於政治光譜上的某個競爭點，但向著對抗與衝突那一端前進的風險也正在增加當中。介於和平與戰爭之間的薄膜，不僅有很多漏洞，還正在溶解當中，強國現在正不停地相互競爭，稍有錯失，就會產生重大後果。

中國和美國已經進入全面抗爭階段，等於已經處於完全敵對狀態中。五角大廈已經公開指名中國是美國的戰略競爭對手，美國副總統麥克・彭斯（Mike Pence）在二〇一八年和二〇一九年發表一連串的坦率演說，證實這樣的評斷已經被納入美國的中國政策。不管是判斷錯誤或是對抗升高，情勢有可能進一步惡化。但有一個小小的好消息，那就是，目前的情勢跟一九三九年的歐洲不一樣，沒有一個國家想要戰爭，大家都很清楚，戰爭會毀掉一切。但僅憑這一點就要讓戰爭完全消失，那是不可能的。

長久以來，東亞一直存在四個眾人皆知的衝突點：臺灣、南海、東海和朝鮮半島。[37]但除此之外，現在有跡象顯示，在更廣大的印太地區發生衝突的可能性正在增加當中。美國是中國唯一的潛在對手，中國和印度以及中國和日本的關係，將繼續維持在問題很多且十分脆弱的情況。所謂的衝突點甚至也許不是地理上的，而可能涉及到資訊領域的干預，像是網路入侵或是針對言論自由的爭論。在東亞發生的衝突將會以各種方式擴散到其他地區，例如，透過遠端海上封鎖、網路攻擊、經濟破壞、癱瘓國家的重要基礎建設，以及先發制人破壞通訊網路，包括太空。將來，美國和中國的衝突危機可能發生在印度洋和南太平洋。華府一些立場比較堅定的國家安全專家甚至警告說，可能會出現「橫向擴大」（horizontal escalation）的情況，就是會把衝突擴大到更廣大的地區，因為把衝突局限在一個限定區域裡，可能是失敗的戰略。[38]引發爭論的是，如果是像石油禁運這樣的橫向擴大，最後可能會嚴重傷害到衝突雙方和全球其他國家。但這並不表示不會發生。而且，如果地區情勢出現新冷戰的跡象，那麼代理人就有可能出現，例如，實力強大的國家會把弱小國家當作可以犧牲的戰鬥員，或是當作進行有限度衝突的戰場。

即使只是在印太地區爆發一場有限度的衝突，其結果會是如何，也是不可能預測出來的。原因包括新科技、經濟連結、共同弱點，以及決策的各種因素。最後，這樣的衝突可能會引爆核子危機，包括可能會有國家實際使用核子武器，這種可能性是不能排除的。但是，即使衝突在較低的門檻裡結束，其所造成的損壞也可能會很嚴重，包括國家的安定，以及全球繁榮與穩定的基礎都會遭到破壞。幸運的是，沒有一個印太地區國家想要戰爭，而且大部分的緊張情勢都可以使用其他方式化解。但在彼此互不信任的情況下，想要全面合作和解決衝突，那是不可能的。

那怎麼辦呢？很難想像這地區裡的國家會接受新的外交機制，或是接受聯合國在處理他們的歧見時扮演有用的角色。和平共存是最合理的期盼，並且是建立機制和合作的崇高野心的基本起點。但也許會讓國際間在嘗過近乎死亡的經驗後，才能迫使某些國家政府認真考慮採取必要措施，希望減少危機和維持和平。二十一世紀的印太地區，就相當於以前的古巴飛彈危機。像這樣的危機，最終會把某些國家嚇得趕快採取本來就已經存在，但一直被低估的規範機制和溝通管道。像這樣的危機處理熱線，加上武器管制協定和外交高峰會，在冷戰時期使用的效果比較好，因為其所涉及的賭注十分明確。今天的印太地區政府要擔心的事還是一樣，但應該更嚴肅考慮用合作來對抗共同威脅，像是氣候變遷、天然災害、資源浪費、跨國犯罪、海盜和恐怖活動。解決這些問題之後，將可增加協調能力和透明度，有助於化解在戰略上的相互猜疑。

但要從哪兒開始呢？而且，在複雜的外交僵局中，怎麼可能出現妥協？大部分國家現在已經了解到，他們正在和印太地區這個新的區域安全網打交道，但卻不知道如何加入其中，並和他們一起合作解決各種難題，像是地緣經濟、安全、外交與地方問題。每一個國家都加入這場競賽，想要研究出全面性的策略。但各國的進展並不一致。中國的一帶一路是最先進的；日本和美國則提出他們版本的「自由開放印太」；印度、澳洲和印尼還在研究他們本身務實的印太地區藍圖。尤其是澳洲二〇一七年的外交政策白皮書已經勾勒出未來時代的策略綱要，保證要以全國之力解決這個地區的不安定狀況。[39]但說的比作的容易。

在這個多極時代，一個國家如果採行孤立策略，將無法保護自己的利益。這包括最強大的國家，美國和中國。這個地區太過廣大和複雜，以致於任何國家都無法獨力保護自己的利益。找個夥伴，將有莫大好處。只要了解印太地區的特殊本質，包括它的範圍和多樣化，將有助於找出能夠讓你安然度過幾十年摩擦的策略元素。這些元素混和了外交、開發與威懾，包括各種應變計畫。

像澳洲、印度、日本、印尼，以及它們在東南亞及歐洲的夥伴國家，這些都是中等實力國家，在它們之間，有必要建立持續性的動能和團結，才能符合美國在此地區的策略，那就是：競爭但不對抗，自信但不自滿。在對付中國勢力時，「和解」和「圍堵」這些舊觀念必須摒棄，改而用「合併」和「有條件交流」來取代。這樣等於是把中國當作是建立在相互調適和相互尊重基礎上的一個正常大國。印太構想當中，完全沒有應該要把中國排除在外這回事，也沒有要使用已經過時和曾經被誤用的那個冷戰術語：「圍堵」。在這樣的區域裡，中國肯定是一個重要的主要參與者，了解這一點，就等於是在承認，例如，它有權在印度洋裡扮演某種安全角色。印度再也沒有權力把中國逐出印度洋，同樣地，中國也不能阻止美國進入西太平洋。

沒錯，印太構想稀釋和吸收了中國的影響力。大部分是如此。然而，這並不是要把中國趕出它自己的擴大區域，反而是要把它併入一個大而多極的地區。其他國家需要針對中國作出調整，以便接納中國，中國也需要調整自己來接受其他國家，特別是亞洲那些中等實力的國家。當然，中國只要不企圖凌駕他國之上，就可以取得重要和正確的地位，既可受到尊敬，也可突顯出自己的優點。所謂「勢力範圍」的作法，就是允許中國控制東亞，同時允許印度稱霸印度洋，但這根本行不通，因為中國目前仰賴海上運送石油，以及一帶一路帶來的安全、經濟和人口移動的足跡，想要採行這個作法，已經太遲了。[40]在此同時，由於看到中國的大戰略實力和想要建立霸權的野心，印太構想等於是在授權給其他國家，鼓勵它們跨越過時的地理邊界，和別的國家建立新的國防夥伴關係。

但是，如果中等實力國家不尋求團結，反而屈服於威脅，自認它們無法影響中國，那麼，像這種想要抗衡中國勢力的作法，將會失敗。如果想要成功，很大部分要看這些國家如何利用目前此地區的集體共識。例如，傳統上，策略團結和聯盟只適用於武裝衝突的情況。但如果印太地區原來尊重規範和主權的原則，現在開始轉向集體、非軍事性地抵抗海上霸凌或是經濟威迫呢？或者，如果新推出的印太地區的全區基礎建設標準，是要禁止為了懷有敵意的目的，而去誤用這樣的投資呢？不管發生什麼狀況，各國都必須增強毅力，善用它們所有的力量，準備進行一場長期抗爭。這不僅需要多關心國防和外交，也要溝通解決彼此在經濟和安全政策上的歧見。各國政府必須要變得能夠更直接和公民及商業團體溝通，說明這其中關係到哪些利益，換句話說，沒有一個國家能夠孤立於世界之外，國際緊張情勢不會自動消失，反而將會影響到所有人的日常生活。

天真爛漫和宿命論之間，可以規劃出一條中間道路。但無法保證這一定會成功。然而，印太地區的本質，例如，它是一塊緊密連結的廣大地區，也是一個擁有很多主要參與者的多極賽局，這些都是答案的一部分。這個地區太過廣大和多元，以致於沒有一個國家能夠在這兒建立霸權。它注定要橫跨已經崩塌的邊界，建立起多極的、有創意的新夥伴關係。它的距離遙遠、富裕和太過分散的戰略性領土，也許會吸引某個國家想要在這兒建立帝國，但最後終會自我修正。

連結與平衡，陸地與海洋

印太這個構想遭致很多人的懷疑，更別提有人直接嚴厲批評。[41]印太構想的快速竄升，加深各方懷疑它會帶來什麼影響，以及是否能夠永久維持。畢竟，推動這個名稱的多個國家，似乎並不完全一致同意它所代表的意義。美國和日本談到「自由與開放」，印尼和印度則強調包容與連結，澳洲則介於兩者之間。這也許象徵著，各國對於如何回應中國崛起和美中緊張關係，彼此之間存在著很深的歧見。對美國來說，印太是一個指標，代表美國不會離開亞洲，儘管川普不斷攪局，但美國在那兒仍然有很多朋友。對其他國家來說，這在提醒他們，這個地區包括很多國家，擁有幾十億人口，這些人既不是中國人，也不是美國人，而且，他們的觀點也十分重要。

然而，這裡面存在著一個基本的團結目標。所有支持印太構想的國家都把它當作一個指標，指出他們想要的：經濟連結，但這不代表各方的相互依賴，會在最後變成某個國家剝削其他國家，還有對主權的規範和尊重，以及在解決國際爭端時，避免動用武力或強迫手段。問題是，萬一出現衝突，這種團結目標是不是會轉化成集體行動和相互保護。

印太構想還在進行中。為了符合外交精神，它採用了模糊的「美德」，不但能夠客觀描述地緣政治的環境，還可以作為某種策略的基礎。這只是其二元性用法中的一種，長久以來，亞洲人的治國之道就是二元性，也就是把不同事物合為一體，像是中國哲學裡的陰與陽。事實上，印太構想就包含了多種二元性，也就是調和一個理念中的多種對立面向。它既是包容的，也是排他的，它準備把中國的利益併入這地區的體制中，並要尊重其他國家的權益，但它也準備在那些國家的權益未受到尊重時，起而抗衡中國的勢力。它同時是經濟和戰略，它源自經濟，但卻產生很深的戰略結果。

印太地區的邊界是流動的，畢竟，這是一處水域，而且這正好可以解釋，為什麼各國對邊界的界定都不一樣，以及為什麼這不被認為是很大的問題。例如，東非沿海算不算是印太地區的一部分？答案也許要看印太地區的重要國家如何處理非洲事務。但此地區的核心則很明確，那就是東南亞的海上航線。至於其周邊，則是根據連結來界定，而不是邊界。這很符合古代亞洲的曼荼羅（mandala）概念，此一概念源自印度的宇宙論，是根據圓形和中心點對宇宙作各種變化的界定。這顯示出印度和東南亞國家的古老治國之道：政治是由它們的中心來界定，而非邊界。[42]在曼荼羅模式裡，跟傳統中國的「中國」世界觀正好相反，中間並不自動代表優越。[43]曼荼羅模式反而認為，世界包含很多地方，很多島嶼，每一個都有它們各自的特質。套用現代的說法，這等於是多極、平等主權和相互尊重，也就是說，有很多「帶」和「路」。

這個地區指的就是亞洲，但比亞洲更大。它甚至包括被它取代的舊亞太地區。雖然印太是一個地區，但也是全球連結的一種說法，指的就是運送貨物和能源的海上主要高速公路，穿梭於亞洲、非洲、歐洲、大洋洲和美洲之間。這是全球最緊密連結的地區，正確來說，就是全球性地區，是一種二元化的表現，不是相互矛盾。因此，就實用面來說，並不是印太地區的所有主要參與者一定都要居住在當地的國家，或是有大部分時間在這兒活動的國家。在這個地區發生的事，包括競爭激烈的南海，全都是世界大事。

＊＊＊

用一次陸地鐵路之旅來開始敘述一場關於海上衝突的故事，似乎有點奇怪。但是印太構想並不是只跟大海有關。沒錯，它反映出大海超越陸地的重要性。在經濟層面，想想油輪和不合理低價的貨船運輸，一共運送了全球九〇%的各種貨物；[44]在環境方面，想想漁撈、海嘯和氣候變遷，但也要考慮抽取海底資源的潛力；在安全方面，想想軍艦、核子動力潛艦和水下無人載具。在競爭激烈的世界，海上強國擁有很大優勢：在重大戰爭中，它扮演著決定性角色，能夠幫助帝國統治海洋；在和平互助時代，也可協助維持海上秩序。難怪長期被視為陸地國家的中國和印度，已經轉向大海。

然而，有關於印太構想的一個重要二元性說法就是，海上勢力和經濟在某時某地跟陸地連結時，效果最佳。這可由中國的一帶一路得到證明，它就是結合了海上和陸地的基礎建設。港口很重要，但如果能夠利用地理條件或是透過政治影響力來興建道路和鐵路，然後利用道路和鐵路把港口連結到工業、資源和中國本土，那麼這些港口就能發揮最大用處。因此，中國的高速公路和鐵路野心才會伸向巴基斯坦，並在東南亞和日本爭奪興建高速火車合約。[45]相對地，日本正在協助印度改善英國殖民時代的鐵路系統，興建都會大眾運輸系統，以及興建從阿默達巴德（Ahmedabad）到孟買的新幹線鐵路。印太是要補充歐亞大陸的連結，而不是替代它。或者更正確來說，歐亞大陸是要補充印太地區，因為就軍事上的「力量投射」和便宜運輸來看，大海本來就優於陸地。

事實上，這樣的陸地劣勢，正好可以用來說明，在被界定為印太地區裡的某個國家，就是在這地區裡找到自己的家。長久以來，澳洲一直把陸地和海洋連結起來，以此來克服它本身的「距離暴政」（tyranny of distance），這指的是它的國土太過廣大（在澳洲國內，即使只是調動一支部隊，都會被視為是一次遠征行動），以及它的地理位置太過偏遠，距離任何盟國和外國市場都太遙遠。連結雪梨和伯斯這東西海岸兩大城市的鐵路，很自然就命名為「印度洋—太平洋列車」（Indian Pacific）。澳洲是一個多元文化的民主國家，位在一個主權獨立的海島大陸上，既不完全屬於亞洲，也不屬於所謂的「西方」，所以，對它來說，印太具有特別的特質。它界定了澳洲在這個世界裡的地理位置。可以很明確地說，這就是它的家。想要明白這一點，我們或許可以翻開古書的其中一頁。

正確來說，就是打開地圖。

過　去

P A S T

圖片出處：Thomas Mitchell, Journal of an Expedition into the Interior of Tropical Australia in Search of a Route from Sydney to the Gulf of Carpentaria, Longman, Brown, Green and Longmans, London, 1848

02

chapter

被遺忘的亞洲歷史

一八四五年，測繪家及探險家湯瑪斯・米謝爾（Thomas Mitchell）離開雪梨，展開遠征，希望發現和繪製一張從陸地橫貫澳洲西北方向路線的地圖。他在結束這次史詩般的旅程時，提議把這塊大陸的北部地區命名為「澳印」（Australindia）。畢竟，他從事這項探險的主要原因，就是「應該開闢一條通往印度洋海岸的路線」，也就是從澳洲北部通往新加坡、印度和英國的重要海上交通航線。當時，英國在澳洲建立的第一個殖民地新南威爾斯（New South Wales），已經和英屬印度建立起很有前途的貿易往來（把騎兵隊需要的馬匹出口給東印度公司的軍隊）。但位於澳洲和巴布亞紐幾內亞之間（在太平洋和印度洋交會處），狹窄的托列斯海峽（Torres Strait），卻使得這樣的海上航程變得十分危險。說得更明白點，這個孤立和正在努力求生存的殖民地，希望能夠從北澳相對比較接近印度、中國和「印度列島」（印尼）的這個優點上，取得經濟優勢，其實，這樣的需求，我們在今天也很熟悉。

旋轉地圖

在米謝爾的日記裡，提供一個很有創意的旋轉，用來說明他那次旅程的目的。他把地圖旋轉過來。他當時並沒有想到，在一八四八年出版的日記裡登出的這幅以對角線旋轉的地圖，將會預告在二十一世紀裡十分重要的印太地區型態。[1]現在來看，這仍然是令人耳目一新和合乎邏輯的視角。在這幅地圖裡，中國、日本、東南亞和印度，全都同樣顯著。注意力則聚焦在通往重要的人口集中地和市場的海上航線上。這地圖並沒有完全擴及到荷莫茲海峽或檀香山，但已經可以完整看出印太地區的核心。澳洲這第一幅印太地區地圖，以及從它衍生出來的陸上長途探險，說明了一個雄心勃勃、務實的新社會，試圖要拉近與其他地區的距離，而不是把自己藏起來。也許這可以有助於解釋，為什麼印太地區的構想會引起澳洲人的特別回響，因為這是一個很不尋常的國家，它是一個結合了本土漫長歷史、歐洲政治傳承和已經被認可的多元文化的民主國家，一個既不完全屬於亞洲或西方的家園。米謝爾的地圖突顯出，現在是西澳（Western Australia）和北領地（North Territory）的海岸的重要性，顯示它們正是澳洲大陸通往外面世界的經濟門戶（或安全屏障）。這是跟我們同一時代的一則訊息。今天，在伯斯、東京或上海的天然資源公司的辦公室牆上掛上一幅這樣地圖，將會使這些公司增加不少優雅氣息，這也適用於坎培拉的國防規劃人員的

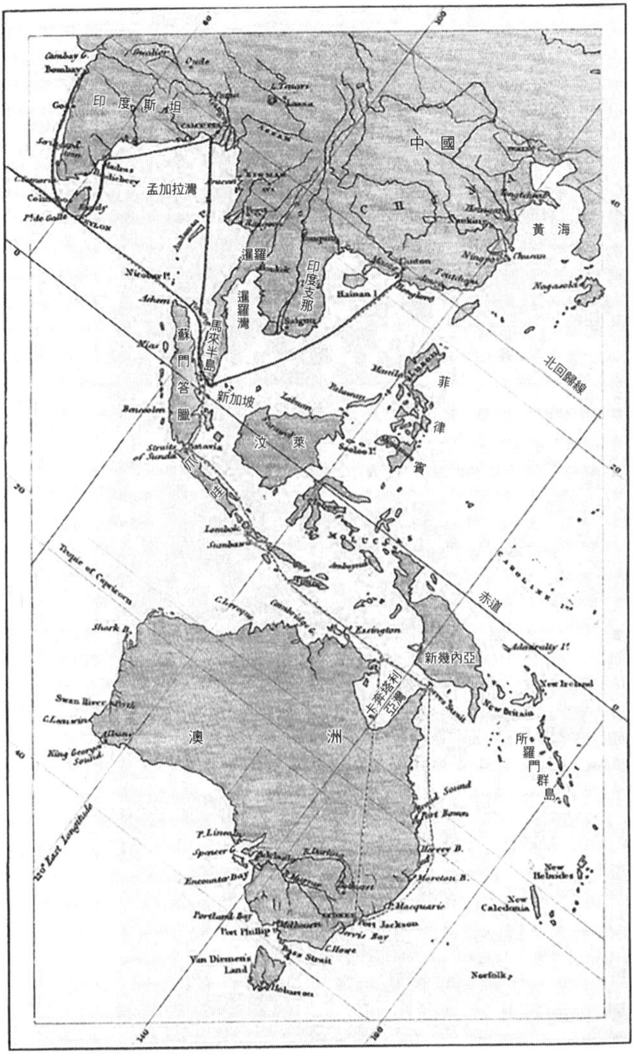

湯瑪斯・米謝爾的旋轉地圖，1848年。

圖片來源：Thomas Mitchell, *Journal of an Expedition into the Interior of Tropical Australia in Search of a Route from Sydney to the Gulf of Carpentaria*, Longman, Brown, Green and Longmans, London, 1848.

辦公室，事實上，也適用於華府、北京或新德里。

現今能夠跟米謝爾相媲美的是中國的地圖繪製研究人員郝曉光。米謝爾的旋轉地圖已經在今天的印太地區找到新同類，那就是郝曉光以亞洲為焦點繪製的新的世界地圖，由中國政府授權出版。[2]這幅地圖很霸氣地以垂直（豎）畫面重新觀看地球。乍看之下，它顯示出，今天的中國如何看這個世界，並且也透露出北京的戰略野心，從經濟連結到海軍現代化，從在非洲進行資源探勘，到在南極洲留下的科學研究足跡正在快速成長。

這幅地圖裡的中國和歐亞大陸占據最優勢位置，歐洲相對變小，已經不再像傳統的麥卡托投影法（Mercator projection）呈現出來的那種扭曲的龐大。這是中國戰略心願的驚人視覺化，西半球被一分為二，並被分散到兩邊邊緣。美國簡直被分裂開來，並且被邊緣化。非洲和南極洲則變得更為顯著。因為這個地圖特殊投影方式的關係，澳洲和東南亞呈現的角度，和米謝爾在一八四八年的版本完全一樣。最奇怪的是，這幅地圖的中心並不是中國，而是印度洋。而值得注意的是，這地圖是在二〇一三年出版，同一年，習近平在印尼和哈薩克發表演說，宣布了後來成為他個人標誌性的全球策略，一帶一路。[3]因此，這幅地圖透露出中國保持得最差勁的一項祕密。北京在二十一世紀最大膽和自負的野心計畫，不僅只在西太平洋的中國周邊海域進行，而是要橫跨更廣大的印太地區，在這計畫中，印度洋是其中一部分，甚至還是中心部分。

這是根據過去一些國家和帝國興起與衰落過程而繪製出來的一條路線。從印太地區的歷史可以看出，長久以來，印度洋一直都不是無人光顧的地方。歐洲冒險家在一四九八年到達此地，開

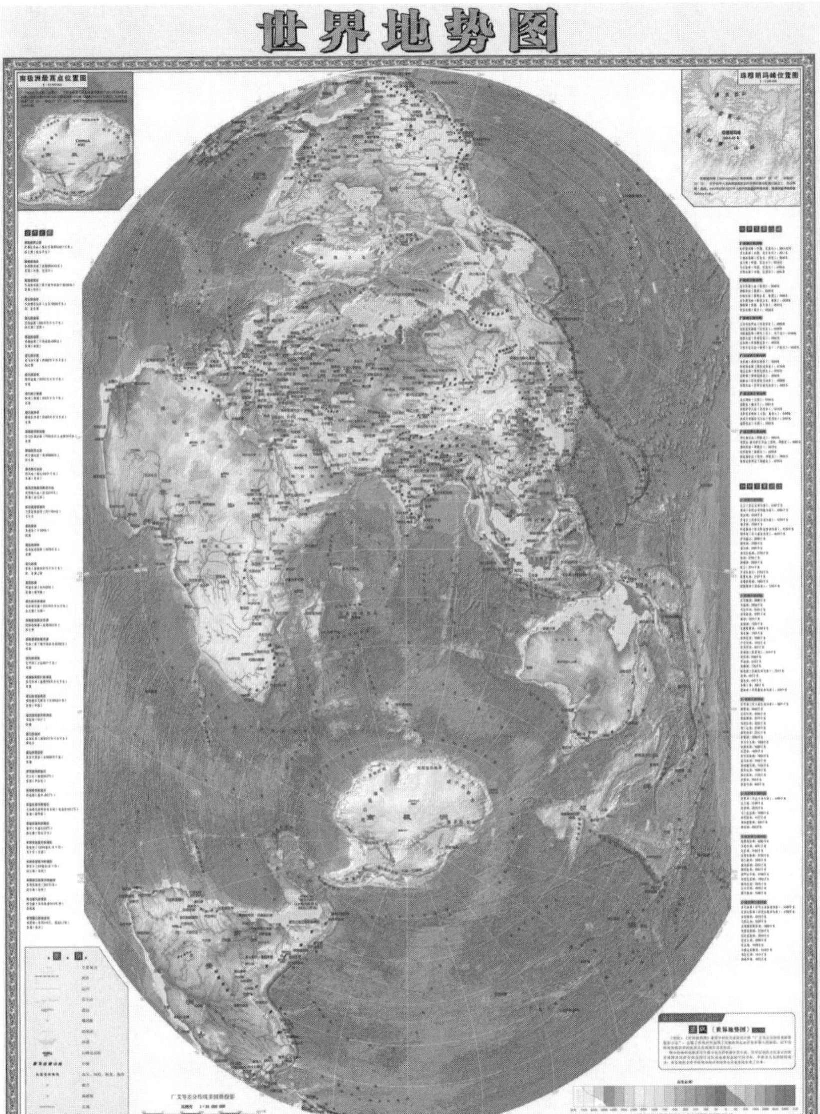

圖片來源：豎版《世界地勢圖》，中國科學院測量與地球物理研究所二〇一三年出版，主編：郝曉光。

啟漫長的達伽馬殖民新紀元時，當地其實已經密集地與世界各地相互往來。[4]印度洋以及範圍更大的印太地區，是近世冒險故事上演的現場，演出內容有合作、和平共存、競爭、對抗和衝突。這是一場有很多主要參與者的賽局，一個多極地區，預告到二十一世紀時，各方將激烈競爭，想要爭奪這個重要地區。

在印太地區歷史的複雜交流過程中，出現了多種交流型態。現代和未來都可以從這些交流型態中得到啟示。不同的文明透過海洋進行接觸，這是不可避免的事實，和更大的地區接觸，而不是避免去接觸，這明顯更有冒險精神。不敢去面對海洋，以及不敢接受海洋可能帶來的機會和危險，這是錯誤的。這條海上高速公路其實是未來帝國強權的傳播媒介。但因為和他們連結的這地區太過廣大及多極化，因此造成輕忽和傲慢的心態，以及過度擴張領地，結果，最後支撐不了，只好打退堂鼓，這樣的過程一再重複發生。

亞洲海洋的故事以及它與世界其他地區的接觸，這是印太地區被遺忘的古老歷史的一部分，而這個故事中有關印太的部分（兩個海洋的連結）並不是唯一的元素，也一直都不是最主要的。然而，到這部分的歷史裡快速瀏覽一下，就會發現，印太這個構想有一長串的前例。它一直是用來了解亞洲地理、地緣政治和地緣經濟的一個比較持續性的方式，遠遠勝過以人為方式把東亞和南亞分開，或是在二十世紀後半葉時採用的亞太構想。

深入歷史，擴大視野

印度洋和太平洋的連結很深。只要去問問魚兒就知道，上海紐約大學環球亞洲研究中心主任沈丹森（Tansen Sen）教授如此提醒我們。[5]印太已經是一個被認定的學術名詞，被很多學科採用，包括從海洋生物學到氣候學、考古學到生物人類學。很久以來，這一直是很有用處的名詞，可以用來了解世界各地區之間的互動，像是大海洋流對氣候的影響，兩大洋相會之處造成很豐富的魚類多樣化，或是早期人類在全球各地的移動，雖然很緩慢，但卻是無法停止。

對於史前時代人類在印太地區的移動，以及跟著他們一起遷移的植物和動物，學者們的了解愈來愈多。一九四一年，花費很多時間、想要重新發掘印度與東亞歷史連結的印度歷史學家卡里達斯．納格（Kalidas Nag）明確指出，在「世界最早的移民活動」中，扮演最重要中心角色的，就是「從印度洋一路延伸到太平洋的那一片廣大的海洋」。在他的著作《印度和太平洋世界》（*India and the Pacific World*）裡，他贊同說，這個地區的特性就是，「印太領地」（the Indo-Pacific Domain）。[6]最近，研究人員繼續辨識出南島語系（Austronesian）原住民族的海上移民模式，跟文化、技藝、遺傳學和語言都有關聯，其範圍更遍及包括東南亞和臺灣的一大片區域，向西一直延伸到馬達加斯加及非洲海岸，向東則一直到夏威夷和南太平洋島嶼。[7]這就是亞洲海洋的故事。至於這些海上移民活動是不是有一個起源中心點，多種學術理論各有不同的看法，其中一個理論則認為這個起源中心點就是臺灣，或者，實際情況是：「有一個持續存在的交流網絡，向很多方向傳播資訊和技藝。」[8]還有，雖然有愈來愈多學者發現，史前這兩大洋地區全區的連結和接觸程度高得驚人，但大部分細節仍然停留在學術探討或爭論的階段。[9]例如，在一九七〇年代，有人提出一個理論，認為印太地區有一個統一的語言或語系存在，但這理論出現之後，就一直受到很多學者的挑戰。學者也認為，在人類從非洲向外移動的很早期階段裡，南島語系原住民就已經來到亞洲大陸，也許在六萬五千年前，但這理論也不是很明確。

但愈來愈明確的是，在三千多年前，多個小社群的海洋民族，駕著原始獨木舟，展開無數次勇敢的海上冒險航行，從一個島到另一個島，或是航行於一望無際的大海中，從東南亞到印度到非洲，逐漸改變了大部分印太地區的外貌。這有助於解釋，為什麼在有紀錄的歷史之前，就有大量被人類馴養的動物和植物，全面分散到亞洲和非洲大陸，什麼都有，從香蕉（最初可能從巴布亞紐幾內亞傳出）到雞、胡椒和綠豆（來自印度）、小米（來自中國）和檀香（來自印尼）。

那時候，和現在一樣，取得、運送和交易從很遠地方來的外來貨品，被視為是奢侈、有地位和有權勢的行為。早在任何帝國或大國侵擾這些大家共享的海域之前，印太地區就已經有了原始經濟活動。就如比爾．海頓（Bill Hayton）在他有關南海的權威著作所說的，這個早期超級地區的核心，就是從事捕魚與貿易的海島島民族群的家，現在這些人被命名為南島民族，他們發現了這地區的島嶼，在這地區的海域裡航行，沒有國家，也沒有邊界，也不屬於今天已經被確認出來的任何種族。[10]對於有些國家在今天的領土爭執中宣稱擁有歷史主權，上面這個理論等於打了它們耳光。

因此，在有紀錄的古代歷史裡，亞洲各個分區的文明並不是在孤立中繁榮起來的。經濟、文化和政治互動早在此之前的一千年前，就已經散布到亞洲海洋的各個角落。這些古代社會彼此相互進行貿易、談判、合作，有時候還會發生衝突，完全沒有像現代這樣的邊界隔離，沒有今天的南亞、東南亞、東亞或甚至整個亞洲。不管有多麼不平均，經由阿拉伯、波斯、印度、馬來亞、中國和歐洲文明、港口和水手這些一直變化中的組合，讓這些模式從地中海一直擴散到中國。經由陸地接觸和商業往來固然重要，但大海更為重要；這種模式一直沒有改變。

今天中國大跳躍，重新發明了一種歷史敘述，提到在中國和歐洲之間有一條二千年歷史的陸地與海上「絲路」，一直在從事商業和文化交流。這段重新改造的歷史，把跟中國優良、持久的中心點地位相違背的任何事證，全都抹除掉，進而支持以北京為中心的一帶一路的經濟與戰略論述。當然，在極早期的人類連結活動中，中國是重要的一環。但持續不變的事實是，在這地區，一直有很多條帶，很多條路，很多中心點。

天體物理學提供一個很有用的類比，可以用來解釋多個強權政治重心如何相互競爭和重疊。重心指的是兩個或更多個環繞彼此打轉的物質中心。中國學者張文木在一篇重要文章中透露出很多的中國當代地緣政治觀，他斷言，中國絕對是「亞洲的自然重心」。[11] 這種論點很不幸和一些更令人感到不安的地緣政治論文十分相似，這些論文都是過去帝國主義和法西斯主義時代的著作，它們都暗示，命運是被某種天生權力支配的。事實上，在整個歷史裡，說亞洲是以中國為中心的論點，一直遭到高度懷疑。在整個近代印太地區，如果有一個地方能夠比其他地方發揮更多影響力，那肯定不是中國。

相反地，這個中心地區屬於印度和它附近的海上地方，也就是印度洋北部沿海地區。當然，跟中國一樣，古代的印度並不是一個單一或是統一的政治實體，其土地也不是完全跟印度這個現代國家的領土完全符合。毫無疑問地，今天的印度是核心連接區，是「殖民時代之前的貿易網絡實質中心」，以及「通往各地道路的起點」。[12]由於是天然資源、文化和權力中心，並且位處在戰略位置上，所以印度次大陸的海岸地區引起各方的濃厚興趣，商人、盜賊、探險家、朝聖者、宗教家和各國密使，從四面八方湧向這裡。印度自己的航海家和商人，特別是無所不在的古吉拉特人（Gujaratis），從荷莫茲海峽一路航行到蘇六甲。印度社會也向外傳播文化影響力，例如，雄偉的印度教王國奧茲曼迪亞（Ozymandian）的廢墟散布在東南亞各地，就是最好的無聲證明。還有，跟中國古代知名的軍事家孫子一樣，印度古代的孔雀王朝（Mauryan）也留下豐富的治國傳統理念，是一位皇家顧問以考底利耶（Kautilya）這個筆名寫下的。考底利耶的名著《政事論》（*Arthashastra*），比希臘政治學之父馬基維利（Machiavelli）的著作早了約一千五百年。考底利耶在他的著作裡呼籲朝廷要採取主動的外交政策，發揮多極體系的大部分精神，包括採行把盟邦包圍起來的實用性地緣政治，並且奉行「我的敵人的敵人就是我的朋友」這個原則。[13]這本著作是目前印度世界觀和地區地緣政治的部分寫照。

印度洋重心

從對羅馬、希臘、埃及和波斯的有利觀點來看，印度及印度洋跟它們的距離夠近，近到足以成為一個政治和經濟中心，中國則不是。古希臘作家希羅多德（Herodotus）在西元前五世紀寫下的著作《歷史》（*Histories*）裡明確記錄了，經由埃及和波斯，使得地中海地區、印度次大陸（書中說這是全世界人口最多的地方）和「南方海」或是印度洋之間，有了相互認識與接觸。[14]波斯國王薛西斯一世（Xerxes I）目中無人的入侵希臘時，有印度人加入他的軍隊，亞歷山大大帝認為印度就是世界邊緣，因此後來改去征服世界其他地方。但是，歐亞非大陸之間的接觸大部分都是比較和平的，主要在追求利益、知識或避難所。[15]印度歷史學家潘尼迦（K.M. Panikkar）指出，古希臘領航員希伯勒斯（Hippalus）知道利用吹起季風時的海上航道的祕密，也就是利用很容易就可預測到的季風和洋流來讓船隻加速和領航，因而得以順利從紅海橫渡印度洋，他也向羅馬人分享了這個祕密。[16]這不只是把印度沿海社區很早以前就知道的這項知識轉傳出去而已。[17]也是利用這同樣的季風，猶太教和基督教世界的人終於也來到古代印度。西元七〇年，耶路撒冷被羅馬攻陷，猶太人四散逃離，包括有人逃到位在印度喀拉拉邦的馬拉巴（Malabar）的海岸城市高知（Cochin），不過，有些傳統的說法認為，在此之前的幾世紀前，第一批猶太人就已經來到這地方。印度和斯里蘭卡基督教社區則說，他們的教徒是跟隨使徒多馬（Thomas the Apostle）來的，而多馬則在耶穌被釘上十字架的幾十年後，經由海路抵達喀拉拉邦，後來在今天的清奈

（Chennai）附近遇刺殉道。不管真相如何，到了六世紀，基督教已經出現在印度。

古印度文明既向外傳播，也吸引外來文明。印度是中國承認的一個文明債權國，中國學者梁啟超曾經說過：印度「老大哥」提供了「非凡和寶貴價值的禮物，我們永遠不能忘」。[18]西元最初幾世紀，佛教從印度向外傳播，對更遠的東方和北方的文化產生重大影響。今天的外交官會把這稱之為「軟實力」。佛教主要經由陸地傳播，但也經由海路傳到東南亞。到了五世紀，已經有一條從印度到漢字文化圈的海上文化航線，當時，東晉高僧法顯就是從印度佛教聖地經由海上回到中國。[19]到了八世紀，佛教已經在印太地區各大強權國家當中占有重要地位。這地區此時出現一些仰賴海上力量的所謂海權國家，其中早期的一個海權帝國就是信奉佛教的三佛齊（Srivijaya）。這個王國採納印度的曼荼羅王權概念，以其領土和領導階層為核心，四周圍繞著周邊小國，他們之間的關係是流動的，完全建立在義務和利益上。這個海權帝國包含蘇門答臘島、馬來半島的大部分地區，有時候還包含爪哇和孟加拉灣的部分地區。三佛齊和中國朝廷有外交往來，和印度的朱羅（Chola）王朝發生過戰爭，最遠還遠征到馬達加斯加和非洲。

印度另一種重要的文化輸出是印度教，最初是透過海上貿易傳抵東南亞，但有時候也伴隨武力和強權傳播。朱羅王朝統治印度長達一千六百年，從西元前三世紀一直到歐洲中世紀。朱羅王朝和中國歷代朝廷都保有外交和經濟關係，並且把中國視為同等地位，而不是比較優越的大國。還有，它已經成為把海權和文化影響力擴展到印度洋和東南亞的傳播中心，其影響範圍大約是今天的馬來西亞、印尼、泰國、馬爾地夫和斯里蘭卡。印度教成為東南亞各地文明國家信奉的宗教，從柬埔寨的吳哥窟到越南的占婆古國（Champa），以及印尼群島的很多地區。最後又出現了東爪哇的一個印度教王國滿者伯夷（Majapahit），一直統治到一五〇〇年代左右。

從七世紀後期起，季風吹起時的貿易風潮也帶著伊斯蘭教向東傳，替印太地區的文化大熔爐加進另一種重要元素。當然，伊斯蘭教也經由陸地傳抵印度，不久，印度次大陸持續出現伊斯蘭政權，從一二〇六年的德里蘇丹國（Delhi sultanate），到一五〇〇年代的蒙兀兒帝國（Mughal Empire）。在更遠的東方，伊斯蘭教最初只是海上貿易商人信奉的宗教。到了一三〇〇年代，當地一些政治領袖也改信伊斯蘭教。經由印度洋把伊斯蘭世界連結起來的這種海洋連結的感覺，可以從伊本·巴圖塔（Ibn Battuta）的一生略窺一二。巴圖塔是十四世紀的摩洛哥學者，他的漫長冒險之旅可以媲美馬可波羅。他先是經由陸路抵達印度，接著，經由海路來往於中國，曾在斯里蘭卡、蘇門答臘、麻六甲等地短暫停留，也可能在菲律賓的呂宋島短暫逗留。學術界對於他是否真正到過中國，有很多爭論，但他宣稱，亞洲大部分海洋國家的伊斯蘭統治者都很好客，這種說法似乎可信。

不論如何，到一四〇〇年，伊斯蘭教勢力已經在麻六甲海峽壯大。跟現在一樣，麻六甲海峽在那時候已經是一條重要的地緣經濟要道，麻六甲王朝就在這時候建立，主要領土就是馬來半島，並且接管了之前三佛齊統治的地方。麻六甲王朝在當地的勢力十分強大，可能是因為和中國的明朝維持著鬆散的進貢國關係，一直到一五一一年才亡國在殘忍的葡萄牙探險家手中，據報導，葡萄牙人當時有受到現實的中國商人的幫助。除了貪婪、商業利益和想要發現新世界之外，十字軍急於打敗伊斯蘭教的狂熱，就是造成歐洲開始向外成立殖民地的重要動機。但是伊斯蘭教還是生存了下來，麻六甲王朝已經為東南亞海洋地區的其他由穆斯林統治的政權做好準備，包括後來成為今天的馬來西亞、印尼和汶萊這些國家。

就他們本身來說，馬來人和東南亞海洋地區的其他居民並不僅僅是被動接受進口的文化。他們都是擁有技藝和具備冒險精神的航海人，並且懂得充分利用他們在早期印太地區制度的優勢。[20]幾個世紀以來，三佛齊和幾個港口城市，居中協調北方中國太平洋邊緣地區和西方的印度洋海上高速公路之間的商業活動，並且獲利豐富。由於他們處於優越的地理位置，讓他們能夠處理轉運貨物的商業活動，就是把從其他地方進來的貨物裝在他們自己的船隻上，再轉運到其他地方，他們因此能夠從這樣的轉運中取得龐大財富和影響力。新加坡到現在還在努力維持這種優勢條件。歷史學家指出，在三佛齊之前，另外有一個從事轉運的國家，就在湄公河三角洲，中國人把它稱作扶南（Funan）。另外一些城市國家則分散在印尼群島。他們對中國十分順從，但這樣的順從都是暫時的，他們和中國的進貢國關係，一直隨著中國朝代的更迭而起起落落。[21]

中國的第一波劫掠

所有這一切，提供了一個舞臺，讓中國帝國在古代印太地區占有重要但卻出乎意外的有限地位。一直到宋朝為止（西元九六〇到一二七九年），中國一直選擇只和它南邊的海洋世界進行很少的直接接觸，更別提和更遙遠的印度洋接觸了，反而是允許增加和三佛齊及早期商人之間的海上轉運貿易。在十一世紀之前，根本就沒有中國船隻進入印度洋的紀錄。中國第一次實質性地轉向大海，似乎是迫於需求，因為當時中國北方和西北方的陸地戰爭急速惡化，造成傳統的陸路貿易路線被迫封閉，並且逼得宋朝把它的人民和國都遷往南方，接近海岸。中國放棄了和中間人的接觸，結果造成三佛齊的加速衰敗。中國開始和來自阿拉伯世界及印度的商人直接貿易，允許他們的船隻進入中國港口，愈來愈多的中國商船也開始出現在印度洋海域。[22]接著，從陸地征服中國的元朝（蒙古），卻仍然很珍惜這條新的海洋航線，可能是因為這讓元朝多了一條通往伊兒汗國（Il-khanate）的海上航線。（伊兒汗國是位在波斯的另一個大致獨立的蒙古帝國。）大家都知道，馬可波羅是早期經由陸路抵達中國的歐洲旅行家，但據他自己的敘述，他在十三世紀末則是經由海路回到家鄉，當時，他是跟著一支中國船隊航行，護送蒙古公主闊闊真（Kököchin）前往波斯，因為元朝皇帝忽必烈派遣她去嫁給伊兒汗國的統治者，希望因此重新鞏固這兩個帝國之間的家族關係。這個傳奇故事見證了中國早期和世界連結的脆弱性。之所以選擇海路，是因為陸路已經太不安全。然而，這趟海上旅程本身既緩慢又危險，一共花了兩年時間才抵達，船隊的很多乘客都在航程中去世，幸好，堅強的公主最後平安無事抵達。[23]

歷史也許不會重演，但卻會引發迴響和作出預告。今天，我們對於中國經濟與軍事野心的規模和影響範圍感到驚訝：以基礎建設和商業為主的一帶一路計畫遍及全亞洲，還有一支令人望之生畏的強大海軍配合。很容易就可判定，這將是持久性的行動。因此，這就值得加倍去回憶，這正是會經常發生在帝國身上的尷尬趨勢，因為中國第一次企圖控制印太地區的行動高點，就緊接在這樣的野心消逝之後不久。

對於中國的海上遠征、強大武力和親善訪問作為，中國官方現在積極造神的目標是鄭和，明朝的偉大航海家和海軍統帥。在一四〇五年和一四三三年之間，他一共七次航行到印度洋，率領一支包括船艦和水手的強大武力艦隊，其規模幾乎是空前絕後。元朝曾經在十三世紀末派特使到印度海岸各個國家，要求他們屈服。但這僅是邀請他們加入元朝進貢國的行列，而不是強迫他們投降，而且毫無意外，得到的反應並不熱烈。明朝第一位統治者明太祖朱元璋（史稱洪武帝）則比較嚴刻。他在一三七一年左右，獲得科羅曼德爾（Coromandel）和朱羅王朝這兩個印度國家的一次朝貢。[24]但鄭和的遠航則不一樣，他是以展示強大武力來要求各國進貢。

鄭和一直是個讓人感興趣的人物，他是領袖、戰士、冒險家、探險家和外交家的混和體，整個帝國的資源都任他調配。鄭和有著旁觀者般的大無畏勇氣，他是穆斯林太監，幼時家中遭逢變故而倖存下來，並被派去伺候皇室，他的技藝和可靠，使他成為明朝新領導人身邊無人可以取代的重臣，這個新領導人就是明朝第三位皇帝明成祖，也就是永樂帝朱棣。這位新皇帝既充滿野心，但也很焦急，因為他用武力登上皇位，所以急於有番作為，用來確定他統治權的合法性。這也許有助於解釋，為什麼鄭和的海上長征如此異乎尋常的鋪張，還擁有具備過度殺傷威力的裝備，他的船隊有幾百艘船隻，包括像海中怪獸的九桅大戰船，隨行的有數萬名士兵（光是一四〇到一四一一年這一次遠航，可能就多達三萬人）。對以和平造訪為目標的海上遠航來說，是有點不尋常。

今天，中國官方把這些航程描述成是和平和外交行動，是要和南洋各國共享繁榮的雙贏策略。鄭和艦隊的船隻叫做「寶船」，推測是為了暗示他們從中國帶去給南洋小國的禮物，遠遠超過中國拿到的進貢品。中國的國家宣傳內容，以及試圖歪曲歷史紀錄的偽史學論點（可以用英國作家加文・孟席斯（Gavin Menzies）的流行作品作為代表），全都被一再地納入中國政府最高層領導人的談話和演說中，而且完全不會受到批評，像是習近平二〇一七年在一次國際論壇上的演說：

> 十五世紀初的明代，中國著名航海家鄭和七次遠洋航海，留下千古佳話。這些開拓事業之所以名垂青史，是因為使用的不是戰馬和長矛，而是駝隊和善意；依靠的不是堅船和利炮，而是寶船和友誼。一代又一代「絲路人」架起了東西方合作的紐帶、和平的橋梁。[25]

二〇〇三年，當時的中國國家主席胡錦濤向澳洲國會發表演說時提到，鄭和艦隊七次到達澳洲海岸，這是澳洲和中國關係長期和睦歷史的開端。但鄭和艦隊七次到達澳洲海岸的這種說法，並沒有嚴格的歷史證據。[26]

沒錯，所謂的「寶船」，雖然擁有強大武力，但中國並沒有利用它們來建立永久的殖民地。根據記載，當一些當地統治者沒有對鄭和艦隊表示出適當尊敬時，還是會爆發大量的高壓強迫和衝突。甚至還有死亡人數統計的紀錄：在三佛齊有數千人被殺害；在爪哇、蘇門答臘和斯里蘭卡等地，為了強迫當地統治者改變態度或屈服而爆發的攻擊行動中，造成更多人死亡，還有王室成員被劫持當作人質。[27]這些歷史記載，和二〇一三年習近平在印尼雅加達發表演說，宣布一帶一路倡議時提到有關鄭和的部分，並不一致。習近平說：「中國明代著名航海家鄭和七次遠洋航海，每次都到訪印尼群島，足跡遍及爪哇、蘇門答臘、加里曼丹等地，留下了兩國人民友好交往的歷史佳話，許多都傳誦至今。」[28]

根據歷史記載，鄭和發布警告，如果不屈服，將會招來極端手段的對付，就如當時對安南（越南）的全面鎮壓。畢竟，這幾次遠航的目的，似乎是要恫嚇當時海洋世界大部分地區的人口，要讓他們屈服、歸順，如此才能增加中國百姓心目中，「對一位篡位成功的統治者的合法性和聲望的認可」。[29]在二十一世紀，中國新的印太地區策略，似乎也是要藉由威嚇外國人產生敬畏來強化本身政權的威望，特別是習近平的威望，因為是他下令中國展開第二次的大遠航。

各方反應如何？很容易想像，一四二〇年當時的情況，就等於現代的一位國際關係學者在告訴印太地區人們，他們的唯一理智抉擇就是渾身發抖，並且服從這個新霸權宣示的重大策略。然而，中國的海洋優勢行動卻突然戲劇性地崩落，就像它當初竄起時那般突然。

西元一四二四年，永樂帝率軍在戈壁沙漠作戰後班師返京途中，突然因病去世，他的繼位者朱高熾（洪熙帝明仁宗）馬上停止鄭和下一次遠航的準備工作。明仁宗在位時間很短，一年後，他的繼位者明宣宗朱瞻基，允許鄭和進行最後一次的遠航，結果導致鄭和在這次遠航的返航途中去世，時間大概在一四三三年。一切就此結束。新皇帝的宣德年號意指「宣揚美德」，所以，在這時候，遠洋冒險就被視為沒有必要了。不到幾年時間，建造遠航船隻的工作停止；幾十年後，這些大造船廠不復存在；到了一五〇〇年代初期，出海遠航基本上被認定是犯罪行為。

中國的帝國政策如此大反轉，所造成的重大影響，真的難以形容，而這也讓印太地區成了被規模小了很多的歐洲武力公開剝削的目標。中國這次劃時代的政策轉變，究竟是什麼原因造成的，各方的看法很多，但中國境內出現緊張情勢，應該才是最主要的原因。據說，這裡面包括邊疆地區的長期衝突，朝廷內部權力鬥爭不止，出現經濟危機，需要籌措經費來支援國內基礎建設，以及遠航艦隊的花費太過驚人，還有，用來建造船隻的大量木材，甚至有助於解釋為什麼中國東南部會出現森林砍伐過度的現象。[30]除了在一六〇〇年代，中國曾經一度恢復對南海的影響力之外，一直到六個世紀之後，中國是印太廣大地區的海上強權的這個概念才再度浮現。

中國文化和政策轉向國內，接下來的各個新皇帝和新朝代，也不再認為和遠方的外國人打交道有什好處。相對地，從一四九八年葡萄牙的達伽馬開始，歐洲的冒險家們很快就發現，這樣的好處和優勢其實真的很多。

西風：殖民印太地區

歐洲帝國主義在亞洲的故事，一直被從各種角度加以敘述。就某個方面來說，這是現代化的催化劑，帶來各種不同的好處。但這並不是西方送給東方的禮物。這些好處大部分都是貪婪、殘酷和文化沙文主義的副作用。[31]殖民主義進行的過程並不平均，在幾個世紀當中分成了好幾個階段，這些歐洲國家在對亞洲進行結合了商業、征服和意識型態的殖民化過程中，所展現的熱誠程度，會因為不同的地方和不同的帝國，而有所不同。

幾年以前，如果有人暗示，中國二十一世紀的海外野心行動（一帶一路倡議），跟上述歐洲殖民故事的部分元素十分相似，那麼一定會被視為是故意中傷中國。畢竟，在亞洲文明長期遭到西方帝國強權羞辱和壓迫的過程中，中國是其中受害最深的國家之一。所以，它當然不會把同樣的迫害手段施加在別的國家身上？一九七四年，在聯合國大會上，當時的中國代表團團長鄧小平，發表一篇令人難忘的演說，他在演說中表示，他深信這種情況永遠不會發生，並呼籲，如果中國要變成超級大國，或是「也在世界上稱王稱霸，到處欺負人家、侵略人家、剝削人家」，那麼，世界人民就應當把這種行為定調為帝國主義，並且「應當揭露它、反對它，並且同中國人民一道打倒它」。[32]

但是，後來就變得有愈來愈多人把歐洲殖民主義，和北京在海外活動的目的和行為劃上等號。令人信服的是，說一帶一路是新殖民主義的批評，不但來自對自己過往作為爭論不休的西方國家，竟然也來自以前被殖民的國家，像是印度和馬來西亞。新舊兩種殖民主義被認為相同之處，包括利用在經濟上看似慷慨的贈與，來進行實質掠奪，以及不尊重比較弱小的國家和當地文化；還有，透過部署遠洋海軍艦隊和在戰略地點興建基地等方式，來展現政治影響力（習近平二〇一七年在北京主辦「一帶一路國際合作高峰論壇」的作法，就被聯想到英國一九一一年在印度舉行的皇家德里杜爾巴（Durbar）＊〕。[33]中國決策者本身似乎並不介意模仿一些代表性的殖民主義行為，像是選擇用九十九年租約租下外國港口的控制權，最遠的例子是租下斯里蘭卡的漢班托塔（Hambantota）港和澳洲的達爾文港。有人認為，這是模仿當年德國強租青島作為其皇家據點，以及英國租用香港的模式。

未來幾年內會出現的關鍵問題就是，中國是不是正在積極追求建立二十一世紀版的帝國，或者，它只是在沒有注意到的情況下，以結合了意識型態、經濟規模和它無法完全控制的力量的方法去推動一帶一路，結果在無意中建立起一個海外帝國？中國這幾年的國際足跡，是不是已經變成加速版的西方帝國主義？當中國的利益和國民遭遇困難時，中國可以在不動用武力解決的情況下忍耐多久？擴張過度和衰敗是不是無可避免，如果是如此的話，將會帶來什麼樣的崩解狀況？值得去回想的是，在中國的歷史當中，中國大部分時間都是帝國，不過，它是經由陸地併吞它的附庸國，而不是經由海上。中國的古老堡壘疆界就是長城，而長城就位在今天中國的中央位置，此一事實就是無法否認的證據，證明中國從古到今已經擴展了多少領土。[34]可以合理的想像，中國今天的戰略分析家應該要研究帝國的歷史，如此才能知道，應該要怎麼做，才不會讓他們的新

＊ 譯注：杜爾巴是英屬印度各土邦貴族社會名流公開對大英帝國表達效忠的高規格宮廷社交盛會。在大英帝國國力達到顛峰時，分別於一八七七年、一九〇三年和一九一一年舉辦，地點均在印度德里，因此也稱德里杜爾巴。

帝國出錯。

歐洲殖民主義和帝國最初的需求，有很大部分是商業，不是政治，因為貪婪領先權力。兩個最有影響力的實體並不是真正的政府，而是公司，或者更正確地說，就是類似我們今天會看到的公私合營企業，包括英國東印度公司和荷蘭東印度公司。[35]但是套用亞洲第一位研究殖民主義的歷史學家潘尼迦的說法：「後來發現，剝削比商業獲利更多。」[36]替帝國辯護的學者當然會故意誇大這種所謂的心不在焉程度，最典型的說詞出自十九世紀英國歷史學家約翰・羅伯特・西利（John Robert Seeley），他說，英國因為「一時的心不在焉」而取得或征服了世界很多地區。然而，特別是對英國、荷蘭和法國來說，他們一貫的作法就是先從商業著手，接著才是建立殖民地。政府有時候並不願意取消這些私人企業的治理和安全責任，印度的情況就是如此，結果，因為東印度公司的暴政，引發一八五七年的印度民族起義。但就如印度這個例子，政府一旦介入，歐洲這些帝國就會迫不及待地積極掌控一切，而且再也不願意放手，結果因為過度擴張領土，終於造成這些帝國的殖民地一一崩解。

葡萄牙殖民主義有自己的一套暴力方式，一開始比較透明，採用公開的軍事、宗教和政府三步驟。[37]最明顯的例子就是葡萄牙的將領阿方索・德・阿爾布克爾克（Afonso de Albuquerque）在一五一一年占領重要的戰略港口城市麻六甲，這是歷史上重要的轉捩點之一。那場決定性的戰鬥造成的影響是多方面的。葡萄牙因此從它的歐洲競爭對手（特別是威尼斯）奪下寶貴的香料貿易權。伊斯蘭教的影響力則因此減弱，不過，這只是暫時的。葡萄牙奪下這個重要地方後，迅速建立要塞，不僅鞏固了它在印度洋的優勢地位，也控制了進入中國和太平洋的海運貿易。史學家潘尼迦寫道，在征服了麻六甲之後，「阿爾布克爾克終於完成在亞洲建立歐洲海洋帝國的任務」。[38]如果要找出，近代有哪個時間點見證了印太地區就像一個戰略體系般產生連鎖反應，也就是說，某個地方的崩潰，馬上會影響到其他國家的利益，而且影響範圍又遠又廣，那麼麻六甲的陷落就是這樣的時間點了。

如同在印太地區的戰略之爭，這個案例的地理位置也有重要影響。麻六甲王朝的國都位在今天的麻六甲市，就在馬來半島南部，俯瞰麻六甲海峽，通過海峽後，海域變廣進入孟加拉灣。自從一千多年前朱羅王朝和三佛齊發生戰爭以來，各方的邏輯都是一樣的：只要控制了這個海上咽喉位置，就能夠帶來龐大的地緣經濟和安全優勢。因此，一四〇〇年代，鄭和就在這兒建立起中國的威望；一六四一年，荷蘭在當地伊斯蘭盟友柔佛蘇丹（Sultan of Johor）的幫助下，從葡萄牙人手中奪下麻六甲；一八一九年，英國人更進一步，在海峽東端一個小島上建立新基地，這地方後來發展成為新加坡；到了第二次世界大戰期間，這兒成了日本皇軍想要取得戰爭優勢的重要目標。

麻六甲在一五一一年淪陷，也讓當時的人們，對於當某個地區人民遲遲不屈服時，殖民主義將會如何運作，不再存有任何幻想。在這些地方，當反抗被鎮壓下來，且環境變得對歐洲人有利時，他們就會透過戰爭、高壓和占領來打開市場。套用二十一世紀的說法，國家出動軍隊來增加和保護他們私人企業的利益。這種由國家發起的侵略行為，目的是要壓制亞洲國家力量的例子不勝枚舉，從十六世紀葡萄牙人在印度和東南亞大屠殺，到英國冷酷無情地發動極具諷刺味道的鴉片戰爭，再加上他們和另外其他國家在一八〇〇年代對中國進行可恥的「砲艦外交」。

不過，這並不是有關於歐洲戰略壓迫的單純故事，科技、戰術或詭計總是能夠戰勝一切。新的研究顯示出，印太地區殖民地有很多主要參與者的複雜性。殖民國家經常處於人數較少的劣勢，或是只擁有很少的軍事優勢，有時候就需要仰賴當地盟友。[39]亞洲國家內部的勢力也有自己的算計和動機，因此他們選擇和新來者合作，藉此打擊他們在當地的對手。歐洲國家並不反對和亞洲夥伴合作，並且利用這樣的合作來向其他歐洲國家發動激烈的貿易戰，意圖在亞洲海域取得經濟制高點，所以，西班牙人打敗葡萄牙人，荷蘭人搶奪西班牙人，英國人再趕走荷蘭人，並且阻止法國人。然而，雖然西方勢力經常彼此相互攻擊，但更悲哀的是，亞洲一些重要文明甚至更為分裂。英國統治印度時，採取的政策就是分化和挑撥各地方的統治者，而這些地方統治者各有不同的利益考量，對英國的忠誠度也深淺不一，這種情況確保了在一八五七年印度爆發民族起義後，反而更加鞏固倫敦對英屬印度的統治。在此同時，十九世紀的中國遭逢太平天國之亂，針對滿清朝廷的群眾起義，結果被中國漢人的軍隊平定，而這些漢人軍隊有時候還聘用歐洲軍官。這是一場打了十四年的內戰（遠勝過美國內戰），結果造成幾千萬人死亡，讓倖存下來的中國帝國元氣大傷。

歐洲人並沒有發明把印度洋和太平洋兩地併成單一地區的構想。他們遇到的是一個早已經彼此相互連結的海洋社會網絡，這些海洋社會能夠相互溝通，也明白自己身處在一個更大的社群中。就某些方面來看，殖民經驗阻塞、扭曲或解開這些連結，也因此切斷了印度洋的貿易制度。[40]殖民地變得以人為方式去連結地球上同一帝國的其他領土，結果反而和他們的亞洲鄰國疏遠。[41]印度第一任總理賈瓦哈拉爾・尼赫魯（Jawaharlal Nehru）在一九四七年呼籲亞洲國家團結起來，他說：「歐洲統治亞洲造成的一個值得注意的後果就是，亞洲國家彼此疏遠，各自孤立。」[42]

但是，殖民主義和帝國勢力也加速了遠距連結，就是把舊的印太地區和正在形成中的全球體系連結起來。殖民主義的冷酷理性經濟邏輯，並不局限於從海外某些特定領土搜刮有價值的東西，然後把它運回歐洲。葡萄牙人和隨後跟進的西班牙人、荷蘭人、英國人及法國人，接連把亞洲印太地區帶進全球商業和競爭網絡之中，因而累積了驚人的財富和影響力。葡萄牙人最先找到通往印度洋的海上路線，並且壟斷最珍貴的香料貿易，這不但打敗了它的歐洲對手國，還挫敗了伊斯蘭世界。但很快地，多個歐洲強權大國在十六和十七世紀陸續加入這場地緣經濟的爭奪戰，印度洋成了更廣大的重商主義海洋系統中最珍貴的部分，因為它連結了東印度的香料，印度的胡椒粉和紡織品，中國的絲和茶葉，以及來自美洲的銀錠。[43]不久之後，又引進另一種殖民商業網絡，包括英國把在印度洋種植的鴉片賣到中國的可恥行為。

除了高壓和不公不義，殖民制度也留下了很多事物，這些後來都成為現代亞洲的特點與面貌。這個地區的很多國家認同和邊界問題，包括還未解決的爭端，都不是殖民時期之前的亞洲遺物，而是殖民政權為了一時方便劃下的邊界所造成的。亞洲人民在被殖民期間所作的努力，奠定了亞洲地區在今天的全球貿易體系中建立的物質基礎，讓當地經濟得以再度恢復出口活力。[44]這個地區的經濟與交通運輸基礎建設，很多都是殖民時期興建的，到現在都已經處於需要更新的危急狀態，大部分的法律與國家管理制度也都是如此。主張尊重弱小國家具有平等權益的外交與國際法的概念，也都是歐洲的歷史產物。殖民地相互連結的結果，引進新的貿易與移民路線，甚至某些亞洲美食也因此加進了特殊食材，像是來自南美洲的辣椒。在殖民時期，亞洲各個社會之間的文化交流並沒有中止，沈丹森甚至指出，事實上，在這時期，印度和中國之間的交流其實是成長的，「知識、貨物和人員的交流更為密集」。[45]在實施高壓統治的同時，殖民國家也無法避免地培養和轉移新的理念到本地區，像是自由主義、民主、社會主義、民族主義、科學理性和工業現代化。這些影響了全亞洲的自由運動，並且在二十世紀回過頭來終結了西方的統治。對於亞洲認同感的認知也是如此，主要都是出於對西方殖民主義的反彈。[46]歐洲各個帝國被迫加速了自己的崩塌。

經由地圖連結

重商主義的歐洲貿易公司、探險家、外交家、傳教士和遠征軍軍人的活動，並不僅限於狹窄的二十世紀亞洲概念。在整個殖民時期，從一五〇〇年代到一九〇〇年代初期，歐洲繪製的亞洲地圖，竟然很不尋常地一直持續維持著呈現出一個弧形的印太地區，其範圍從印度洋邊緣、經過東南亞到中國、朝鮮和日本。

當然，這種完整的亞洲地圖並不是西方獨自發明的。例如，朝鮮的〈混一疆理歷代國都之圖〉就是一四〇二年繪製的當時人們所知道的世界地圖。它有受到一三九八年中國明朝繪製的包括明朝帝國和其周邊鄰國的〈大明混一圖〉的影響，但比較不像〈大明混一圖〉那樣以中國為中心。這兩幅地圖都吸取了整個歐亞大陸學者有關地理知識的交流，包括長久累積下來的中國、蒙古、穆斯林和歐洲的地理知識。這些交流也影響到中世紀末歐洲的世界概念，像是義大利修士弗拉・毛羅（Fra Mauro）在一四五〇年完成、令人驚訝的世界地圖，把南方放在地圖上方，亞洲、非洲和印度洋占最重要位置。

不過，殖民時期的歐洲地圖有幾個特點。它們強調海洋，所以海岸線和港口畫得比較詳細和精準。跟這個有關係的是，地圖繪製的正確性得到重視，不再是以象徵意義和美學為優先，地圖的繪製對航海人的導航有幫助，而航海人的導航也幫助繪出更正確的地圖，再加上從十六世紀起，相關科技的進步，更能幫助製作出精確的地圖。最大的突破，是來自比利時安特衛普（Antwerp）偉大的地圖製作家亞伯拉罕・奧特柳斯（Abraham Ortelius）。他在一五七〇年繪製出世界第一本現代地圖集《寰宇概觀》（*Theatrum Orbis Terrarum*）。一五〇〇年代末期，義大利耶穌會傳教士利瑪竇（Matteo Ricci）帶了一本《寰宇概觀》前往中國，作為獻給明神宗朱翊鈞的珍貴禮物。[47]這本地圖集大大影響了中國早期的地圖製作，包括利瑪竇自己後來替萬曆帝繪製的世界地圖。[48]

奧特柳斯製作的地圖集中，描繪得最真實的一幅，就是〈東印度諸島圖〉（Indiae Orientalis Insularumque Adiacientium Typus）。這幅地圖主要介紹東南亞各島嶼（請參閱內封面）。這是一幅極其現代感的地圖，其中的印太地區被畫成是一大片相連的大海域，從波斯灣一直到美國加州海岸。比較沒有現代感的是地圖上裝飾著美人魚和海中怪獸，但這些裝飾生動地強化了這個地區不可抗拒的海洋特性。奧特柳斯在這幅地圖裡一次呈現出兩個海洋，成為之後幾個世紀的地圖繪製趨勢。十七世紀，法國製圖師阿蘭·曼內森·馬勒（Alain Manesson Mallet）繪製一幅命名為〈現代亞洲〉（Asie Moderne）的地圖。圖中顯示出一個弧形的海洋地區，包括印度洋、東南亞、中國和日本，這真的是現代亞洲。進入一七〇〇年代後，倫敦的製圖師赫曼·摩爾（Herman Moll）也同樣畫出以印度和印度洋為中心的亞洲完整地圖及地圖集。

地圖有助於對一個地點塑造出新的概念。最初，亞洲一直被說成是古希臘以東的任何地方。殖民主義時代的亞洲海洋地區也被稱作東印度（East Indies），到了十九世紀中期，陸續出現一些更為精確的名稱，用來描述這個廣大的地區，像是印度群島（也就是我們現在所稱的東南亞）和東亞。接著，在一八五〇年，住在新加坡的英國律師和學者詹姆士·理查森·洛根（James Richardson Logan）發明了新名稱，「印度洋—太平洋」（Indo-Pacific）。[49]這個名稱被用來描述東南亞、美拉尼西亞（Melanesia）以及印度洋地區的島嶼和語言族群。他接著又替位在這個地區中心的群島冠上「印度尼西亞」（Indonesia）這個後來廣為流行的名稱。

帝國傳承

地圖是一回事，但是擴大對地區的定義，也反映出帝國作為的強硬真實面，尤其是英國版的。印度戰略家拉加．莫罕（Raja Mohan）提醒我們，以印度為中心的大英帝國的貿易要道和軍事武力，經由新加坡抵達中國和澳洲，並且向西前往非洲和蘇伊士運河。[50]難怪在一八四〇年代，澳洲探險家米謝爾才有興趣想要去找出和繪製澳洲通往外面世界的生命線。英屬印度不僅替大英帝國帶來大量戰略利益和財富，同時也奠定自己是帝國中心的特殊地位。一些知名人物，像是喬治．納桑尼爾．寇松侯爵（Lord George Nathaniel Curzon，從一八九九到一九〇五年擔任印度總督）就強調，印度的影響範圍應該延伸到更廣大地區，包括用來制衡歐亞大陸的俄國，以及成為英國和英國在印度洋地區的全球秩序的支撐點。[51]

法國領土擴展橫跨兩大洋，葡萄牙帝國也一樣。荷蘭帝國的大部分領地被英國搶走，在接受此一事實之後，荷蘭轉而依賴英國對印度洋的掌控，以此來保護它在印尼僅存的殖民地。西班牙在一五〇〇年代經由從美洲通往太平洋的海上路線來占領菲律賓，是歐洲各個帝國中，在亞洲勢力最薄弱的，而正在崛起中的美國馬上就要證明這一點。

跟西班牙一樣，美國這個新的強權大國的戰略與經濟足跡，主要集中在太平洋，而不是範圍較廣的印太地區。獨立後的美國開始向外尋找經濟與外交關係，於是派遣一艘三桅帆船「中國皇后號」（Empress of China）從紐約出發，經過大西洋和印度洋，最後於一七八四年抵達廣州。但一開始，它誤認為這地區是在東印度而非東亞，並且也想在印度從事商業活動，這是因為在經歷過波士頓茶黨事件後，美國已經察覺到從印度直接進口不加稅茶葉的重要性。美國也對東南亞有興趣，它第一次在亞洲使用武力，就是在一八三二年出動海軍突擊蘇門答臘胡椒海岸（Pepper Coast）的海盜。[52]但隨著它的商業活動愈來愈成長，戰略野心也跟著擴大，不斷向外擴張的十九世紀美國，於是把目標集中在中國和日本，意圖把這兩國開發成市場，以及當作外交制衡力量，打算用來對抗歐洲各個帝國，以及創造出空間，用來宣示美國自身力量，有些時候還可以宣揚美國的意識型態、共和主義、自決與基督教精神。對美國來說，印度洋是次要的，因為它已經成為美國以前的敵人和老大哥（英國）的勢力範圍。在美國大陸向西方擴張後，下一步似乎就是向太平洋進軍了。

到了二十世紀初，美國已經是公認的太平洋強國，擁有龐大的商業利益和經由戰爭手段搶來的殖民屬地（菲律賓），以及被其他國家冠上「可靠的調停者」這樣的外交美名。[53]在背後支持這些的是科技進步的海軍和完備的煤站網絡，這些都會讓任何有自尊心的老派帝國感到羨慕。一九〇八年，在老羅斯福（Theodore Roosevelt）總統一聲令下，美國向外宣示它想要成為什麼樣的世界大國，並且派出由當時最先進戰艦組成的大白艦隊（Great White Fleet）進行環球航行。這支艦隊從美國出發，向西航行前往澳洲，接著來到日本，然後航行過印太地區，經過蘇伊士運河回到美國，艦隊一路上還在很多港口停泊，包括可能的敵對國家和友好盟國。

刺激美國海軍展開這第一次戰略性環球航行的，是在此三年前的另一次重要的大西洋—印度洋──太平洋環球航行：命中注定滅亡的俄國波羅的海艦隊奉命繞地球一周，千里迢迢地前去教訓被認為正壯大起來的亞洲強國，日本。[54]沙皇的這些戰艦笨拙地航經印度洋，在這個沒有對俄國友善基地的地區裡，很費力地尋找煤炭、補給和維修。然後，在不可寬恕的幾個小時裡，才剛進行過現代化的大日本帝國海軍，在大霧迷漫的對馬海峽，幾乎擊沉了整支俄國艦隊。[55]在這之前，日本帝國已經在一八九四到一八九五年的甲午戰爭中重創滿清的北洋水師，但現在，它重挫了歐洲最強大的帝國之一。

全球為之震驚，幾十年之後仍然餘悸未消。在前幾個世紀裡，俄國拚命在陸地上擴張勢力，終於同時成為亞洲和歐洲的大國之一。被日本打敗，並透過美國作為中間人協調交涉後和日本達成和平協議，這不僅讓俄羅斯在太平洋的勢力大幅減退，也讓俄國國內動亂情勢惡化，加上第一次世界大戰爆發，最後導致一九一七年發生了布爾什維克革命，沙皇帝國被推翻，成立蘇維埃社會主義共和國聯盟（蘇聯），隨後被共產黨奪得政權。日本海軍大捷，也驚醒原有的各大帝國和新興強權，大家忙著轉移制衡力量和強化自身國防，因此才會促成大白艦隊的環球航行，甚至促成澳洲皇家海軍在一九一一年正式成立。而這正是亞洲國家射向歐洲殖民主義的一發閃光彈。

日本冷酷地追求它自己的利益，以及渴望成為一個海陸大帝國，雖然情況很明顯，這可能是無法實現的目標，但在一九〇〇年代初期，作為亞洲第一個現代化國家，日本成了別的國家的希望寄託。亞洲各地掀起人民自決運動，主要發生在印度和印尼，甚至連中國也有，並且展現出令人敬佩的自信。在德意志帝國，有些人也從日本身上得到鼓舞（即使德國一直是日本現代化的偶像）。德國是歐洲大國之一，但因為起步較晚，錯失了海洋殖民主義的很多戰利品，結果，它在印太地區只能取得紐幾內亞（New Guinea）和周邊小島。早在一九〇八年，在日本的一位德國軍事顧問卡爾．豪斯霍弗爾（Karl Haushofer），就已經把日本看作是德國自己無法實現的野心的代理人，並且是未來的盟國。

地緣政治競技場

豪斯霍弗爾後來成為納粹第三帝國的地緣政治顧問，而落得惡名昭彰（不過，現在大概都被遺忘了）。[56]他是早期就已經意識到，並且把亞洲（包括它的大陸和兩個海洋）描繪成是一個戰略整體的幾個地緣政治學家之一。美國海權理論家阿爾弗雷德．賽耶．馬漢（Alfred Thayer Mahan）和英國大陸主義地理學家哈爾福德．麥金德（Halford Mackinder）也已經把亞洲看作一個完整的地區。在第二次世界大戰期間和結束後，印度歷史學家潘尼迦也是如此認為。[57]

在豪斯霍弗爾操作下，亞洲的印太地區的定義，在二十世紀最初幾十年當中顯得極其突出，但卻是轉錯了彎。豪斯霍弗爾的地緣政治理念，主要是在證明這個區域的控制地位，因此，這個理念才會在第二次世界大戰中被軸心國家採用。[58]因為受到麥金德的啟發，所以，豪斯霍弗爾在一九一四年之前遊歷日本、中國、朝鮮和印度時，才會作出他跟世界歷史有關的地緣政治決定論。在他一九二四年出版的著作《太平洋的地緣政治》（*Geopolitics of the Pacific Ocean*）中，他設想一個有著四個「泛區域」（pan-regions）的世界，而每一個「泛區域」都有一個主宰大國。[59]這本書後來被形容為是日本海軍戰略的「實質教科書」。在人種學和海洋學裡，印太地區已經是一個大家熟知的名稱。豪斯霍弗爾將它納入自己版本的地緣政治中，並且認為，這個泛區域正是保留給日本帝國的，因為日本是正在竄升中的亞洲海權大國，但也許需要和俄國分享這個地區。今天的印太構想，卻正好與豪斯霍弗爾的想法完全相反。現在的構想是要找出法子，來管理多個國家在一個廣大的共同範圍內利益交集的問題，而不是任由一些帝國瓜分此地，或來一場生死之爭。

豪斯霍弗爾設想的進程中，有一部分是認為，日本帝國和納粹第三帝國應該和亞洲各地（包括中國和印度）的民族自覺運動組成權宜性的聯盟，用來打敗自由民主國家和日漸衰弱的大英帝國。沒錯，亞洲去殖民化的政治活動人士，像是在日本和中國極為有名的印度作家和理想家羅賓德拉納特．泰戈爾（Rabindranath Tagore），他就把這地區看作是各國彼此相連在一起的地方，因此還提出像「亞洲一體」（Asia is one）這樣的口號。亞洲其他知識分子，像是日本的岡倉天心，他「尋求建立亞洲一體的文化基礎，強調海洋連結，藝術，以及一些共同分享的文化傳承，像是在印度、中國和日本的佛教」。[60]但他們的泛亞洲理念卻被日本盜用和濫用，用來替它自己在一九三〇年代的帝國侵略行為辯解。但要在這兒強調的一點就是，針對殖民主義作出的反應，以及殖民主義本身，全都有助於強化這個理念和事實：印太地區的亞洲人民是命運共同體。

除了日本力量崛起和亞洲出現民族自決運動，還有第一次世界大戰，這些加在一起，就削弱了歐洲國家對它們的印太地區帝國的掌控力。從亞洲人的觀點來看，第一次世界大戰其實是歐洲內戰，只不過是戰場擴大到全世界而已。除了加速亞洲主權和力量再度浮現，這場戰爭還包括了一些印太地區面向，值得注意的是印度遠征部隊的重要角色。亞洲國家包括日本，以及從一九一七年起的中國和暹羅（泰國）也加入這場大戰，全都是站在協約國這一邊，不過亞洲輿論是支持德國的。[61]對這場遍及全世界的大戰來說，印度洋極其重要，英國只要控制了印度洋的海上航線，就可以持續不斷地把部隊和資源，從它的亞洲帝國源源不絕地送到歐洲和中東戰場。能夠證明印太地區戰略地理重要性的一點就是，當年組成的安全夥伴關係，到了二十一世紀也不會失去效用。[62]例如，在一九一四年，日本是英國的盟國，因此，日本軍艦很自然就護送澳洲和紐西蘭的運兵船前往中東，保護他們不會受到德國東亞艦隊的攻擊。當時，德意志帝國海軍東亞艦隊的基地在中國的青島，艦隊中的小巡洋艦埃姆登號（SMS Emden）就從這兒出港，襲擊和重創協約國船艦，並且砲擊印度洋和東南亞的協約國港口。澳洲輕巡洋艦雪梨號（HMAS Sydney）在科科斯群島（Cocos Islands）攻擊並摧毀了埃姆登號。不管是在當時或是現在，科科斯群島都是印度洋上一個重要的安全前哨站。

印太地區在第二次世界大戰中的重要性，其實不容小覷。日本的侵略，已經粉碎了泰戈爾亞洲兄弟情誼的夢想。很明顯地，這場衝突不僅只是歐洲的內戰。就如豪斯霍弗爾所預料的，日本帝國認為自己想要生存，就必須在印太地區取得優勢地位，以及利用當地資源。新加坡、麻六甲海峽和印太地區的其他海上航線，是重要目標。不管日本是不是曾經認真考慮要拉長它在緬甸的戰線，而擴大去占領印度洋的實質領土，但它確實真的從緬甸、麻六甲和安達曼群島（Andaman

Islands）的基地出擊，成功控制了像孟加拉灣這樣的海上戰略區。[63]這樣做的目的，包括隔離印度和英國，讓澳洲得不到英國和美國的戰時支援。[64]所謂的大東亞共榮圈地圖（這是日本掩飾帝國罪行的可笑名稱）不僅強調東南亞的重要性，同時還指出，南亞和印度洋是戰爭資源和帝國與民族生存的重要來源。[65]從各方面來看，這個名稱完全不符事實，不僅沒有造成共榮（所有財富都歸日本），而且這跟東亞沒有太多關係。它指的是印太地區控制圈，是對泛亞洲主義的帝國與軍事扭曲。

所謂的太平洋戰爭，從某些方面來說，其實就是印太戰爭，尤其是如果考慮到印度在這場戰爭中扮演的重要角色，以及參與人數之多。第二次世界大戰中的英屬印度軍隊，光是在東南亞就有七十萬人，是歷史上人數最多的志願軍部隊，也是抵抗和逐退日本部隊的重要戰力。[66]印度軍隊甚至加入大英國協占領軍，在戰後一度占領日本。在此同時，另有一些同樣愛國的印度人則投到日本那一邊。同盟國也承認，他們對抗日本的戰鬥，帶有像是印太地區戰爭的特點。英軍（連同印度部隊）總部設在現在的斯里蘭卡，並從那兒出兵，從日軍手中奪回東南亞。盟軍的東南亞指揮部則設在可倫坡（所以技術上來說，甚至不在東南亞），並從那兒指揮英國、美國、澳洲和荷蘭部隊，把日本皇軍逐出印度洋和退回到太平洋。事實上，印太地區的盟國軍隊也支援中國對抗日本軍隊，美國和英國經由緬甸和印度阿薩姆從陸地運送物資支援中國軍隊，後來才改由飛越喜馬拉雅山的空運支援。

經過第二次世界大戰的大變動之後，倖存下來的世界出現很多裂痕，亞洲地圖勢必再重劃。

殖民帝國再也不會回來；印度和中國重新運作；美國成了主宰大國，至少在太平洋是如此。新出現的世界冷戰的可怕戰略烏雲，主要集中在歐洲，但亞洲仍然動亂不停。用全新眼光來看，這個地區的種子已經播下：美國進入，印度洋退出。

在幾十年之內，每個人都已經熟悉這個名叫印太的地方，好像它本來一直就是如此。

03

chapter

國家漂流史：尋找地區家園

各國代表紛至沓來，分別來自斯里蘭卡、緬甸和馬來西亞。印尼第一位總理，年輕、才華洋溢的蘇丹・夏赫里爾（Sutan Sjahrir），率領三十二名代表從他那個還在為爭取獨立而奮鬥的新國家前來；另有十名代表來自菲律賓；九名代表來自中國，或者更正確來說，是蔣介石國民政府派來的，而當時的國民政府正在和毛澤東的共產黨打仗，且落在下風；四名代表來自當時實質獨立的西藏，他們在拉薩南邊狂風大吹的高原和高山隘口之間走了二十一天，千里迢迢趕來參加這項會議，儘管當時的中國國民政府提出反對，他們還是受到熱烈接待。[1]聚集而來的代表，分別來自尼泊爾、不丹、阿富汗、伊朗、韓國、蒙古、泰國（當時叫暹羅）、土耳其、阿拉伯聯盟，以及巴勒斯坦希伯來大學（Hebrew University of Palestine，當時，以色列尚未立國）；從越南來的則是越南獨立同盟會（簡稱「越盟」〔Viet Minh〕）的反抗分子；他們的法國對手（當時仍然控制著中南半島大部分地區）也沒有被拒在門外；蘇聯的五個中亞共和國也有代表出席；澳洲、英國、美國和聯合國則派來觀察員。日本則是最引起注意的缺席國家，以美國為首的占領軍不希望日本出席，所以對日本相關人員下達旅行禁令。[2]

最引人注目的代表是地主國印度，這時距離它在炙熱的夏天正式獨立還有幾個月。但這並不令人感到吃驚，因為這場史無前例的新生亞洲集會就在新德里舉行。大會會場是蒙兀兒帝國時代的舊堡（Purana Qila），從那兒可以俯瞰底下一大片樹木和白石灰平房。大會召集人是印度即將就任的總理尼赫魯。

假春

一九四七年春天在印度舉行的這場亞洲關係會議（Asian Relations Conference），是一次真正歷史性的集會，然而，今天幾乎沒有人記得它。讓它相形失色的是一九五五年舉行，由亞洲和非洲國家參加的萬隆會議（Bandung conference），召集人是印尼總統蘇卡諾（Sukarno），目的是要培養外交不結盟和採取激烈的反殖民主義行動。德里亞洲關係會議得出的結果，大部分都是象徵性的：就是傳達出亞洲團結與自決的訊息，但卻作出部分妥協，表示願意和他們的前壓迫者和解與合作。大會當時的背景是殖民主義面臨瓦解，大戰結束後全球有待重整，以及冷戰的原子彈烏雲正在凝聚當中。會中討論的議題大部分都是社會、文化和開發問題。婦女權益和賦權（empowerment）也有談到，主要是受到印度女權運動者及詩人奈都夫人（Sarojini Naidu）的影響。安全與外交政策，技術性地被排除在議程之外，這是可以理解的，因為與會很多國家的代表之間還有很多衝突尚未解決或正在醞釀之中。以今天的外交術語來說，這是一次「一．五軌」（1.5 track）對話，是混合式會議，既不完全是官方性質，但也不僅僅只是一次學術懇談會。在巨大的臨時性會場裡，聚集了很多位「教授與革命家、經濟學家、政治人物、科學家、政府成員、女權運動人士、高級司法與行政官員。」[3]

這在世界歷史裡，是一個重要的時刻，是第一次企圖把連結起來的亞洲各國齊聚一堂。[4]這是努力建立亞洲區域主義的起源，目的是要分享以地理位置為基礎的目標和認同感。這將是未來六十年激烈變動和改變的先聲。印度是發動者和關鍵。用尼赫魯的話來說，印度是亞洲超級區域的「引人注目因素」和「會合點」，會合了北、南、東南、東和西。[5]參加大會的代表形形色色，這象徵印度地區定義的異常包容性，說明它是以亞洲為中心的印太和歐亞的結合，同時還連結了更遠方的海權國家。大會的照片顯示，印度聖雄甘地坐在掛在牆上的一幅大地圖前，照亮地圖的是一個閃爍的霓虹燈招牌，上面簡單寫著「Asia」（亞洲）這個英文單字。地圖上的歐洲只是小小的附加物。圖上有很多交叉線，代表亞洲和世界各地連結的空中航線。地圖中心就是印度。

然而，在接下來的幾十年裡，印度卻變得不像是亞洲國際關係的中心。到了一九八〇年代，在各方努力建立以經濟、東亞和美國為中心的「亞太」新秩序時，並沒有人想到印度。唯有等到二十一世紀，這個亞太插曲宣告結束後，以亞洲為中心的外交活動就再重新點一次名，並且開始

1947年，新德里，甘地在亞洲關係會議閉幕上發表演說。
版權：不詳；圖片來源：WikiCommons.

注意到先前預告過的更為廣大和包容的區域理念，那就是印太構想，在德里舊堡閃現的這個構想，終於在新時代露出曙光。

衝突與分離

一九四七年已經證明是任何形式的亞洲整合的虛假春天。亞洲關係會議完全避開這地區的很多國際爭執和內部衝突。但這正是因為這個地區當時分裂得十分嚴重，而且這樣的分裂正開始變得更糟糕。印度很快就會知道分隔所造成的傷痛和流血衝突。在這之後，接下來就是爆發和巴基斯坦四次戰爭中的第一次戰爭，以及分離主義者發動、一直沒有停止的衝突和叛亂。中華民國政府提議要主辦第二屆亞洲關係會議，並且樂觀地把時間定在一九四九年。但到了那個時間點，中華民國卻正遭遇其他重要問題。在全面內戰中，中國共產黨已經獲勝，國民政府渡海來到臺灣，結果造成海峽兩岸緊張情勢，一直到二十一世紀，都還是可能引發衝突的區域引爆點。中國經歷著長期內部衝突的最後動亂階段，接下來是不見容於共產黨新政權的幾百萬人遭到殺害，以及所謂的大躍進帶來饑荒和高壓所造成的自我傷害，然後就是文化大革命帶來的災難。[6]印尼爭取獨立的戰鬥終告結束，越南接下來多次的武裝衝突才剛要開始。朝鮮半島即將成為冷戰中最慘烈的戰場。到了一九六二年，印度和中國關係惡化。

二十世紀中期，亞洲不但沒有整合，還被新一波衝突撕裂，包括各國國內、區域性和全球性的衝突。在抱著希望的德里會議結束後不久，這個地區就進入新的混亂。太平洋和印度洋地區展開長達半世紀的失和。其中一個因素是蘇聯領導的共黨集團，和以美國為首的西方世界之間的冷戰。戰勝日本後，美國快速成為太平洋一大強權，從此就長留在這個地區，並開始建立一個非正式的聯盟帝國，用來支援它的經濟利益，和作為它的國家安全策略。這樣做是要阻止蘇聯勢力進入，和防止共產意識型態在這地區擴散。同時也是在約束這個地區的其他國家，像是日本、中華民國（在臺灣）和南韓，防止他們挑起在亞洲陸地的重大戰爭，如此一來，美國就能夠專心注意它最主要的安全疑慮舞臺，歐洲和北大西洋。[7]（當然，這並沒有阻止美國自己被捲入在越南的可怕地面戰爭。）

在蘇聯這一邊，它已經在北太平洋重新取得可以作為根據地的領土，並且抓住當時的反殖民力量，趁機培養獨立運動和新國家，用來製造與西方的摩擦。當時兩大超級強權緊張對峙的中心是在北大西洋地區，那兒也是全世界的戰略與經濟中心。華府和莫斯科主要是透過他們的全球對抗稜鏡來看亞洲，因此認為，幫助促成亞洲團結，對他們本身並沒有什麼價值。他們雖然各自建立地區合作關係，但這其實是各自建立全球集團的延伸，美國建立的是全球聯盟制度，蘇聯則是培養共產運動和拉攏不結盟國家。這種外交競爭造成的影響，就是加深印太地區國家之間的分裂，而決定這些分裂的，就是個別國家對意識型態的忠誠度，以及它們的戰略利用價值。

這個地區也不準備把自己團結起來。日本，先前泛亞洲主義的侵略性推動者，當時被它的前敵國（現在是盟友）美國所勸阻，要日本不管在外交和戰略上都不要有所行動，而是比較希望日本專注於戰後重建工作和開始努力創造繁榮。日本想要帶頭推動地區性行動，尤其是帶有政治或安全特性的行動，但這種想法被帝國主義的傳承給玷汙了。[8]只有在推動貿易和戰後賠償（這是日本對外援助計畫的起源）這些行動時，日本才膽敢踏出它的邊界之外。然而，商業和開發結合起來，還是會促成一個和平的新日本以領導者的角色，在短短幾十年當中，再度出現在這個重新規劃出來的地區：亞太地區。

在此同時，日本以前的敵國，澳洲，雖然已經在第二次世界大戰結束後站了起來，但還是忘不了大戰期間英屬新加坡淪陷帶來的傷痛，當年，很多在新加坡的澳洲人被日本皇軍俘虜，並被折磨而死。坎培拉這時尋求和軍力強大的美國達成新的防衛協定，同時也在外交上表現得更主動。這些努力最後促成一九五一年的《澳紐美安全條約》（ＡＮＺＵＳ，包括澳洲、紐西蘭和美國），以及一九五〇年的可倫坡計畫（Colombo Plan）。後者是一個開發和教育計畫，由澳洲帶頭推動，目標在東南亞和南亞。[9]當時的澳洲外長珀西．史班德（Percy Spender）說，這是「第一個關係到亞洲國家自己的多層面援助計畫」，也是澳洲有效「推動改造地區計畫」的例子。[10]而這肯定具有印太地區特性，並且已經快速超出大英國協會員國的範圍。這個計畫在可倫坡發動，牽涉到印度、巴基斯坦和大部分東南亞地區，後來還加入美國和已經恢復實力的日本。

但澳洲向外走出去，最主要還是出於安全動機，一方面尋求減弱共產主義的吸引力，一方面加強國防，不僅要對抗西方國家的冷戰敵人，更要防備軍力比較強大的亞洲國家。在前保守派總理勞勃．孟席斯（Robert Menzies）長期執政下，澳洲整體上仍然是一個盎格魯—凱爾特人（Anglo-Celtic）社會，在文化上受英國影響很大，同時採取嚴格限制種族的移民政策。然而，可倫坡計畫不僅是澳洲人早期見到的一抹微光，而且在幾十年之後，還繼續追隨它，一而再地尋求替這個地區建立一個包容的未來。一九五一年，當時的澳洲工黨總理班．奇夫利（Ben Chifley）去世前接受來訪的印度記者薩何尼（J.N. Sahni）的訪問。薩何尼在報導奇夫利生前最後一次受訪的新聞時，如此寫道：

> 奇夫利一再從辦公桌後站起來，走去研究一幅亞洲地圖……提到印太地區，奇夫利如此說：「我們在亞洲的這一邊，從孟買到雪梨，為了共同發展以及在急難時相互幫助，我們可以作出很多貢獻」……他承認和接受澳洲的地理定位就是屬於印太地區。[11]

印度和中國：重大分歧

對亞洲命運關係最重大的，就是中國和印度這兩個最強大國家做出什麼樣的選擇。他們選擇如何與外界連結，或是選擇不連結，對於這個地區能否凝聚的任何層面都極為重要。造化弄人，結果，這兩個大國都選擇轉向自己國內，放棄領導亞洲的機會，不管是個別或一起領導。剛獨立的印度和剛建立的中華人民共和國，捨棄了幾千年來一直是貿易經濟體的自家歷史。它們採行封閉經濟，禁止私人企業，停止大部分出口。印度的國內生產大部分都是國家經營的，中國則全都是由國家經營的。亞洲區域貿易減到最少。這兩個相鄰大國本來可以相互支援，一起共創開發榮景，但讓人感到迷惑的是，在接下來的五十年當中，它們幾乎完全不理睬對方。它們的政治路線，也分離得很遠。印度，雖然一路跌跌撞撞的，但終究是靠著非暴力壓力來獲得獨立，並且也開始著手要建立起世界上最大的民主國家，即使一黨獨大的國會黨和它那有如王朝傳承的領導階層連續主政好幾年，印度一直是民主國家。從內戰中勝出的中國共產黨，則忙於鞏固由一個黨和一個領導人組成的獨裁政權，它最大的興趣就是如何經由控制手段來生存下去。

一九五〇年代，曾經出現一波看來似乎滿有建設性的中印外交活動，並在一九五四年達到最高潮：這兩個封閉和正在辛苦奮鬥的經濟體達成了「貿易」協定。這項協定真正的重要性在於，雙方承諾在互不干預的情況下和平共存。這主要表示，印度承認中國對西藏的主權（中國已經在四年前以武力控制了西藏）。雙方很高興地慶祝這項協定，中國因而推出一首歌曲，歌頌兩國和平與文化交流的美好歷史，印度則推出一首詩，詩裡一再重複出現「印度和中國是兄弟」（Hindi-Chini bhai-bhai）的詞句。[12]這首詩被永久流傳下來，但這是因為它充滿諷刺意味，而不是表現出真誠。這時已經種下雙方未來爭執的一個種子，那就是事實上，中國奪取西藏後，等於把中國的邊界線一下子向上推進到印度邊界，也就是當年大英帝國劃下的印度與西藏之間那條含糊不清楚的界線，就是世人熟知的麥克馬洪線（McMahon Line）。

只不過經過八年之後，雙方友誼終於破裂。一九六二年十月，就在全世界被美國和蘇聯之間古巴飛彈危機近乎死亡的核子經驗嚇呆之際，喜馬拉雅山隘口和山谷卻響起槍砲聲，兩國爆發了一場短暫的激戰。中國部隊沿著引發爭執的邊界，快速發動一連串猛攻。印度部隊不是被一一逐退、切斷，就是戰敗。中國接著把它的部隊撤退到先前的位置，唯一例外的是西側邊界叫做阿克賽欽（Aksai Chin）的地方，就緊鄰喀什米爾和新疆邊界，似乎是在表示，這次衝突的目的是在懲罰，不是征服。

從印度觀點來看，一九六二年的中印戰爭讓它大為震驚，因為這違背了合作與和平共存原則，這樣的突擊羞辱了印度，讓尼赫魯本人為之崩潰（他在兩年後去世）。[13]中國則反駁說，它事前已多次提出警告，但未被理睬，並且把它的行動描述成是人民解放軍的反擊之戰，因為在此之前，印度的政策是出動小型部隊在爭議邊界建立據點；這個說法獲得一位澳洲記者的支持，因為這位記者在他的一本書中引用一篇外洩的印度內部報告。[14]另一個解釋指出，這場戰爭正合毛澤東的心意，讓他可以用來分散國內的注意力，有助於在他先前的政策造成全國大饑荒之後，恢復民眾對他的政權的驕傲與信心。不管是哪一種原因，印度都輸了。它的部隊沒有做好準備，武器裝備也不如人。儘管印度主張不結盟立場，並且和反殖民主義運動合作，它還是主動向外求助，並且獲得幾個國家短暫的道義和實質支援，這些國家包括美國、英國、澳洲和加拿大，這也預告了，印度後來在二十一世紀轉向美國和美國的盟邦。

不管是哪一個原因，這場戰爭其實還受到中國決心緊緊抓住西藏不放的影響，另外還有，中國不能忍受看到印度成為跟它一樣的區域大國。這也是這兩個亞洲大國之間幾十年來交惡的原因。兩年後，中國進行第一次核子試爆，引發後來一連串「你試爆我也試爆」的惡性循環，先是印度也進行了自己的核子試爆，接著就是巴基斯坦。在接下來的幾十年當中，中國在軍事上支持巴基斯坦，包括巴國的核子與飛彈計畫，這相對增加了印度對中國的不信任。半個多世紀之後，中國和印度的邊界仍然各自派重兵把守，邊界界線也一直沒有劃定清楚。在二十世紀大部分的時間裡，世界上這兩個人口最多的國家都在冷淡、和平的氣氛中互相迴避。[15]例如，在一九四七年那場充滿樂觀氣氛的德里會議中，掛在牆上的那幅大地圖裡，就獨獨沒有中國和印度直飛的商業空中航線。這種情況一直持續到二〇〇三年。還有，從一九四〇年代末期一直到一九八〇年代，印度和中國都同樣背對大海，完全忘了它們在印太地區曾經有過輝煌海上貿易的悠久歷史。它們跟任何地區的海運貿易量全都降至最低。印度戰略家莫罕說：「故意去全球化和不去重視對外貿易，這也表示，對於海運也只有很小的遠景。」[16]由於沒有遠程利益需要保護，它們的海軍全都缺乏資源，技術也落後，所以戰力不足，只能從事沿岸的防衛任務。

冷戰，北大西洋主宰全世界的禍福，以及中國和印度只關心自家國內事務和對外漠不關心，這都讓亞洲一直分裂成好幾塊。令這些狹窄的視野更雪上加霜的是經濟發展落後，貿易量有限，以及廣大人口仍然無法接觸到最新的旅行和通訊科技。（一九六〇年代，全印度仍然只有不到一百萬部電話機，也就是每五百位公民只有一部電話，而中國連固網都還未建設完整。）亞洲國家的消費仍然停留在國內消費。當它們終於望向國外時，看到的並不是完整的世界，而是一些鄰近的小地方，像是東亞、南亞、東南亞、大洋洲。這些新的人為觀念開始獲得重視，以前那些以歐洲為中心的過時習慣，像是把亞洲稱作「遠東」，則開始消退。即使大家已經開始使用亞洲這個名詞，但像這樣的新標籤，在某些方面還是會削弱亞洲在世界事務中的角色，因為這會被認為是一個無足輕重的不同個體，而不是一個有份量的整體。今天，我們會把這些名詞和區隔想像成事情發展的自然秩序，而且，像東亞或東印度這些名稱已經存在了好幾個世紀。但東南亞這個標籤則完全是西方軍事策劃人員在一九四三年發明的。這就是行政區域劃分的強迫分配，但卻已經深植在戰略、外交與學術中。[17]

這個地區的全區外交合作核心，後來就交由區內五國（印尼、馬來西亞、新加坡、泰國和菲律賓）採取適度行動，因而在一九六七年設立一個鬆散的組織，最初只是強調主權、不干預和反殖民主義。這個組織就是東協，它是一個避風港，幾十年來在風雨飄搖和動亂不止的區域合作與認同中，是個很難得的穩定之地。一般來說，在一九六〇年代和一九七〇年代裡，在廣大地區的各個國家當中，很少出現共識，更別提要在這個地區的名稱與性質上達成協議。它到底是亞洲、東亞、南亞、遠東、太平洋、亞洲與太平洋、太平洋亞洲，還是亞洲─太平洋？或者，根本就是別的？

印太迴響與預告

在所有這些混亂中，印度和太平洋的命運相互連結的理念，一直保持著相當大的流行，即使並沒有一個國家能夠成功地把它們變成未來幾十年的政策行動。一九四五年，印度史學家潘尼迦思考剛剛結束的戰爭時得出結論，認為發生在太平洋的一連串事件，對於他的國家在安全與國力的長期追尋，會非常重要。[18]後來，印太這個真正的名稱被英國和澳洲低調地應用在政策上，這兩國尋求在一個海洋地區，以及在後帝國時代，用這名稱來定義它們的安全連結。一九六五年和一九六六年，多位國防分析家聚集在澳洲國立大學，就整個「印太盆地」可能遭遇的危險和挑戰，來評估他們國家的安全展望。[19]愈來愈沉重的政治和經濟壓力，迫使英國減少它在蘇伊士運河以東的駐軍人數。但在幕後，英國外交與國防政策策劃人員卻正在草擬一份敏感文件，命名為「印太戰略」（Indo-Pacific Strategy），替他們未來的政府提供一些對策，用來支援此一廣大地區的英國及盟國們的利益。[20]

英國一九六五年的「印太戰略」是一份機密的政策檢討文件，早就被遺忘，不過現在已經解密。[21]此一文件聚焦於如何支援美國、澳洲和紐西蘭來抵抗蘇聯，尤其是要對抗在這個地區裡日漸增長的中國勢力。對於這個戰略，在二十一世紀產生了一些驚人的迴響，像是預期中國會成為這整個地區的主要威脅來源，以及需要定出涉及印度和東南亞的戰略。英國一直想要對美國政策維持一定的影響力，尤其是在「美國和中國如果發生衝突，可能就會播下第三次世界大戰種子的如此肥沃的一個地區裡」。[22]

但這主要是一份冷戰時期的文件，其中的一些理念已經被遺忘在那個時代。印尼在當時被視為是對西方利益的另一種危險來源。但在後蘇卡諾時代，這很快變成過時的想法。文件裡還提到東南亞公約組織（Southeast Asia Treaty Organization, SEATO），認為它是制衡侵略的來源。但這個組織成員混雜，包括了巴基斯坦和菲律賓，一直沒有發揮多大用處，結果在一九七七年解散。同時也沒有任何政府願意採用這份文件裡那些比較激進的提議，像是組成印太地區多國核子部隊，提供配合北約（NATO）路線，但由國際控制的核子嚇阻力量。文件裡也多次提到，有必要對中國實施並未經過審慎思考的「圍堵政策」。在那個時代，所謂的圍堵是真正的圍堵：文件提到美國打敗蘇聯的政策，包括必須要組成戰鬥聯盟和執行經濟箝制。

一九六五年的英國戰略並未完全實施，但它卻在當時搶先承認，亞洲的危險不會局限在一個海洋或另一個海洋，因為資源有限，涉及的夥伴國家很多，再加上範圍很廣大的海上利益，所以有必要制定某種形式的兩個海洋戰略。這份文件也很務實地承認英國軍力即將不足，因為英國當時即將從馬來西亞和新加坡撤走剩下的防衛部隊。文件中說：「我們需要美國的支援，遠超過美國需要我們。」這個論點也適用在這個地區的任何夥伴上，從那時候一直到現在，都是如此。[23]

大約在這時候，另外還出現其他有關於印太地區的事件。一九七〇年代初期，當時的美國總統理查．尼克森（Richard Nixon）轉向中國示好。這表示，美國政策作出基本的大改變，改而承認中華人民共和國而不是臺灣，並且利用莫斯科和北京的分裂來制衡蘇聯。如此開啟了美國幾十年支持中國國力和財富的驚人成長。（有人爭辯說，也許是因為中國成功轉向美國，因而也改變了美國。）由亨利．季辛吉（Henry Kissinger）擔任國務卿的尼克森政府，在亞洲留下很多不愉快的事蹟，像是越南戰爭後期，轟炸柬埔寨，未能阻止巴基斯坦在後來成為孟加拉的地方的暴行，甚至還高壓阻止印度前往那兒進行人道干預，反而還調派一艘航空母艦前往孟加拉灣。但在所有這些事情發生之前，在美國大選之前，尼克森倒是構思了一些相當光明的想法。一九六七年，他在《外交政策》（*Foreign Affairs*）雜誌上發表一篇聲明，標題為「越南之後的亞洲」（Asia after Viet Nam）。[24]這篇聲明被稱作是「亞洲區域主義」再現，主張開發亞洲一些主要的經濟體，以及和印度、日本、澳洲及其他民主國家建立共同陣線，運用以兩大洋為主的亞洲區對抗中國勢力，但他後來放棄了後面這個想法。不過，這種建立夥伴關係的想法，現在終於浮現。

二十一世紀印太地區構想的這些先驅，並不完全都是美國的先見之明。澳洲當時正在改造自己，並且自行選擇要找出它所在地區的未來。一九六七年，澳洲國立大學再度扮演有遠見的召集人角色，舉辦一場專家對談，請來日本、印度和澳洲專家與前官員，討論「是不是能夠建立起有意義的三邊關係」。[25]一九七〇年代初期，雄心勃勃的澳洲工黨總理高夫．惠特蘭（Gough Whitlam），他清除了澳洲白人政策最後的殘餘痕跡，採取更進一步行動，他提議替澳洲成立一個激進的外交組織，而且強調，這必須一定是「一個新的區域組織，可能將包含從印度到中國的所有亞洲國家」。[26]但對東南亞國家來說，這看起來很像是要跟他們剛剛成立的組織打對臺。惠特蘭於是降低聲量，說他的想法只是一種「緩慢和細膩的成長」。[27]其實，他的想法領先當時那時代幾十年。由於各方都會把東協和這時候浮現出來的每一個區域理念綁在一起，這才造成情況一直沒有進展。

然而，個別東南亞國家並不反對自己的全方向外交。至少有一個人就曾經嘗試，要從頭編織出一個務實的印太夥伴網絡，只是沒有使用印太這個名詞。新加坡領導人李光耀在一九七四年表示：「我有一個自私的動機，要印度能夠浮現出來」，並補充說道：「如果印度沒有崛起，亞洲將會沒落。」[28]李光耀很努力拉攏一開始並不願意的印度成為安全夥伴，而這是新加坡的戰略之一，目的就是要找來更多參與國家，彼此相互制衡，這讓像新加坡這樣的小國，在面對更大和不怎麼友好的鄰國（馬來西亞和印尼），當然還有國力正在逐漸壯大的中國時，可以以此自保。印度最後終於加入，但只是基於它自己的原因。印度從一九九三年起實施「東望政策」（Look East policy），接著從二〇一三年起實施「東進策略」（Act East strategy），以及它自己的經濟開放政策，都是以新加坡為榜樣，也受到新加坡的鼓勵。[29]

在學術與官僚政治層面上，印太地區構想也出現曙光。聯合國糧農組織（Food and Agriculture Organization）在一九四八年成立「印太地區漁業會議」（Indo-Pacific Fisheries Council）。一九七〇年代，幾個專門研究歷史和考古學的學術團體和專業雜誌，開始捨棄遠東這個以倫敦為中心的過時名稱，並把這個地區重新命名為亞太。但在這時候，印太這個名稱大部分還是一種不明朗和破碎的概念。

亞洲，遇見太平洋

把亞洲和太平洋合併起來，成為世界上一個緊密連結的地區，這樣的理念，在現在看起來，似乎很自然。在網路上用Google搜索「亞太」，會跑出幾億個搜索結果，但如果搜索「印太」，只會得到幾千萬個結果。畢竟，在網路時代開始時，亞太就是大家公認的名稱。從另一方面來說，印太被證明是比較持久的理念。從十九世紀中期以來，這個名詞一直被穩定但低調地使用在書本裡。相反地，亞太這個名詞二十世紀中期才出現，在一九八〇年代像野兔般快速狂奔，到了二〇〇〇年，它的使用次數已經下降。[30]但它是從哪兒來的？

答案出現在一九六〇年代混亂之際。新德里和北京已經放棄亞洲領導地位。東京或華府能夠做的並不多。日本仍受到戰敗影響，正在從有限的經濟重建中再度站起來。美國急於重建區域秩序，但一方面歐洲大西洋地區正在進行冷戰對峙，另一方面越戰打得正激烈，讓美國疲於奔命。美國只好聯合英國，低調鼓勵它的亞洲夥伴拋棄彼此歧見，相互幫助，或至少彼此和平共存，這樣可以確保不會再有哪個國家倒向蘇聯或中國陣營。[31]

它們的目標是五個屬性不同和身陷絕望的非共黨東南亞國家。它們多災多難的歷史，使得它們很難獲得和平、信任和開放。印尼對於辛苦得到的主權仍然十分敏感，並且剛剛通過反共計畫，讓軍事領袖蘇哈托（Suharto）取得政權；馬來西亞才剛獨立不久，這時在英國和澳洲軍方協助下，正緊張地注視著印尼的武裝對抗政策；新加坡剛和馬來西亞和平分手，但現在彼此都把對方看成是潛在的威脅；菲律賓剛選出一位新總統斐迪南・馬可仕（Ferdinand Marcos），他接下來執政二十年的變形民主，成為貪腐的代名詞；暹羅是殖民時期的亞洲主權國，改名為泰國，由親美的軍人主政。

但在一九六七年，這五個國家創立了第一個持續存在的外交「建築」：東協。起初，這看來並不像是一個正在成形的共同體，只是五個自己覺得有興趣的鄰近國家同意大家見面談談，不做什麼壞事。這和歐洲國家定下大家共同遵守的規則和稀釋主權，最後並成立歐洲聯盟的情況，還差了很遠。這五國政府之所以連結在一起，只是為了決心保持獨立，不受到大國的高壓影響、共黨顛覆，以及彼此相互干預，希望一直處於和平狀態，讓它們能夠專心追求自己的經濟成長和政治穩定。東協想進化成一個更大組織的中性核心，要等到很多年之後。從最初的五個會員國，東協慢慢擴大，接納其他東南亞國家。汶萊在一九八四年脫離英國獨立後，馬上加入，越南接著在一九九三年加入，寮國、柬埔寨和緬甸則在一九九〇年代末期相繼加入，因為當時這地區已經穩定下來，各國國內也相對安定。但亞太這個更大的區域主義出現了，需要用到第二條管道：跨太平洋的合作。[32]

東協主要目標是和平與共存，澳洲和日本則領先推動用另一種引擎來促進區域合作：經濟繁榮。這兩個國家開闢一種新秩序，結合了貿易、大區域視野和找來它們重要盟國美國參與。從一九六〇年代末期開始，這兩個主導國家的經濟學家和決策者追求另一種新秩序，主要由「環太平洋工業國家的高經濟成長和彼此相互依賴」來推動。[33]這導致一連串的太平洋經濟會議，最後就把很多國家聚在一起，包括北美、澳洲、日本、南韓、紐西蘭、臺灣、香港，和東南亞及太平洋島嶼國家。這些都是追求區域自由貿易的早期例子，但實質進展早已浮現。不過，太平洋對話的這種趨勢造成另一種後果：東協各國覺察到，競爭來了。他們也懷疑，這是不是由西方國家主導的行動，目的是要邊緣化開發程度較低的真正「亞洲」國家？至於日本和澳洲這兩個主要的推動者，他們並不希望把他們正在快速發展的東南亞鄰國拒在門外。畢竟，一個成長中的市場，是可以容納所有人的。

東協和太平洋最後會被強行聚集在一起，這只是時間問題而已。額外的刺激來自冷戰突然結束，以及出現新一波關心美國是不是可能從亞洲撤出。到一九八〇年代時，大部分國家都在估算，從一九四五年以來，它們已經從美國優勢中獲得多大的利益。不管有什麼缺點，無心造成的美國帝國已經提供了很穩定的環境，現在正好可以支援異乎尋常的經濟成長、開發和人類福祉。同時，也出現了很多民主和可靠的政府。日本、澳洲、紐西蘭和那些太平洋小島鄰國，已經不是麻六甲海峽以東的唯一民主前哨站。南韓、臺灣、泰國和菲律賓全都已經擁有相當的民主程度，其他國家也正在急起直追，最受注目的是印尼。不過，必須要澄清的是，即將崛起的新亞太區域主義，一開始是注重經濟，安全排第二，價值觀則遠遠排在第三。區域合作的早期推動者，很用心地想要把共產黨和其他比較不民主的國家也拉進來。他們主張的理論是，如果大家集合起來追求財富與和平，將會化解掉各個政治制度之間的歧見。

澳洲發現自己正在扮演特大號的角色。這個與眾不同的國家，急於找出它的歸屬感，它那沒完沒了的認同危機（既不是歐洲，也不完全是亞洲），它的開放經濟，它的安全焦慮，和它高度活躍的外交政策，所有這些因素加起來，讓它得到了值得信任的召集人的美譽。亞太經濟合作（Asia-Pacific Economic Cooperation，下稱ＡＰＥＣ）會議在一九八九年成立，並在四年後提升到領導人層級的會議，這正是澳洲外交努力的最高點，最大功臣是當時的總理鮑勃．霍克（Bob Hawke，任職到一九九一年）領導的工黨政府，以及接下來的總理保羅．基廷（Paul Keating），他的外長蓋瑞斯．艾文斯（Gareth Evans）扮演著關鍵角色。[34]第一屆ＡＰＥＣ部長級會議在坎培拉舉行，共有十二個經濟體派代表與會，到一九九三年，ＡＰＥＣ已經增加到十七個會員，在一九九八年則達到二十一個會員。

跟所有外交努力一樣，這也是一次不完美的活動。議程有人為的限制，只能聚焦在經濟問題上，偏偏當時還有其他很多問題需要解決，像是冷戰結束後，戰略問題正在變形當中，而不是已經解決。會議的焦點只討論有什麼渴望，而不是討論出有約束力的協議，這也反映在該組織奇怪的名稱上，艾文斯外長就形容這是「四個形容詞在尋找一個名詞」。[35]

接著，還有會員的問題。ＡＰＥＣ一開始就少了一些應該加入而沒有加入的會員，其中最大的就是中國，而中國從一九七八年就開始轉變成部分市場經濟。北京在一九九三年決定加入

ＡＰＥＣ，對於亞太地區的現實狀況是很重要的聲援，也大大增加了中國自己的信心，以及在一個地區秩序中的被接受度。北京甚至選擇容忍臺灣和香港以個別會員的身分存在，因為它了解，這兩個地區被定義為經濟體，而不是國家，以及安全問題永遠不會被列入議程。但總體來說，ＡＰＥＣ的會員確實十分混雜，最尷尬的是，每一次會議拍攝團體照時，各國領袖都要穿上地主國贈送的該國傳統「花俏襯衫」。俄羅斯、墨西哥、智利和祕魯都參加了，但南亞卻沒有任何一個國家加入，甚至印度也沒有，即使印度本身也已經開始開放經濟。作為一個想要呈現「亞洲」或一個以亞洲為中心的地區組織，ＡＰＥＣ並不平衡，也無法永續生存。

還有，中國加入ＡＰＥＣ的象徵意義。一九九三年，中國國家主席江澤民在西雅圖舉行的ＡＰＥＣ發表「加強合作，共同迎接新世紀的新挑戰」演說，掩蓋了同一年發生的一個比較不為人注意但影響深遠的轉捩點，讓這個地區轉向截然不同的方向。這跟能源安全有關，更明確來說，就是石油。這是中國注定要成為印太地區強權國家所踏出的第一步，也是無法返回的一步。就跟中國加入ＡＰＥＣ的理由一樣，造成這項路線大轉變的原因，就是中國快速的經濟成長，光是那一年就成長一四％左右。一九九三年，中國第一次成為石油淨入口國。而石油這種重要燃料來自中東和非洲。想要把石油運到中國，必須經過印度洋。於是鄭和精神再度復活了。

亞太舞臺

中國和印度國內的改變，終於促使這兩個亞洲巨人再度把眼光投向外面的世界。從一九七〇年代末期的十年裡，中國國內經歷了令人振奮的改革，包括社會和經濟改革，在國外，中國的務實主義態度受到歡迎，中國開始向外尋找資源、夥伴和穩定，用來滋養它國內的成長。中國似乎沒有興趣開啟廣大的區域視野，而是單獨和跟它交界、關係經常不是很好的每一個國家打交道，包括蘇聯、印度、日本、越南、南北韓等。事實上，中國只是開始抓住在一九八〇年代中期出現的「亞太熱」，但對於跟日本及美國的交往，仍然保持謹慎態度。[36]

中國向國際開放之路，卻因為一九八九年六月四日發生的事件，受到嚴重傷害。中國政權利用人民解放軍屠殺要求更大改革和爭取民主權利的學生。然而，幾年之內，和中國加強經濟與交流的聲音又回來了。美國和一些自認為是「亞太」國家的夥伴們認為，優先要務就是鼓勵在它們眼中低調和虛弱的中國加入它們的行列，一同建立區域合作。這種想法有一部分是要幫助中國發展，但不是想要獨厚中國，而是想要讓大家一起富起來。但這樣做也是為了和平與安全，就是建立各國的信心，讓它們相信，中國強大之後，就不會覺得受到他國的軍事威脅，因此也不會去威脅它的鄰國。中國在一九七九年攻擊越南，想要重演以前對印度戰爭的勝利，但失敗了；一九八八年以武力從越南部隊手中搶走南沙群島赤瓜礁等六個重要島礁；一九九〇年代，在南海爭議海域興建小型前哨站。然而，它的軍力不僅落後美國霸權，也落後日本，甚至不及小小的臺灣，擁有美國裝備的臺灣空軍控制著臺灣海峽。

這種情況下，在APEC身旁，一張輕輕觸及的安全對話網就此展開。受到澳洲和日本的強力鼓舞，東協成為所謂的亞太多邊安全對話的核心，也就是第一屆東協區域論壇（ASEAN Regional Forum, ARF）。一九九四年，十八個原始會員國參加了在曼谷舉行的會議，包括東南亞國家和其他完全不在這地區內的國家：日本、中國、澳洲、南韓和紐西蘭。但這也是一個重要場合，聚集了在亞洲有利益關係的全球軍事大國：美國、俄羅斯和歐盟。

至少，一個區域安全團體現在已經存在。然而，東協區域論壇的第一次年會卻已經對未來的很多次年會訂下基調：不要多事。這次年會作出的要求，包括一些讓人聽了會睡著的口號，像是「用讓所有人都覺得合適的步調」，來建立信心和預防性外交，並進行建設性對話和磋商。東協會員國一致同意通過的這項指示，顯示這種緩慢和膚淺的要求，正是東協最與世隔絕的會員國所喜歡的，這包括緬甸、柬埔寨和寮國。所謂的對話，結果變成在外長年會上發表簡短的噱頭式聲明。這些被寄望能夠破冰的外長們，還來上一場歡樂音樂會，讓他們以業餘的音樂技巧上臺演奏和演唱，因此而帶來的輕鬆時刻，讓代表們暫時忘了他們本來要花很多時間去解決各種問題。[37]

這完全不像在冷戰緩和階段及結束後期間，全歐洲深入合作的情況，當時，歐洲除了正式簽訂武器管制協定之外，還另外成立多國機構來推動全歐洲和平。亞洲則是從很低程度的信任與整合基礎上開始。如何防止自己國內或一些較小國家之間再度爆發衝突，是優先要處理的；在澳洲和聯合國的斡旋和調停下，柬埔寨境內終於恢復和平，這是最近的一項成就。貌似全世界最後一個極權主義國家，北韓，在它一開始致力發展核子武器時，就成了全球最害怕會爆發嚴重衝突的中心點，而這似乎可以經由美國領導的政策來防止，那就是結合援助計畫和民間核子合作而成的制止措施。碰到中國時，美國就是維持地區和平的答案。中國對臺灣的威嚇，也似乎被美國航空母艦在一九九六年航經臺灣海峽一事所嚇阻。總而言之，當時的全球趨勢似乎就是邁向經濟互助，各種政治體制出現「終結歷史」的合流，轉而支持自由民主，以及各強權國家廢棄彼此之間的戰爭。因此，雖然某種形式的亞太地區安全組織值得令人嚮往，但看起來，似乎沒有什麼事是居於主控地位的美國辦不到的。

中國加入地區性組織（先是APEC，接著是東協區域論壇）被廣泛認為是打下了和平共存新時代的基礎，甚至也奠定了跨越整個亞太地區的合作基礎。對於中國，美國和日本都同意透過東協這種不尋常的儀式來和中國進行一對一的會談。一九九〇年代因此成了亞太地區主義短暫的全盛期。亞太理念需要中國。但中國的視野已經變得更為寬廣。

印度也開始向外面世界開放，並且望向東方。社會主義經濟模式，國大黨長期執政，以及印度和蘇聯的戰略夥伴關係，這些都已經在一九八〇年代崩解。一九九一年的國際收支危機，是印度開始經濟自由化的催化劑：擴大接受外國投資和放寬官僚體系對商業的管制。印度終於開始了解到它龐大人口的潛力。東亞大部分地區的財富和生活水準的快速提升，再也不會被輕易遺忘。一九九三年，印度總理納拉辛哈・拉奧（Narasimha Rao）領導的國大黨政府為了完善它的經濟改革，推出一個名叫「東望」的外交行動，優先目標是要改善和東協的關係，以及嘗試恢復和東南亞的貿易與投資管道，印度和新加坡甚至建立國防關係，並在一九九三年舉行一次海軍聯合演習，這是英國殖民時期以來的第一次。李光耀的耐心終於有了收穫。

印度和東協在一九九二年開始正式會談，印度不能再被排除在這個新安全論壇之外。一個以亞洲為中心的國際組織，其會員國竟然包括歐洲、美國和俄羅斯，卻不包括印度，這是很難讓人信服的。一九九六年，印度獲准加入東協區域論壇，儘管有些會員國私下表示關切，擔心這將會把印度和巴基斯坦之間的緊張關係（以及口不擇言的相互辛辣攻擊）帶進一向平靜的東協外交場所。而隨著印度和巴基斯坦於一九九八年雙雙進行核子試爆，以及爆發新階段對抗，看來似乎是印度次大陸的危險真的會讓亞太地區的樂觀氣氛籠罩烏雲。印度很快發現，它加入地區會議是一把雙面刃，一方面成了印度用來譴責其他國家的場所，不只譴責美國的道德盟友，像是澳洲，也譴責它以前的敵人，中國。另一方面，既然印度都加入東協區域論壇了，這個組織就沒有理由拒絕巴基斯坦、孟加拉和斯里蘭卡這些南亞鄰國加入。

然而，在印度和中國正在尋找途徑進入以東協為中心的亞洲會議廳時，一股新的動力也正在凝聚中，企圖把美國和其他被認為是西方國家的會員國排除出去，簡單來說，就是排除不對的亞洲人。

東亞出擊：奇蹟、幻想、取錯名稱

從一九六〇年代到一九九〇年代的長期經濟成長和相互依賴的過程，全都是以東亞為中心，這是毫無疑問的。大部分都是在美國的戰略優勢、貿易和投資的支援下，這一波繁榮的「奇蹟」，從日本開始，擴散到臺灣、香港、東南亞和南韓，接著從一九八〇年代起，開始擴散到中國。在中國人民的進取心、辛勞和節儉的幫助下，幾億人得到尊嚴和幸福。

但危險也伴隨著快速成長來到，並且因為大家都連結在一起而受到感染。一九九七至一九九八年的亞洲金融風暴，對這地區的人類幸福和政治安定造成重大傷害，最明顯的是印尼，這場危機加速了蘇哈托垮臺，讓印尼的民主化進一步得到鞏固。這場危機也打破了各方對亞洲經濟優勢的期望，同時也造成各方對於是否要提出亞太計畫產生疑慮。

一九九〇年代末期，有人推動地區對話和合作的狹義東亞模式。其中一些有關東亞的聲音，像是馬來西亞總理馬哈迪（Mahathir Mohamad），長期以來一直在吹捧「亞洲價值」，像是集體主義、階級組織、家庭忠誠和節儉，並且認為政治自由這種西方極端價值近似無政府主義。雖然這些「亞洲」價值觀和他們的支持者本身，都在這場他們未能事先化解的危機中，努力維持他們自己的吸引力，但還是有指責西方的空間。有一張很清晰的照片，顯示蘇哈托在國際貨幣基金會的援助計畫上簽字（此計畫要求印尼實施嚴格的撙節措施），在場見證的一名國際貨幣基金會官員面露傲慢神情。殖民主義好像再度復活，帶來羞辱。

因此，就在亞太對話架構正開始扎根時，另一種構想出現了。「亞洲人的亞洲」回來了，而且完全是東亞形式，就是指亞洲只限於東協會員國（這時候只有十個），以及三個亞洲北部大國，中國、日本和南韓。東協向兩邊押寶，已經開始和這三個大國的每一個對話。金融風暴促使這十三個國家一起開會，討論它們版本的亞洲可以採取什麼行動，來預防未來再度發生這樣的危機。它們也想要把自己的集體發聲和因此產生的壓力，帶到世界舞臺上，因為在世界舞臺，西方集團（像是強化後的歐盟）以及西方掌控的全球性組織，都沒有意願把亞洲擺在第一位。

「東協加三」（ASEAN Plus Three）合作機制的進展加速進行，舉行了多次領袖高峰會，各國高級官員也開會討論所有的事情，從金融、農業，到社會發展。這在當時看來十分合乎邏輯。東亞國家發現它們的經濟和跨國生產及投資鏈緊緊綁在一起，在時機很好的時候，可以促進成長，但碰上不好的時機，便成了危機蔓延的管道。日本一直是附加價值最高的製造國，所有國家都很歡迎中國的加入，這加重了東協在國際間的份量，因為它似乎可以無限制地供應中低層級的勞力和技術。東南亞各國很感激中國，因為在金融風暴期間，中國竟然能夠抗拒誘惑，沒有進行防衛性的幣值操作，讓風暴沒有進一步惡化。不知道是因為樂觀，還是健忘，再加上當時中國還沒有表現出過分自信的態度，所以也就沒有人去注意，是不是會出現中國將會掌控這個新架構的風險。事實上，就是因為對減掉外來國家（美國、印度、澳洲、俄羅斯和其他國家）的未來感到過度自信，東協加三很快委任由專家和大老組成的「策劃小組」，研究如何把單純的對話機制轉變成完整的東亞共同體（East Asian Community）。

這項研究由南韓推動。南韓這個國家受到金融風暴嚴重打擊，所以當時正在想法子要對地區秩序作出貢獻，偏偏它又被四周幾個強大國家包圍，包括中國、日本、美國、俄羅斯，以及它那位捉摸不定的北方雙胞胎兄弟。由專家和大老組成的研究小組在二〇〇一年十月提出報告，報告中提出一份過度樂觀的國家共同體的藍圖，內容說，這是「一個和平、繁榮和進步的地區」，在這個地區裡，「東亞人民和政府將為共同的未來攜手合作」。報告中很少提到這地區長久以來在安全利益、政治體制、開發程度或國際關係上的歧見，反而只強調東亞國家「地理位置彼此很接近，擁有很多共同的歷史經驗，以及相似的文化水準和價值」。[38]這份報告完全沒有一個字提到巽他海峽（Sunda Strait）以南、麻六甲以西或東京以東的世界，好像東亞是一個單獨的範圍，在孤獨中繁榮興盛。

這完全違反了當時正在快速浮現的現實，就是要把東亞融入更廣大的地方。印度正在成為一個被次大陸以外地區不敢輕視的大國。長久以來，日本和南韓一直仰賴印度洋海路從中東運來重要的石油。澳洲資源在它們的成長過程中一直扮演重要角色。現在，中國驚人的經濟成長，也把它拉向必須仰賴印太海路的相同路線。

還有，這時也出現一些跟安全有關的不愉快事件。在規劃小組還在構思報告內容時，中國和美國之間的戰略歧見正好升溫。一九九九年，北約干預科索沃（Kosovo）戰爭期間，美國轟炸機誤炸了在貝爾格勒（Belgrade）的中國大使館，引發北京街頭出現由政府指導的反美示威。二〇〇一年年初，一架美軍偵察機在南海偵察時，與一架中共解放軍戰機發生擦撞，導致美機和機上人員被中國扣留，這是喬治・布希（George W. Bush）總統任期內的第一個國外危機。雖然九一一的恐怖分子暴行，讓美國把大部分注意力轉移到阿富汗和被誤導的伊拉克戰爭，亞洲仍然是布希政府整個任期內的重要優先項目，而且一直處理得相當不錯。這包括處理與臺灣和北韓有關的緊張情勢，加強與日本及澳洲的聯盟，協助菲律賓和印尼平定伊斯蘭教恐怖活動，並和新加坡及印度建立安全夥伴關係，尤其是跟印度的關係最受注目。[39]因為，印度在一九九八年進行核子試爆時，美國短暫譴責之後，就開始和這個世界上最大的民主國家改善關係。畢竟，美國發現，它和印度擁有打擊恐怖活動的共同目標，而且印度的經濟正在成長中，並且有實力和理由來幫助美國抗衡中國日漸壯大的軍事力量。二〇〇二年，印度軍艦更保護美國船隻航經麻六甲海峽，對反恐戰爭提供後勤支援。

有人說，歷史上的關鍵時刻都跟領導人與主動出擊有關係。其他人則注重結構性因素，就是人口、財富和力量的移動。但有時候，當這兩個元素交叉在一起時，就會出現料想不到的後果。所以，這就是東亞計畫的命運，最後成立了一個總管一切的外交機構，在各方面都是合乎印太地區的定義，只是沒有在名稱裡加入印太兩字。事後回想，如果沒有和在一九九〇年代出現的兩個因素配合，亞太地區構想就無法持續下來。第一個因素就是印度崛起，成了實質的經濟和軍事大國，並且開始對南亞以外地區產生興趣；第二個因素就是，基於對能源與資源需求的增加，東亞和印度洋地區加強了彼此之間的連結。

東亞規劃小組建議設立東亞峰會（East Asia Summit, EAS），由各國領袖定期集會，引導這個地區邁向團結與合作的未來。它是假定，這將是東協加三的單純進化，可以進化成十三個東亞國家的經常性論壇。和善的中國和務實的日本，將可以分享它們的優勢，南韓會感到滿意，東南亞國家將會坐上外交推手的位子，保留大會主席的特權，和捍衛東協中央的權力。如果一切順利，東亞峰會可以排擠掉APEC，成為亞洲區域主義的重要媒介，用一個狹義的東亞未來，讓亞太時機為之黯然失色。

但這樣會把一項不自然的安排換成另一項，唯一比較優越的是它的會員國更緊湊的地理足跡，以及它們多少有點製造出來的共同認同感，就好像是，印尼和中國有很多共同點，勝過它和印度的共同點。這將會把本來有權力和理由成為這地區一分子的很多國家關在門外。

然而，有一個很不一樣的結果在等待。二〇〇〇年代初期，出現了經濟互相依賴，和希望中國成為什麼樣社會的希望，這兩者重疊的現象。但恐懼感也跟著出現，擔心中國崛起後，對更廣大地區的其他國家會帶來什麼樣的影響。外交手腕比較靈巧的東協國家（印尼、新加坡、泰國、馬來西亞、越南），開始用力思考是不是要自由行動，以及要如何在新時代裡扮演制衡的角色。預料將成為世界第三大經濟體的印度，不再接受在亞洲會議裡處於邊緣化地位。美國認為它有必要回應中國未來的挑戰，在九一一後，美國雖然暫時停止這種思考，但並未完全放棄。還有，儘管保守派總理約翰·霍華德（John Howard）有著很明顯的厭惡亞洲心態，但澳洲還是沒有完全放棄它的地理地位。

風暴與峰會

二〇〇四年的節禮日（Boxing Day，即十二月二十六日）當天，發生了一件因地震引起的大事，印度洋發生芮氏規模九・一的強烈地震，地點就在蘇門答臘北端。這場地震引發的大海嘯分別向東方和西方傳去。這是一場全球性的大災難，共造成二十三萬人死亡，死亡人數最多的國家是印尼、斯里蘭卡、印度和泰國，也有很多外國人不幸喪命。這場地震的震波，連遠距離之外的非洲、南極圈和北美都感覺得到。

在這場印太地區大災難引發全球驚嚇之際，四個國家決定立即動員起來，並且動用軍事資源。這是一個很不尋常的結盟，包括美國、日本、印度和澳洲。它們之間有什麼共同點？嚴格來說，其中只有一個是東亞國家（而且長久以來一直被懷疑它有一隻腳踏在西方），一個是南亞國家，一個是一直有認同危機的澳洲，還有一個來自太平洋另一邊的世界霸權國家。但領導人道救援和災難協助的這個四國聯盟卻有足夠的共同點來化解它們之間的歧見，這些共同點包括：它們在穩定的海洋地區裡都有利益存在，有馬上就可以動員的能力，以及願意援助身陷急難的人民和夥伴國家的心意。它們的捐助相當可觀，澳洲自己就提供十億美元援助它的鄰國印尼。把這四國的地理位置連結起來，正好跨越兩大洋，就像大海嘯本身本就不理會二十世紀劃下的地區界限。

即使它們的部隊已經部署在印太地區交界處的陸地、大海和領空裡，澳洲和印度還是同時在默默動員中。二〇〇五年年初，煙霧彌漫的德里還是冬天，坎培拉則是乾燥的夏天，兩國的官員在各自的外交部辦公室裡，正在精心策劃外交行動，準備永久性地加入這個地區，並且取得參加新高峰會的入場券。值得大大讚揚的是澳洲外長亞歷山大・唐納（Alexander Downer），大家都知道他是自認的現實主義者，不追求夢想，也不主張採取激進行動。他說服了霍華德總理，說澳洲留在這地區的陣營裡，好過被排除在外。到了二〇〇五年年底，澳洲和印度，另外還有紐西蘭，都將在東亞高峰會的第一屆會議裡占有一席之地。它們之所以能夠加入，得助於一些夥伴國家，像是新加坡、印尼和日本，反而是中國極力反對，因為它理解到，這兩國加入後，這個會議場合將變得不是它所能掌控的。東協則繼續開啟大門讓美國加入，俄羅斯也在中國反對聲中加入。這兩國都在二〇一〇年正式加入。

如此一來，想要縮小這個地區的行動，反而造成相反結果。在努力想要建立想像的東亞與亞太地區的行動達到最高峰時，一個不一樣的結構終於公諸於眾，正好反映出這個地區的未來，以及它被遺忘的歷史。在二〇〇五年十二月，各國領袖聚集在吉隆坡的第一屆東亞峰會會場。吉隆坡位於印度洋海岸的一個半島上，千年來一直是兩大洋的樞紐。[40]這地點很適合用來當作亞洲更廣大地區的會議地點，如同一九四七年的德里。當年與會的很多國家也來到吉隆坡，包括印度，這次是以獨立國家的身分與會。東亞峰會突然坐上印太地區的首席。[41]本地的各個國家，在經過六十年的長途飄泊後，某種很像是區域共同家園的東西終於出現在眼前。

在很少見的高峰會的外交活動中，就這樣子顯露出這個地區的新模樣。具體來說，全世界的航海人很快就會掌握這相同的東西。

04

chapter

印太崛起

三寶太監鄭和一定會感到驕傲。這次的送行比較像帝國遠征軍出航，而不只是單純的海上巡弋。穿戴整齊軍服的水兵排列在碼頭上，在官方媒體塑造下，這整個畫面顯示出一個既偉大又大氣的國家，將為碰到麻煩的遠方海域提供秩序和安全。二〇〇八年十二月二十六日，三艘閃閃發亮的軍艦駛離南海海南島三亞市的中國海軍基地，進行為期十天的遠航，它們將駛進印度洋，也要在歷史上留名。[1]它們公開對外表明的任務是：保護中國和各國船隻，讓它們能夠安全通過海盜橫行的索馬利亞外海海域。但其實有一項更大的期望，就落在「海口」和「武漢」這兩艘驅逐艦，以及同行的「微山湖號」補給艦的軍官和水兵的肩膀上。這關係到中國的自豪，以及它對已經悄悄現代化好幾年的艦隊的信心。因為這是六個世紀以來，中國第一次出兵印度洋，是對中華人民共和國是否已經夠格成為海上強權的一次考驗。[2]

當時已經有很多國家的海軍軍艦在印度洋上打擊海盜，中國是其中之一。這時，即將塑造印太新時代的各國之間已經出現連結與競爭，但接下來發生的情節，卻完全牴觸了這樣的潮流。

海盜與夥伴關係

海盜經常會去挑戰比他們討價還價後能得到的更多東西。在古今歷史裡，他們對商船的攻擊，都會迫使一些大陸國家採取因應措施。美國今天的全球軍力部署，開始於一八〇〇年代早期，當時是要對抗北非的巴巴里海盜（Barbary pirates），因此，〈的黎波里海岸〉（shores of Tripoli）這句歌詞才會出現在美國陸戰隊讚歌裡。很難想像，現代的索馬利亞海盜，只不過是一群開著小艇勉強出海的絕望惡棍，竟然會策劃攻擊全世界的海軍菁英，結果讓中國和其他國家有理由派遣軍艦前往遙遠海域，宣示它們對印太地區的使命。而事實就是如此。

二〇〇八年當時的世界，和殖民主義或者強大國家之間的戰爭一樣，海盜似乎是過時的東西。當時，全球繁榮富足，因此大量物品要經由海運運送，包括能源與資源，從印太地區運送原料和成品到歐洲，從中東運送到美國。重要的海上航路包括亞丁灣，它透過紅海和蘇伊士運河，連結了印度洋和地中海。然而，這條海上動脈卻被夾在動亂頻仍的兩塊土地之間：北邊是葉門，南邊是索馬利亞。索馬利亞連年內戰，民不聊生，在內戰結束後，它的沿海地區人民為求生存，只好採取非法手段謀生。槍砲隨處可得，而且沒有什麼好損失的。當地原本還有一些魚類天然資源，但卻被遠方來的商業拖網漁船撈捕一空。然而，就在它那一貧如洗的海岸外，卻有著全球化世界帶來的聚寶盆：彷彿來自另一個世界，滿載「國王的贖金」（鉅款）的船隊。

索馬利亞海盜在二〇〇八年的活動，就像是真實的財富與麻煩的聯合國。海盜攻擊的船隻，屬於或註冊在很多國家名下，包括日本、南韓、美國、德國、印度、馬來西亞、新加坡、希臘、巴拿馬、俄羅斯、法國和丹麥。海盜攻擊的目標，從遊艇和拖船到運送大宗貨物的巨大散貨船和超級油輪。他們搶劫的貨包括來自沙烏地阿拉伯的石油、新加坡的化學物品，以及馬來西亞的棕櫚油，甚至還有一艘船上裝滿要運往肯亞的俄羅斯坦克。被他們綁架的人質什麼人種都有，全部一視同仁，有馬來西亞、緬甸、巴基斯坦、菲律賓、伊朗、印度、衣索匹亞和埃及等國籍的水手。一對駕著遊艇在海上冒險遠航的勇敢法國夫婦，也被他們綁架。他們還曾經企圖搶劫載有美國與德國有錢人的豪華郵輪，但未成功。拖網漁船則連同船上的船員被一起綁架，包括一艘西班牙拖網漁船，以及另外多艘拖網漁船，大部分都是中國的。

是什麼讓中國領導人作出派遣人民解放軍海軍前往印度洋這個歷史性決定的？二〇〇八年十一月十四日，中國遠洋漁船「天裕八號」，在肯亞海岸外的海域捕魚時被劫，可能就是決定性的因素。被捕船員的一張照片被廣傳到世界各地和中國境內，而社群媒體當時正開始在中國流行。照片中的中國船員蹲坐在甲板上，被非洲海盜持槍指著。看到這張照片的中國人，全都覺得這是國恥，幸好一個月後，中國覺得稍微挽回了一點面子。在同年十二月十七日，一群足智多謀的中國貨輪船員，手持消防水龍頭射水，以及利用柴油、棉紗和啤酒瓶自製的二百個燃燒彈，和登輪

2008年，中國遠洋漁船「天裕八號」的船員被索馬利亞海盜劫持在甲板上。此一事件促成中國第一次派遣現代化軍艦進入印度洋部署。

版權：Mass Communication Specialist 2nd Class Jason R. Zalasky；圖片來源：Wikicommons.

搶劫的海盜周旋，直到馬來西亞海軍派出武裝直升機和艦艇趕到現場將他們救出。[3]

促使中國作出這項決定的，並不只是民眾的憤怒而已，因為在一個一黨專政國家裡，民眾的情緒是可以操控的。最主要是時機已經成熟。中國再也找不到比這更好的時機點來測試它的新遠洋軍艦，去看看別國海軍是怎麼運作的，或是去開始執行領導人所說的「歷史新使命」。這些都是國家主席胡錦濤在二〇〇四年十二月的演說中揭示的。隨著中國轉變成全球經濟強國，它的軍隊現在也被賦與新的任務，不只是要保護中國共產黨與國家領土，或是奪取臺灣，更要保護更多的國家利益，像是經濟發展，甚至要對世界和平作出貢獻。[4]海盜正在破壞能源運送與貿易，而這兩者正是經濟與政治穩定的基礎，不只中國本身如此，也適用於目前這個緊密連結的世界。表現得像美國西部警長和正義人士那樣違反北京長期鼓吹的不干預政策，其實並沒有什麼風險。聯合國安全理事會已經大聲疾呼，呼籲全球有能力的國家全部站出來，「部署海軍艦艇和軍機」，聯合打敗索馬利亞海盜。[5]很多國家已經展開行動，美國、它的歐洲和加拿大盟邦、俄羅斯、印度和馬來西亞，全都不反對以展示武力方式來保護所有國家的商船和全球民眾的福祉。而在中國之後，陸續有更多國家跟進，包括南韓、日本、澳洲和印尼。這已經很像是印太艦隊了。雖然，外交機構和學術界的陰暗世界遲遲不願替這個新戰略系統取個名稱，但在大海裡上演的事實真相，已經開始命名了。

二〇〇七年正是全球化和美國優勢達到最高峰的時候，美國海軍將領提議建構一支「千艦海軍」（Thousand Ship Navy），就是我為人人、人人為我的這麼一支國際艦隊。[6]根據這個構想，海軍不再只是為了準備戰爭而存在，而是要聯合起來創造和平與富足的未來，像是合作維護共同海域的治安，打擊犯罪、恐怖活動、環境破壞，以及像北韓這樣流氓國家的偷運行動。現在，這個夢想，似乎就要在索馬利亞海域裡實現了。各國海軍護航自己以及其他每一個國家的商船。這倒不是什麼無私的行為，在這個由市場主導的現代世界裡，貨物、船隻的所有權和船籍註冊都屬於很多國家的。一共有二十多個國家，包括中國在內，都會透過定期會議、通訊管道，甚至私人交流，來協調海上巡邏行動。對美國與其盟國來說，很久以來，這一直就是它們的標準作業流程，但對於像中國和印度這些剛剛崛起的國家來說，則是頭一次。

希望這麼有意義的現實狀況能夠早日來到。快速現代化的中國海軍，可以加入略顯疲態的美國和歐洲海軍行列，成為世界秩序的一個夥伴。由於彼此經濟相互依賴的程度很深，以及認為財富和國際連結會使中國人民逐漸習慣於政治自由，所以，華府的政策真言就是，把北京當作一位「負責任的利害關係人」來交往。[7]如果中國能夠在印度洋和美國（或是它以前的敵國日本）合作的話，那麼在其他海域裡當然也可以化解各種歧見。

海上事實：中國的危險推進

但隨後的發展並不是如此。就在中國開始在離家很遠的海上合作執行打擊海盜行動的幾個月之後，一場完全相反的場景（對抗）就在它的家門口上演。南海和東海緊張情勢的故事，在別的地方說過很多了。[8]但這次衝突的方式，和印太地區戰略競爭有所關聯，卻不是大家都能夠了解的。南海位於這地區的連結中心，它如果被某一個強國控制，表示這個強國就可以操控整個印太地區。

二〇〇九年三月八日，美國海軍的海洋監測船「無瑕號」（USNS Impeccable）發現，它的海上例行搜索與監視任務被打斷了，地點就在中國海南島南方七十五海里處的南海邊緣海域裡。[9]「無瑕號」當時是在南海這處海域執行搜索和監聽中國海軍潛艦的任務，可能就是搜索和監視新部署到海南三亞海軍基地的中國潛艦，而三亞基地就是幾個月前，中國海軍艦隊出發去執行反海盜任務的出海港。很久以來，對於這樣的偵察活動是否能被國際法接受，中國和美國一直有不同的看法。美國的偵察活動是在中國方面劃定的二百海里的中國專屬經濟區內，但卻在更嚴格限制的十二海里的中國領海之外。美國引用《聯合國海洋法公約》（United Nations Convention on the Law of the Sea, UNCLOS），堅稱它的船艦在這海域有自由通航權。基於中國是「負責任的利害關係人」的此一樂觀政策，美國軍方一直不認為，中國這個軍事大國會對美國，以及像日本和臺灣這些和美國訂定條約的盟邦，採取敵對姿態。

對五角大廈來說，密切注意東亞周邊海域（南海與東海）是防止中國破壞和平現狀的基本任務。對中國來說，這是必須停止的不友善活動。受到全球金融危機的影響，美國作為全球唯一超級強權的信心已經動搖。歐巴馬（Barack Obama）政府的戰略決心似乎搖擺不定。但中國的力量卻不斷擴大，它的經濟每年以兩位數成長，國防花費也同樣快速增加，光是在二〇〇九年就占了一四．九%。二〇〇八年的北京奧運傳達出中國強大的訊息。中國即將超越日本，成為世界第二大經濟體。除了美國，人民解放軍的預算超過世界上任何國家的軍隊。就在習近平上臺之後，中國想要稱霸全球的野心才顯現出來。但二〇〇九年代表著中國開始展現出新的信心。

美國海軍偵察船「無瑕號」上的人員親眼目睹了一次早期預警。他們這艘無武裝偵察船被一支混雜的小型船隊團團包圍，這些船全都懸掛中國旗幟，包括海軍情報蒐集船、海事局漁業監督船、海洋水文監督船和拖網漁船。這次海上對峙過程被傳播到全球。雖然這次對峙有可能發生船隻碰撞和造成人命損失，但中國並沒有和其他國家簽訂任何「海上意外」協議，也沒有可以用來防止這樣的對峙，或是阻止對峙升高的任何約定或熱線電話。美國和前蘇聯就有這樣的機制，可以有效讓冷戰冷卻下來。但北京一直宣稱無此必要，並且暗示說，解決的方法就是「信任」，以及美國海軍船隻自動離開。

中國向大海挺進的行動，突然變得很危險。多年來，南海一直很平靜，各國都同意彼此有不同立場。傳統上，這是一塊共享空間，對很多國家來說都很重要，因為它是漁業活動區，也是印太地區貿易路線的一部分，這種重要性在二〇〇〇年代更被加強了，因為價值幾兆美元的貿易往來，也許占全球三分之一的船運，全都經過此海域。[10]殖民時期結束後的疆界重劃、各國之間爆發爭執，以及國際法規的重新編纂，使得這些海域在二十世紀成為大家爭奪的目標。中國、臺灣、越南、菲律賓、馬來西亞和汶萊對這些海域的主權宣示，都有所重疊。印尼也堅守它自己角落的那一部分海域。中國則採用一九四七年一張地圖上U字形的九段線為主權依據，加上一些含糊的歷史權利，因而對整個海域的大部分區域作出主權宣示。[11]一九七四年和一九八八年，中國軍隊強行從越南手中奪回幾個有爭議的小島。但中國於一九九〇年代接受亞太地區主義的外交約束後，緊張情勢終於獲得緩和。各方呼籲，暫時停止競相在有爭議的島礁上興建臨時性的前哨站。二〇〇二年，中國和東南亞國家原則上同意，大家應該經由談判來定出一套「行為準則」，用來解決各國歧見。（到了二〇一九年，他們還在談判中。）也有談到共同開發漁業資源和海底石油與天然氣。看起來，南海好像是昨天的問題，要保留給未來世代的一個問題。

然而在二〇一〇年，中國官員開始公開把南海問題定位為「核心利益」，和臺灣、西藏與國內安穩列為中華人民共和國必須捍衛的重要問題。一連串重建信心的行動開始在海上展開，一次又一次地，一些明顯是民間（偶爾是軍方）的中國船隻不斷騷擾外國人，從菲律賓和越南漁民，一直到能源勘探公司人員。船隻被對方碰撞，調查纜線被切斷，中方人員發出威脅，和開槍警告。航行在國際海域的印度和其他國家海軍船隻被警告離開，或者被不請自來的中國海軍軍艦「護送」駛離。為什麼中國突然恢復已經被閒置很久的主權宣示？有各種猜測理論出現。這跟石油、漁業資源或國家尊嚴有關嗎？這項改變，會不會跟法律時效有關係？具體來說，就是越南和馬來西亞在二〇〇九年五月決定，要在聯合國委員會上澄清它們的主權宣示。[12]是不是有些持不同意見的國家安全機關在爭權奪利？[13]中國的真正動機是不是要把這地區當作它的核子動力潛艦的基地，如此就可在未來爆發衝突時阻擋美國出兵援助臺灣？或者，它只是要控制這條重要的海上航線，在其他航線出現危機時，中國船隻仍然可以在這條線上安全通行？

但接著，情勢卻變得又更令人感到困惑，那就是中國又開闢了另一個爭議前線，這一次在更北方，對象是日本，地點就在東海的水域、岩石和小島。再一次，在某個層級上，這個爭議是勉強可以解釋清楚的：不管雙方有什麼歧見，過去幾十年來，中國和日本對東海的爭議一直冷靜地保持著尊重對方有不同意見的態度。公平來說，日本宣示對釣魚臺列島擁有主權，是有爭議的。對雙方來說，這是面子問題，也適用於宣稱擁有主權的另一方，臺灣。但對所有這些宣示者來說，他們一直關心的是其他事情。在物質上，如果各國都同意共享此地的漁業和海床資源，那麼，誰擁有這些貧瘠的岩石，其實並沒有什麼關係。還有，如果這地區的未來是合作與和平的，那麼，中國海軍在戰時是不是可以無異議的通過這些島嶼的這個問題，就沒有必要提起。把日本、臺灣、關島和菲律賓形容是阻止中國在大海通航的親美「島鏈」，這種說法肯定屬於一九五〇年代。就在新中國似乎打算和平崛起，以及跟所有國家建立繁榮夥伴關係之際，日本在二〇〇九年到二〇一〇年之間，突然轉向，背離美國聯盟。在日本很罕見地把政權轉移到左傾的日本民主黨手中之後，新任首相鳩山由紀夫（Hatoyama Yukio）提到「亞洲第一」，並且表示希望對華府和北京保持相等的距離。[14]中國展開魅力攻勢的時機成熟了。

然而，讓人感到迷惑的是，一直到二〇一〇年年底，中國和日本的關係全都和海有關。中國在日本西方舉行大規模海軍演習，試射它最新型的巡弋飛彈（飛航式反艦飛彈），這種飛彈是準備用來擊沉美國或日本的艦隊的。接著在九月七日，一艘中國拖網漁船在釣魚臺海域進行捕撈作業時，被前來取締非法捕魚的日本海上保安廳巡邏船驅趕，結果造成兩船發生衝撞。中國船長被捕，接著爆發一連串對抗行動，包括海上對峙，陸地上也出現示威抗議，日本並指控中國阻擋稀土出口，意圖打擊日本電子業。美國則向日本保證，釣魚臺列島適用於《美日安保條約》，亦即此區域若遭到武力攻擊的話，美日將採取軍事行動共同應對。中國失去了向日本示好的機會。兩年後，再度發生對這些列島主權爭議的緊張情勢，導致後來幾年當中接近戰爭的對抗狀態。

後退與中心點

在此同時，二〇一二年保守的自民黨重新執政，安倍第二度出任首相，決心實現日本必須在更廣大地區裡保護自身利益的夢想。因為害怕中國不僅準備要掌控日本周邊海域，也要控制日本在南海的海上經濟動脈，因此，安倍計畫從翼側包抄中國的利益（以及先發制人保護日本利益），並且要把戰線拉到更遙遠的戰場，就是印度洋的重要航線。他把前一次在二〇〇六年到二〇〇七年短暫任期內的理念加以強化：建立一支現代化的軍隊，用來支援和美國的聯盟關係；和印度建立以「兩大洋合流」理念為中心的新夥伴關係；和澳洲加強關係，最理想的是建立「準聯盟」關係，因為澳洲在二〇一五年有考慮要購買日本潛艦；並且還提出「安全之鑽」（security diamond）的構想，就是安排四個民主國家來支持以規則為基準的國際秩序，重點則放在牽制中國勢力。[15] 印太戰略的一些要素已經浮現。

中國海洋野心究竟有多大，世人不得而知，但它一開始表現的強烈信心，並沒有過關，而是遭到挑戰。越南固守它原來的立場；日本強硬起來；美國開始向它的盟友和中國展現它獨一無二的強大軍力以及存在感。二〇一〇年七月，美國三艘最先進的潛艦同時在南韓、菲律賓及印度洋迪亞哥加西亞島海域浮出水面：這是美國發出全區威懾武力的訊號。[16] 同一年，美國國務卿希拉蕊・柯林頓（Hillary Clinton）在區域論壇上譴責中國，並且表示，美國就此「留下不走了」。[17] 在澳洲和其他國家鼓勵下，美國最後終於加入東亞峰會。希拉蕊並且在東協區域論壇上聯合各國批評中國的魯莽作為。一位中國高級官員則扯下面紗，不加修飾地警告越南和新加坡說，中國是大國，其他國家都是小國家，「而這就是事實」。[18]但其實還有另外一個大國存在。

華府尋求把修正後的亞洲焦點連接上後來眾所皆知的「再平衡」（Rebalance）或「戰略轉向」（Pivot）。[19]二〇一一年十一月，歐巴馬總統在澳洲國會演說，宣稱：「作為一個太平洋國家，美國將在塑造這個地區及其未來上，扮演更大和更長遠的角色。」[20]這引發很多問題。難道美國是在執行一項遲來的修正，在轉到中東打擊恐怖主義十年之後，再重新對它的亞洲盟邦作出承諾？美國曾經離開過亞洲嗎？小布希總統任內一項未受到充分認可的成就，就是維持了對亞洲的承諾，但因為對恐怖主義發動戰爭，以及伊拉克的災難，而遮掩了這項成就。[21]「戰略轉向」轉向亞洲是不是表示將要緊縮對其他地區的戰略考量，像是歐洲？再平衡是指要透過「跨太平洋夥伴協定」（Trans-Pacific Partnership）這樣的新自由貿易協定，來重新平衡經濟嗎？是不是主要是指外交，美國要更加善用夥伴國家，以及區域內所有代理人？或者，是指軍事？但如果是這樣子，就很難看出，像這樣的政策怎麼能夠得到別人的信任，因為美國只作出很少量的新軍事承諾，像是在新加坡部署小型的濱海戰鬥艦（littoral combat ship），以及開始把幾千名陸戰隊員送到澳洲北部的達爾文接受訓練。另一方面，有些觀察家很擔心，美國擴大在亞洲安全足跡的任何行動，其實都是沒有必要的「圍堵」中國行動，尤其是當時的中國尚未對外表現出不好的企圖。[22]

還有，再平衡的到底是什麼地區？歐巴馬在坎培拉的演說，分別提到太平洋、亞洲、亞太地區，以及「從太平洋到大西洋」。除此之外，美國國務卿希拉蕊，以及再平衡的設計師，也就是她的亞太助理國務卿庫特・坎貝爾（Kurt Campbell），都開始提到別的：印太。[23]這有一部分跟美國與澳洲結盟的性質有關，也是在承認，這個重要盟國同時望向兩大洋。但歐巴馬也指出，美國歡迎印度以亞洲強權的身分扮演更大的角色。在經過幾十年來的疏遠之後，世界上最大的這兩個民主國家終於聯合起來。

老鷹與大象

印度洋在一九九八年五月進行核子試爆後，美國帶頭譴責。從冷戰結束以來，世人普遍認為，這個世界已經把這些最令人憎惡的武器丟進歷史的垃圾箱裡，超強大國還裁減了核子武器的數量，並且簽署禁止核試驗條約。然而，這兒卻有一個國家違抗這股潮流，並促使它的對手巴基斯坦作出同樣的行為。柯林頓政府充當先鋒，帶領世界各國行動，把一項標準納入《防止核武器繁衍條約》（Treaty on the Non-proliferation of Nuclear Weapons, NPT）：規定只有在一九六七年之前進行核子試爆及擁有核子武器的那五個國家才是合法的，這包括美國、蘇聯（後來的俄羅斯）、中國、英國和法國。所以，美國大聲譴責印度在塔爾沙漠（Thar Desert）核爆，似乎只是不讓新的主要參與者加入核子俱樂部的又一動作而已。

不信任會傷害到兩方。印度對美國一直有著不愉快的回憶，因為美國支持巴基斯坦，尼克森和季辛吉都站在反印度立場上。美國國務院長久以來一直把印度視為麻煩製造者，是不結盟運動裡的「強硬派」，和俄羅斯走得很近，對市場經濟有著矛盾情結，十分迷戀聯合國，把它當作是對抗美國版的全球秩序的場所。由於對印度存有貧窮、髒亂、種姓制度和官僚作風這些過時的刻板印象，使得很多國家的決策菁英，對印度產生一種自以為是的優越感。

然而印度正在改變中，有遠見的觀察家馬上看到機會。就在針對核試爆發表充場面的憤怒譴責後一個月，華府就開始與新德里展開祕密會談，想要找出雙方的共同立場。當時的印度總理阿塔爾・比哈里・瓦巴依（Atal Bihari Vajpayee）寫了一封信給柯林頓，為印度發展核子武器提出辯解，他在信中指出，印度處在「正在惡化中的安全環境」中，「有一個公然擁有核子武器的國家，就在我們的邊界上，這個國家在一九六二年對印度發動武裝入侵」。[24]他說的是中國。雖然在外交上，三十四年似乎是很長的一段時間，但印度仍然持續不信任對方，「主要是因為尚未解決的邊界問題」，以及中國曾經幫助巴基斯坦取得它自己的核子武器。

美國容忍擁有核子武器的印度，其動機很複雜。最立即的目標是促成印度和巴基斯坦之間的和平。在接下來的五年當中，印度和巴基斯坦的關係一直危險地徘徊在戰爭與和平之間，一九九九年還爆發緊張但地區性的卡吉爾（Kargil）衝突，且經常有恐怖分子從巴基斯坦越過邊界進入印度，而在二〇〇一年十二月印度國會遭到恐怖分子攻擊後，印度還馬上動員了百萬軍人備戰。美國的穿梭外交（它的外交官在兩國之間來來回回拜訪，在新德里和伊斯蘭馬巴德之間傳達可靠的訊息），有助於化解印度和巴基斯坦在二〇〇二年的緊張對峙局面。這阻止了一場戰爭，並讓美國和印度終於能夠專心培養它們的新友誼。

美國十分明白，如果只是要求印度放棄核子武器，但中國和巴基斯坦卻無意跟進，這是很荒謬的作法。而且，另外還有其他趨勢出現。印度正轉變成為很認真的經濟主要參與者，儘管它面臨很多難題，但它已經達到將近七%的成長率，而且預測的前景還會更好。雖然它開放得比中國晚，而且還有很多改革還未完成，但印度市場廣被國際間看好，一些權威的預測指出，印度即將名列全球三個最大經濟體之一。這是金磚四國（BRIC，包括巴西、俄羅斯、印度和中國）造成的新現象，後來，在南非於二〇一〇年加入後，更演進成金磚五國（BRICS）。移民風潮也使得印度裔美國人成為美國境內一個擁有技術和財富的大社區，跟以色列和臺灣一樣，是一股能夠改變華府決策的遊說力量。一九九八年的核子試爆，不但沒有毀壞美國和印度的關係，反而治癒了一種長期疾病，這是天然的核子靈藥。

雙方關係大有進展，幾位美國總統相繼前往訪問，兩國在國防和反恐陣線上加強合作，美國甚至在一個極新的議題上居於領導地位，就是讓「核子供應國集團」通過協議，解除對印度的核子貿易限制，賦與印度特別地位，讓它成為全球核子能源企業的合法夥伴。二〇〇五年，美國更主動發起一項有爭議的核子交易，以象徵與印度新的互信關係。在中間偏左的國大黨領導下，印度聯合政府現在的優先任務，就是和一度被它懷疑的美國建立友誼。印度總理、說話輕聲細語的經濟學家曼莫漢．辛格（Manmohan Singh），決定賭一把，把這當作是他最重要的外交政策。

到了二〇〇〇年代初期，美國來個完全大逆轉，改而幫助印度成為世界強權大國。[25] 九一一恐怖攻擊後，在某種意義上，美國已經加入印度自己和聖戰主義恐怖分子的長期戰鬥中。但真正把美國和印度友誼連結在一起的幕後原因，其實就是中國。[26]美印雙方都很小心，不在它們的公開聲明中強調中國，但這樣的事實看在兩個人眼裡，則是最明白不過了，這兩人就是美印此一新友誼的主要推動者，美國駐印大使羅伯特·布萊克威爾（Robert Blackwill），以及他的新考底利耶學派（neo-Kautiliyan）的顧問阿什利·泰利斯（Ashley Tellis）。[27]當然，中國也看得很清楚。[28]

大象與龍

就在要進入看來將成為亞洲世紀的新時代之際，美國並不是印度的唯一追求者。在這個階段，中國的外交政策是務實的，同時也有跡象顯示，中國的新作法是尋求與亞洲的其他文明國家建立共同路線。也許中國是想搶先讓印度中立化，以免它成為敵對國家，或是與美國走得太近。也許造成雙贏局面的商業往來才是主因。一九九八年核子試爆後，印度領教了這位強大起來的鄰國的兩手策略。一方面，中國拒絕合法化印度的核子武器。中國已經在一九九二年簽署《防止核武器繁衍條約》，而且儘管對巴基斯坦提供非法核子協助，中國仍然指示它的外交官譴責印度的核子武器；北京也一直在軍事上繼續支持巴基斯坦。

但另一方面，在一九九九年和二〇〇一年至二〇〇二年的危機中，中國並沒有站在巴基斯坦這一邊，讓印度得以專心對付單一敵國。二〇〇三年，中國還送了一個合適的「禮物」給印度，就是承認印度對錫金（Sikkim）的主權。錫金以前是喜馬拉雅山的小小王國，一九六七年，中印兩國還曾經為它發生衝突。甚至還有人暗示說，雙方的邊界爭執可能即將獲得解決。[29] 這主要是受到更大利益的吸引：現在，這兩個國家已經是全世界成長最快速的經濟體，雙方貿易往來有更多管道了。兩國之間的空中直航，終於開始。一九五〇年代的口號「中國印度是兄弟」（China-India bhai-bhai）又再度出現，而且完全不再有諷刺味道，另外，還出現一個新名詞「中印」（Chindia），表示中國和印度是一個整體。

然而，這種新的泛亞洲主義很快就枯萎了。二〇〇五年，尼泊爾爆發政治危機，德里和北京發現它們各自都在爭取對隔壁這個王國的影響力。而它們自己的邊界緊張情勢又再度升高，雙方都動員軍隊前往邊界山區。在與水和能源有關的問題上，像中印這樣龐大的開發中國家都會想辦法一起解決這兩個問題，於是就出現了彼此競爭的態勢，在爭取非洲與中東的能源供應合約上，中國的標價都超過印度。很多人也擔心，中國在西藏興建水壩，使得流入布拉馬普特拉河（Brahmaputra River）的水量變少，而這條河又是印度農業灌溉的主動脈，勢必嚴重影響到印度人民的生活。中國和印度也許並沒有演變成全面性的敵對對手（想要這樣做，中國必須先承認，印度跟它是同一等級），但雙方關係一直停留在相互競爭的共存狀態。雙方的合作局面最後還是以對抗結束。習近平和莫迪在二〇一四年開啟的對話機制終於被打斷，因為中國派遣一艘潛艦訪問斯里蘭卡，以及喜馬拉雅山區邊界又出現緊張情勢，最後演變成二〇一七年，中國和印度軍隊在洞朗高原（Doklam plateau）爆發衝突。

中國似乎早在二〇〇五年就判定，印度已經投入美國陣營。上面提到的核子交易，是造成印度轉變的關鍵，而這一點是中國無法對抗的，也證明了，美國急於拉攏印度來壓制中國崛起。由於美國和印度安全機構之間產生新的友誼，讓這樣的感覺更形強烈。經過熱烈和痛苦的談判之後，美國和印度終於宣布各項合作計畫，包括國防軍備、太空計畫和飛彈防禦各個領域。

四國聯盟

美印聯盟，最明確的跡象就出現在這片海域，主要是因為中國自身的野心、利益與弱點都正在這裡快速成長。二〇〇二年，先是印度接下任務，派出一艘巡邏艇保護美軍運輸艦從新加坡通過麻六甲海峽；[30]接著，二〇〇四年十二月發生大海嘯後，印度與美國部隊快速聯合動員，合作運送救濟物資，澳洲和日本也跟著加入。從一九九二年起，印度和美國每年都會舉行極其低調的海上軍演，代號「馬拉巴爾」（Malabar）。現在，這些軍演規模擴大加入了潛艦和航空母艦。二〇〇五年，兩國在海上進行長達一個月的模擬海戰。次年，美國陸戰隊也加入演習。二〇〇七年，兩國進行了兩次馬拉巴爾軍演。第一次，軍演範圍延伸到太平洋，把日本也納入。印度、美國和日本部隊在沖繩外海一起演練。九月間，第二回合軍演上場，澳洲和新加坡軍艦相繼加入。共有二十七艘船艦聚集在孟加拉灣，包括三艘航空母艦和二百多架戰機。

這是很強烈的信號，太強烈了。距此一個月前，美國、日本、印度和澳洲的中階官員們，在馬尼拉舉行的東協區域論壇的會外場合裡，匆匆會談了四十五分鐘，討論他們從共同救濟海嘯行動中學到的一些心得。也許，他們也對關係到各國共同利益的其他問題，像是中國問題，交換了一些看法。[31]到這時候，這五個國家在孟加拉灣進行的海上軍演，很快促成第一次「四方」對話：也許，不意外的是，推動這場四方對話的最重要推手，就是日本首相安倍。

中國的反應是公開表示憤怒，並在這四個國家的首都祭出正式的外交照會。中國官員和媒體把這場短暫的諮詢會議描繪成是一場密謀，目的是要打造出一個「亞洲版北約」（Asian NATO）：成立一個很穩固的聯盟，聯合起來反對和制止中國，就如當年前蘇聯被搞垮那般。

但現實狀況卻並非如此。這次的海上軍演只有一次，各國對這次對話作出的承諾也很脆弱。在安倍突然以健康理由辭去首相後，日本的參與力道也跟著削弱。對於這次對話，印度則表現出相對冷淡的態度，因為它的聯合政府這時正陷入分裂，其左派政黨夥伴反對跟美國有任何類似的軍事結盟。因此，雖然加強美國和印度關係是總理辛格的首要政策，但基於上述原因，他也只能暫時對四國聯盟保持冷淡，以免刺激他的左派夥伴。二〇〇七年年底，領導工黨成立澳洲新政府的陸克文（Kevin Rudd），對亞洲外交展現極大的企圖心，而且對四國聯盟的構想十分冷淡。因此，這位會說流利中文的澳洲總理後來遭致各方幾乎一致的責難（這其實有點不公平），說他造成第一次四國聯盟的死亡。[32]在這之後，澳洲新外長史蒂芬．史密斯（Stephen Smith）為了突顯陸克文不想繼續參與四國聯盟的決心，在一次記者會上，故意選擇站在來訪的中國外長旁邊，這對剛剛成立的四國聯盟來說，真的十分難看。

不過，四國聯盟一．〇宣告結束，其實只是這四個民主海權國家重新結盟此一大方向裡的一次微小挫折。慢慢地，它們開始認同橫跨兩大洋的各種共同利益，而對中國的疑慮，則成了它們重新結盟的重大推力。沒錯，中國只專心於對四國對話這樣的虛幻威脅發洩怒氣，反而錯失掌握主要情勢的機會。[33]各國的雙邊安全關係正在加強：先是美國和印度，現在則是日本和印度，甚至澳洲和印度也是。新的三角安全網也在形成中：除了澳洲、美國和日本之間的對話、情報分享和複雜的軍事演習，現在又加入和印度的諮詢。四國聯盟成員國之間建立起來的其他形式的互信安全關係網，也都在遏阻中國勢力上產生相同效果。甚至，即使這四個國家的官員再也沒有在同一房間裡開過會，但這樣的趨勢還是一直持續著。

海上競逐

再回到印度洋，對付索馬利亞海盜的戰鬥，正在轉變成國家利益的競爭。澳洲知名國際關係學者蔻樂兒．貝爾（Coral Bell）博士生前最後著作之一就是二〇〇七年的一篇論文，標題為〈瓦斯科．達伽馬時代的結束〉（The end of the Vasco da Gama era），她在文中預見了各國在此海域的多方角力。她寫道：「印度洋很可能成為海上多方勢力對峙的競技臺。」[34]

隨著外國海軍武力持續進駐，印度洋海盜也跟著減少。各國艦隊在此獲得多場勝利，就像好萊塢電影《怒海劫》（*Captain Phillips*）中呈現的美國海豹部隊的救援任務那般。但是，海軍活動和海盜減少之間，並沒有明確的關聯。比較有影響的是各國改善了當地巡防和監管能力，以及私人保安公司開始受僱在商船上派駐武裝人員。[35]然而，即使原來的海盜威脅已經開始消失，外國海軍還是以此為藉口，繼續派遣艦艇進入印度洋，並且就此留下不走。打擊海盜變成從事更多戰略任務的藉口。如果說，各國海軍還需要在印度洋裡繼續注意什麼，那就是彼此相互監視了。

因為長期在中東活動，美國和其歐洲盟邦對印度洋早已經很熟悉。澳洲海軍則從一九一一年起，幾乎就沒有中斷過在當地的活動。印度更從來不會忽視自己的海洋後院。比較令人吃驚的是，東亞國家也開始對這處海域展現新的興趣與決心。從二〇〇一年以來，日本就很有創意地解釋它的「和平憲法」，開始派遣船艦進入印度洋，支援在阿富汗和其他地區由美國領導的反恐行動。目前，除了由自己的驅逐艦定期輪流執行打擊海盜任務之外，日本也開始派遣偵察機飛越此地區，最初是從吉布地的美軍基地派出，接著在二〇一〇年之後，就開始從自己的基地派出。儘管規模很小，總共只有一百八十名部隊，但這卻是日本從一九四五年以來的第一個海外軍事基地。甚至一直受到自己北方重大問題困擾的南韓，也表現出，在防衛自身的海上經濟生命線方面，它一直不敢掉以輕心。南韓對能源進口的依賴程度，甚至比中國和日本更為嚴重。二〇一一年，南韓派遣一艘驅逐艦和一支突擊隊對海盜作出致命打擊，成功救回一艘載運化學物品的貨輪，並且從二〇〇九年起，南韓就一直悄悄地在阿拉伯聯合大公國派駐一支特種部隊。[36]

中國維安艦隊新出場的規模則完全不一樣。三個月的任務期限變成永久性任務。到二〇一八年年底時，中國海軍艦隊一共輪派了三十一次，讓一百艘軍艦獲得遠航經驗，共出動二萬六千名水兵，護航了六千六百多艘商船，並且救出七十人。[37]它的印度洋巡邏行動還加入潛艦，這對打擊海盜其實效力有限，但用來收集情報、展現威懾力量和參與作戰，則十分有用。二〇一四年，中國潛艦開始在斯里蘭卡出現。[38]同一年，中國軍艦開始在印度洋的另一海域進行年度作戰演習，地點就在印度洋東北角，靠近印尼巽他海峽和澳洲本土，這引發坎培拉的報紙大篇幅報導。[39]中國已經把印度洋當作自己的家。這些活動當中，有一些受到當地國家的歡迎或甚至鼓勵。中國軍隊還和澳洲及其他國家合作，搜索失蹤的馬來西亞航空MH370班機。中國海軍並且從飽受戰火摧殘的葉門撤出中國和其他國家的僑民。但中國的安全策劃人員腦中想的並不只是這樣的警察任務而已。

回溯到二〇〇四年，美國安全分析師就已經警告，中國將採取一種新戰略，這些分析師還替它取了一個聽來色彩繽紛的名稱「一串珍珠」（string of pearls）。[40]他們提到，中國和巴基斯坦在二〇〇一年達成一項協定，根據這項很少人知道的協定，中國要在巴基斯坦興建一處深水港，地點就在阿拉伯海邊的一個名叫瓜達爾（Gwadar）的漁村的荒涼沙地上。他們宣稱，這只是中國龐大計畫中的一部分，最終目標是要在印度洋各處興建中國海軍基地，以及進出口和能源基礎建設，如此一來，就能在未來萬一和美國發生衝突時，保護中國的石油海上運輸，另外還有一個好處，就是把對手印度扼死在跟它同名的大洋裡。這項警告被很多人斥為無稽之談，因為當時對於國際事務的主流想法，就是建立在以市場為基礎的全球合作上，認為大戰不會再發生，並且呼籲全球文明國家要聯合起來對抗恐怖分子。當然了，新中國也會表現得像它公開宣稱的那樣子：在和諧世界裡和平發展，以及創造各國合作的雙贏局面。

中國剛開始執行打擊海盜任務時，它的官方立場是堅決否認有建立海外基地的任何意圖。然而，過了不久，中國一些知名的戰略專家就公開表態，認為不必再規避有關在全球各地興建軍事據點的問題。[41]不到幾年，中國就和地方當局展開談判，準備在吉布地興建重要的軍事設施，距離已經存在的法國、美國和日本基地都不遠。中國選定的地點具有極高的戰略價值，緊鄰已經由中國人管理的貨櫃港多拉雷（Doraleh），同時可以監看紅海和亞丁灣之間的曼達布海峽（Bab el-Mandeb）。雖然美國在二〇一四年阻止了俄羅斯的類似行動，但卻未能阻止中國大膽的舉動。於是，在二〇一七年，中國就在一處有加強防禦工事的地點升起紅旗，這地點可以容納約一萬名部隊。不管這些人要做什麼，肯定不只是打擊海盜而已。總之，中國已經在非洲建立了一個「第二大陸」，在這兒，它的投資、援助計畫、資源探勘、維和部署和外交活動，都正在驚人地成長，在此同時，還有一百多萬中國移民移入。[42]

在明朝時，鄭和沒有接受把部隊留駐海外的建議。新中國這次展開的則是完全不同的航程。

追隨海上絲路

這是第一次有外國領袖向印尼國會發表演說，但習近平在二〇一三年十月二日的這次演說特別引人注意，有另外的一個原因。他在演說中說，「中國和印尼隔海相望」，並且提到鄭和的歷史性航程，以及「留下了兩國人民友好交往的歷史佳話」。習近平接著宣稱：

東南亞地區自古以來就是「海上絲綢之路」的重要樞紐，中國願同東協國家加強海上合作，使用好中國政府設立的中國—東協海上合作基金，發展好海洋合作夥伴關係，共同建設二十一世紀「海上絲綢之路」。[43]

「海上絲綢之路」這個名詞突然進入中國辭典，這聽來像件大事。一個月後，習近平在哈薩克首都阿斯塔納（Astana）作了類似的宣布：「為了使我們歐亞各國經濟聯繫更加緊密、相互合作更加深入、發展空間更加廣闊，我們可以用創新的合作模式，共同建設『絲綢之路經濟帶』。」[44]把這兩次演說結合起來，很快就構成習近平個人標誌性的主動出擊，也是他要在歷史上留名國際的成就。這是一個大計畫，中國官方很快就把它定名為「一帶一路」（One Belt, One Road）。後來，中國官員決定把這個名稱改成「一帶一路倡議」（Belt and Road Initiative, BRI），這是為了反擊有些人對一帶一路的不同認知而作出的行動，但顯然太遲了。這些人認為，一帶一路就是這麼回事：這是以中國為中心的一個夢想，目的就是要同時統治陸地（一帶）和大海（一路）。[45]

很多一開始就注意習近平在雅加達和阿斯塔納演說的專家們都感到很困惑，其中包括中國自己的官員。這樣龐大的基礎建設野心，以及對鄰近國家展現善意的訊息，真的全部都是新的嗎？如果這真的主要是關於經濟合作（投資、開發援助和基礎建設），那麼，中國已經在這個方向上走了好幾年。中國已經是這些地區不斷成長中的投資者，理由很簡單：它有資金，其他國家需要有人投資。作為提供援助的大國，中國受到各國愈來愈多的尊敬，它的影響力也愈來愈大，和另外一些被公認的捐助國家（像是日本和歐洲國家）一樣。隨著中國自己的鄉村地區都已開發完成，現在它已經可以輸出基礎建設。習近平在雅加達的演說中就很正當地自誇，由中國和印尼共同建設、長達五．五公里的泗水（Surabaya）和馬都拉（Madura）之間的大橋。但中國另外一些計畫卻令人感到失望，或是引發爭議，像是沒有完工的石油和天然氣輸送管路；緬甸的一座大水壩工程因為當地居民抗議而停工；原來閃閃發亮的體育館很快就失修、荒廢。[46]

習近平取得領導權還不到一年，就冷酷地鞏固他的力量和權威。他不但沒有專注於國內問題，反而把他的名聲押注在國際野心上，讓外國觀察家大為吃驚。任何懂得自我保護的中國官僚或商界人士都知道，新領導人的話是不能違抗的。相反地，他們覺得可以好好利用新領導人的話，因為對共黨高官、省級當局和紅色資本家來說，一帶一路是增加收入的大好機會。新提出的計畫可以說成是要實現領導人的夢想。現有的成功計畫也可以重新包裝，當作是配合新倡議的工程。從港口到橋梁，從高速公路到高速鐵路，從石油輸送管線到煉油廠，從小工程到生產工廠，甚至是位於塞爾維亞的輪胎工廠，所有這些都可以被貼上中國「世紀計畫」的標籤。

一帶一路逐漸成形和加快步調。它把很多目的匯集成一個，那就是地緣經濟，也就是利用經濟來獲取國家力量和優勢。隨著中國的經濟開始變緩，就出現了維持產能，把多出來的產品出口的機會，特別是鋼鐵和水泥。中國資金可以創造出收益，或者，當接受方無法償還債務時，中國就可以透過「以股換債」的方式，取得外國資產，像是港口。這也製造出機會，讓中國可以藉機取代價值鏈（value chain）頂端的西方國家，定下生產和交易標準，讓中國生產商和交易商得以掌握長期優勢。從亞洲到非洲的各處工地有很多新的就業機會，都在向中國工人招手。另一個目標是向外投射中國軟實力：宣傳中國是大善人的形象，包括對外國的援助計畫，或是開放外國學生進入中國國內教育設施求學。但所有這些善行，全都伴隨著更艱苦和更尖銳的銳實力：對外國菁英施加影響力，透過債務、依賴和個人貪腐達到經濟操控，總有一天，這都會轉變成在出現和中國有關的外交或國防問題時，這些外國菁英或政府不是表示支持，就是保持沉默。

起初，人民解放軍一直迴避一帶一路其實跟安全有關的說法。但很快就變得不可能假裝安全跟一帶一路無關。事實上，一帶一路是沿著中國能源進口網的路線前進，尤其是橫渡大海前往非洲和中東的那一部分。這代表了中國經濟利益的擴張，而這是需要保護的，特別是在遙遠的遠方。還有，這整場大戲剛好遇上中國軍隊的快速現代化，讓中國相信，它的軍隊有能力部署到遠方。首先，中國對外大肆宣傳一帶一路之際，正好碰上中國和各國之間關係緊張，美國、印度、日本和其他國家，愈來愈公開質疑，中國到底打算如何運用它逐漸壯大的國力。一開始，一帶一路對地理位置的認定十分含糊，這更加劇了對它的不確定感，各種不同的解讀，把位置擴大到非洲、歐洲和南太平洋，甚至南美洲。中國在二〇一五年的一份文件中正式推出官方版本，把海上絲路界定為先是橫渡南海，再經由印度洋前往歐洲，另有一條支線，是從南海進入南太平洋。[47]

等到已開發世界終於注意到一帶一路的驚人強大力量時，這已經關係到所有人和所有的事情。但關於習近平的一些訊息還是被突顯出來。中國現在把它的財富和影響力，看成跟區域連結的控制是無法分割的，習近平還把自己的歷史定位及黨的合法性，連結到他在海外的擴張野心。歐洲觀察家布魯諾・瑪薩艾斯（Bruno Maçães）把一帶一路定義為，這根本就是中國想要建立世界新秩序的目標。[48]如果中國之所以轉向印太地區，是因為它要依賴海路來進口石油，那麼，現在海上絲路的基礎建設計畫，將把中國的命運和野心，更進一步和印度洋及海路沿線的土地糾纏在一起。

這更讓人注意到，在習近平開始大力宣傳一帶一路的好處之後不久，中國上下就團結起來，一致反對跟這個地區有關的其他構想，尤其剛冒出頭的印太構想。在習近平上臺前的幾年裡，中國學者曾經對他們國家的利益和外交，勇敢地表達出很多和官方不一樣的意見。例如在二〇一〇年，有些中國學者就很坦白地告訴外國學者（包括本書作者在內），他們國家在南海表現出來的新獨斷作法是錯的，並且會引起反效果。[49]某些中國學者深入研究新的印太構想，企圖理解區域秩序的改變，以及他們的國家應該如何擴張自身利益，和設法保障與本地區的國家和平共存。[50]二〇一三年六月，中共中央對外聯絡部的資深研究員趙明昊，甚至贊同「澳洲的印太亞洲構想」，他指出：

這個新構想已經讓很多中國戰略思考及規劃人員得到啟發，他們開始審視中國跨越廣大印太地區的大戰略……美國、印度、日本和其他國家正在尋求合作建立「印太秩序」……中國沒有必要被排除在這個計畫之外，它應該在這個計畫中找到一個位子，並且協助制定戰略目標和互動規範，要所有參與國家都要遵守。[51]

但過了沒多久，一帶一路成為中國官方正統說法，其他的地區秩序構想就不再受到歡迎。中國現在的官方立場是拒絕接受印太構想，說那是美國或日本的陰謀，目的是要拉攏印度，和把中國排除在這個地區構想之外，但其實，海上絲路指的是同一地區，只是名稱不同。[52]

澳洲替自己命名

趙明昊在提到印太亞洲時，已經指出：「中國策略專家密切注意澳洲的研究結果，以及其內部的討論。」[53] 澳洲再度發現，在這場地區討論中，它的聲音被放大了。

印太這個名詞，是少數幾位外國政策觀察家在二〇〇四年至二〇〇五年左右發表的。例如，加拿大海軍學者詹姆斯．玻提萊爾（James Boutilier）和紐西蘭學者彼得．柯曾斯（Peter Cozens）就用這個名詞來解釋，這地區的海上安全在過去幾十年來的演進方式。澳洲資深記者麥可．理查森（Michael Richardson）用它來描述即將在馬來西亞召開的新東亞峰會。大約就在同一時間，本書作者當時剛從駐印度外交官職位上下來，返回澳洲擔任政府的情報分析師，就是最早採用這個名詞的幾位官員之一。澳洲地區正在轉變成兩大洋系統，加上中國向南擴張和印度向東發展，在定義澳洲究竟位在世界哪個位置時，上面這些邏輯正好就是澳洲所需要的，也是明顯的證據。

一些有影響力的人士也贊同這種說法。澳洲最受尊敬的前政治領袖之一，工黨的金・比茲利（Kim Beazley）就推動一種印太觀點，這對他家鄉所在的西澳大利亞州（Western Australia）來說，尤其有意義。另一位西澳大利亞州人士，外交與國防部長史密斯，成了這種觀點的決定性人物，而他則是受到在政策上態度最強硬的彼得・法赫斯（Peter Varghese）的影響。法赫斯曾是澳洲最高情報分析機構的負責人，後來出任駐印度高級專員，接著又被任命為外貿部副部長。二〇〇九年，總理陸克文宣布一項大膽計畫，把潛艦艦隊增加一倍，包括要在印度扮演更大角色。但極度贊同此一新地區構想的，卻是他的繼任者，朱莉亞・吉拉德（Julia Gillard）總理。二〇一一年，她解除對印度出口鈾的禁令，結束了這兩個印度洋民主國家之間幾十年來的疏遠。二〇一二年，她的「亞洲世紀白皮書」確認，澳洲地區現在是全球經濟與戰略中心。白皮書中提到逐漸被接受的印太這個名稱，以及說明，澳洲經濟對中國、日本和南韓的依賴，是建立在這些國家的印度洋補給航線上。[54]二〇一三年年初，吉拉德政府則更進一步，新公布的國防白皮書裡有一張海上航線的圖畫式地圖，正式把澳洲的戰略利益區命名為印太地區。[55]

這馬上引發激烈辯論。批評者指出，如此極大化的活動區，要讓國防力量有限的澳洲單獨負責，是不切實際的。有人警告，這幅新地圖過度強調印度，把中國排除在外，同時縮減亞洲地位，支持由美國領導的海軍戰略，讓這地區的不穩定情勢更加惡化。[56]其他人則認為，這是為了幫助美國，說這是「判斷錯誤和危險」，因為它鼓勵美國把軍力擴張到兩個大洋，而不是讓它在東亞專心對抗中國。[57]卻沒有人去關心，印度洋正是中國現在介入的地方，而且這地區十分脆弱。

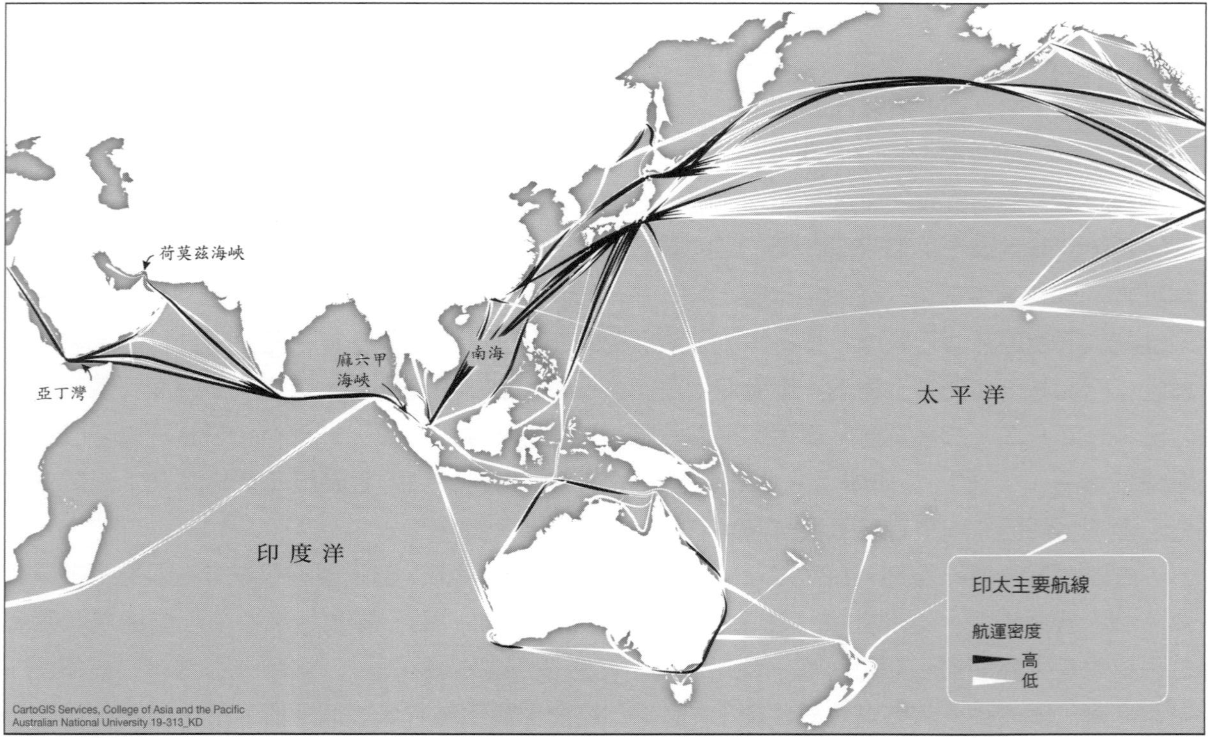

印太航線圖。

圖片來源：取材自澳洲政府在2012和2013年官方文件中刊出的地圖，特別是澳洲政府發表的《二〇一三年國防白皮書》。此圖由澳洲國立大學亞洲與太平洋學院的CartoGIS Services繪製。

不管如何，印太一詞的痕跡已經深深烙印在澳洲，成為兩黨的正統詞彙。政治領袖承認它代表了真實與獨立的澳洲。起初，影子內閣的外交部長，茱莉・畢紹普（Julie Bishop）還很笨手笨腳地企圖修補她的政敵留下來的這個詞彙：她試著替它改名為「印度洋亞太」（Indian Ocean Asia-Pacific）。但等到她後來出任外交部長後，她和後來的兩位總理，東尼・艾伯特（Tony Abbott）及麥肯・滕博爾（Malcolm Turnbull），都成了印太一詞的強烈支持者。到了二〇一七年，畢紹普、滕博爾以及新上任的外貿部副部長孫芳安（Frances Adamson），把這個構想轉變成政策。他們發表一份外交事務白皮書（獲得兩黨支持），制定出澳洲的印太政策，此政策建立在與像印度、日本和印尼這樣的國家的夥伴關係上，並用來支持和美國的聯盟關係，以及因應中國崛起所帶來的風險。[58]隨後，在二〇一九年當選的下一任總理莫里森領導的保守派政府，也維持這樣的模式。

隔海話語

其他國家正在重新規劃自己的地緣政治，交叉思考各種理念。以夏威夷為基地的美軍太平洋司令部（Pacific Command），長久以來一直把它的活動地區稱作「印度—亞洲—太平洋」（Indo-Asia-Pacific），戲稱是「從好萊塢到寶萊塢」（from Hollywood to Bollywood）。美國學者和智庫認識到，中國和美國在海上對峙，是一場新的大博弈；有人還搶先把這個新場地描述成是印太地區。[59]現在，美國領袖和官員在舊的亞太詞彙聲中，開始向外傳播這樣的理念。歐巴馬總統把他的「再平衡」和印度的「東進策略」連結在一起。[60]

二〇一三年，印尼總統蘇西洛・班邦・尤多約諾（Susilo Bambang Yudhoyono）把「印太」一詞加進國家的語言中。他的外交部長馬提・納塔萊加瓦（Marty Natalegawa）呼籲簽訂「印太友好與合作條約」，用來保護此地區的持續成長，不受大國對峙的影響。[61]這樣的不結盟運動倡議，很難被說是美國的陰謀。一年後，印尼新總統佐科威（Joko Widodo）把他的列島國家定義為是兩大洋的連結，是全球海上樞紐。

印度也在規劃自己的路線。二〇一四年，新總理莫迪宣布，印度的東望政策，現在變成東進政策，印度開始加強與東南亞國家、日本與澳洲的國防連結、貿易和外交往來。他告訴澳洲國會，充滿動力的「亞太與印度洋地區」，是「世界未來的關鍵，而澳洲就位在它的洋流匯集處」。[62]

他的前任總理辛格，已經引入印太這個名稱，而且不久之後，這就成為印度一向穩重的外交機構的標準用語。畢竟，印度分析家早就已經把新亞洲想像成是一個包含兩大洋的體系。知名的印度戰略家莫罕引用印度教神話《攪乳海》（*Samudra Manthan*），來影射中國和印度這兩大強國在海上愈來愈嚴重的競逐。[63]首席外交官希亞姆・薩蘭（Shyam Saran）認為，印度未來的安全利益已經延伸到太平洋。[64]二〇〇七年，海軍上校格普里特・庫拉納（Gurpreet Khurana）用印太一詞來描述日本和印度早期的安全連結。[65]這和他們的前輩，歷史學家潘尼迦所預言的大部分吻合。

日本和印度從彼此身上得到啟發。日本首相安倍長久以來就在想像，亞洲這兩個最大的民主國家將會連結在一起，因此在二〇〇七年，安倍向印度國會演說時，就提及充滿詩意的「兩大海合流」之處，就是日本和印度這樣的夥伴聯手推動以規則為基準的國際秩序的地方。[66]安倍在二〇一二年再度重掌政權之後，對中國的疑慮愈來愈加深，他和他的顧問，像是谷內正太郎（Yachi Shōtarō）和兼原信克（Kanehara Nobukatsu），開始把印太戰略的更多元素丟出來，並且重申加強美日聯盟、日本海軍現代化、推出高品質的基礎建設計畫，用來爭取南亞和東南亞的友邦，並且主動對印尼、越南、菲律賓、印度和澳洲展開外交攻勢。[67]二〇一六年年初，日本學者白石隆（Shiraishi Takashi）說：「日本把它的未來押注在印太地區。」[68]

不確定的時代

賭注愈來愈高了。壓力加在一九四五年以後，建立在尊重規則和不施壓基礎上的自由國際秩序上。美國的最高權威已經結束，大國競爭的局面又回來了，就如澳洲的貝爾博士所預告的。不僅中國，連更強勢的俄羅斯，也在展現它的威權主義和修正主義色彩。中斷和破壞現有秩序，犧牲別人來獲取自己的國家利益，這些並不是正常的強權大國行為造成的副作用，而是中心戰略目標。美國的領導能力和信用遭到質疑，主要原因是敵人對手主動出擊，但華府卻優柔寡斷。在南海，美國早已經失去機會，沒能阻止中國在黃岩島（Scarborough Shoal）壓迫菲律賓。[69]二〇一三年，歐巴馬對敘利亞定下「紅線」，警告喪心病狂的阿塞德（Assad）政權如果使用化學武器對付自己的百姓，美國將以武力回應，但歐巴馬很快又退縮了，這讓中國和俄羅斯變得更加大膽。接著，俄羅斯入侵烏克蘭，加上中國升高在南海的魯莽行動，包括和經過的美國軍艦發生對峙。中國和俄羅斯的作法，讓人產生這兩國在戰略上相互協調的感覺，習近平和俄羅斯總統佛拉迪米爾．普丁（Vladimir Putin）兩人還炫耀地舉行會談，讓人擔心，未來可能出現跨歐亞地區的聯盟。但不管如何，美國卻不能專心因應強權大國的競爭，因為就在歐巴馬於二〇一四年暗示就要結束「漫長的戰爭季節」（long season of war）之際，中東的恐怖威脅已經蛻變成揮舞黑色大旗的「伊斯蘭國」（Islamic State）。[70]

至少在東亞，日本的持續挑戰和美國的支持，使得中國只好重新思考。決心和威懾是有效的，中國因此把眼光投向了南方。二〇一四年年初，中國在越南外海部署一座浮動油井，用來開採石油。不過遭到了阻撓。中國的戰略因而改變，從風險很高的對峙變成被動入侵，結果證明很有效。[71]中國開始在南海興建人工島，就是在海中的岩石和礁石上「回收」土地，這是會破壞環境的大規模工程。習近平向歐巴馬保證，中國不會把這些人工島「軍事化」。但人造衛星拍攝到的畫面拆穿了謊言：人工島上有飛機跑道、飛機棚、飛彈陣地。中國是在製造軍事化人工島的群島，這等於是不會沉沒的航空母艦，可以用來控制有爭議的整個區域。風險的負擔因此轉移了。現在，當美國或澳洲這些國家的飛機或船隻，飛越或航行到這些「島礁」附近時，即使它們的飛行和航行是符合國際領空與公海的自由通行權，中國還是會指控它們侵犯領空或領海。

美國和本地區較小的國家舉行區域會議，抗議這樣的恫嚇舉動，但沒有什麼效果。菲律賓對法律很有信心，在二〇一三年向荷蘭海牙的常設仲裁法院提出仲裁，要求否定中國對南海的控制及權利。一直到二〇一六年七月，常設仲裁法院的南海仲裁案仲裁庭終於作出裁決，認定中國主張的九段線「無效」，並否定其對南海的歷史權利。但中國拒絕接受這項裁決，它在制定自己的法律。不久，菲律賓選出新政府，民粹主義的羅德里戈·杜特蒂（Rodrigo Duterte）總統決定忽視辛苦得到的國際仲裁的勝利，轉而向中國示好，破壞了東南亞國家團結的希望。

更多暴風雨的烏雲正在凝聚當中。在俄羅斯干預美國大選的各種報導聲中，川普終於在二〇一六年十一月當選美國總統。川普沒有國際政策的經驗，還有過蔑視美國友邦的紀錄，也不承諾會支持以規則為基準的國際秩序，或是美國在海外的領導地位。他還廢棄「跨太平洋夥伴協定」，這是歐巴馬亞洲再平衡政策中的自由貿易支柱。是中等實力國家必須站出來的時候了。

印太風潮

肯亞距東京很遠，但卻是用來訴說一個戰略理念起源很合適的地方。二〇一六年八月，日本首相安倍前往肯亞首都奈洛比（Nairobi）召開非洲開發會議，他在會中談到兩個大洋和兩個大陸：

> 當你經由亞洲大海和印度洋來到奈洛比時，你就會十分了解，把亞洲和非洲連結起來

的，就是海上航路……日本承擔著這樣的責任：要把太平洋和印度洋，以及亞洲和非洲，匯合成為一個重視自由、法治和市場經濟的地方，並且一定要成功。[72]

他並且揭示了日本的「自由開放印太」戰略。此一戰略把大海的整合和經濟與社會開發連結起來。這是直接宣示民主價值，中國兩字沒必要在安倍的演說中出現。東京已經把亞太地區的競逐，一路直接拉到非洲。這不是安倍一個人的立場；安倍和印度總理莫迪正在加速他們的印太夥伴關係，在川普勝利當選的那一週，就在他們的火車之旅後，他們就要一起宣布這樣的夥伴關係。印度正在強化反對中國一帶一路的立場，先是拒絕參加二〇一七年的一帶一路大高峰會，並且宣布，如果印度將來要接受中國任何的基礎建設計畫，那麼，中國一定要滿足印度提出的這些明確條件：支持環境永續，保持金融公正，良善治理國家。

隨著川普的到來，全球不確定變成不穩定。政治極化、政策停頓，以及以自殘方式縮減美國的影響力。美國主導的國際秩序的反對者，高興得尋求保住這樣的意外收穫。川普對朝鮮半島對峙情勢的立場反覆無常，讓人先是擔心會引發衝突，接著擔心美國是不是會作出讓步。不管後來結果如何，美國的盟友們全都十分焦慮。他們都在苦苦思索，他們這個「中等國家聯盟」必須要獨力支撐多久的國際秩序，才能等到美國這波熱病過去。[73]

但是，不但沒有消極地聽天由命，反而有一股新的行動力注入美國盟邦的外交活動中，特別是澳洲和日本。他們的口號是「不要驚慌，不要鬆懈」。在貿易方面，安倍和滕博爾極力搶救「跨太平洋夥伴協定」，讓美國有一天還可以加入。在安全方面，東京和坎培拉透過美國體系積極遊說，提醒美國要注意它在亞洲的公正性，以及，如果削弱了已經帶來和平與繁榮的這個秩序，將會帶來危險。三國外交網絡開始發揮作用，東京、德里和坎培拉彼此之間不斷開會商討，各國還把自己的建議傳達給華府，然後再交叉支援這些建議。這樣的運作模式既是各自獨立，但又同時連結在一起，在中國強大力量和美國的難以預測之間，兩邊下注。這樣的想法，顯示澳洲在二〇一七年十一月發表的外交白皮書裡，強調民主國家更要加強合作，來達成「符合我們利益的印太平衡」。[74]

美國也並沒有完全令人失望。二〇一七年十一月，四方會談終於再度召開，這一次是討論更大範圍的戰略問題，明顯是指中國，以及所有與會四國這次都下定決心，他們之間的諮詢，一定要堅持下去。接著，在以亞洲為中心的年度高峰會季節裡，APEC和東亞峰會相繼召開，在這期間，美國以很華麗虛飾的語言呼籲建立一個「自由開放印太」，這正是安倍在非洲首先提出的。美國是在支持日本的計畫，還是只把同樣的標籤貼在自己的計畫上？不管如何，至少安倍已經證明，他終於成功說服美國，把白宮那位難搞的住戶，帶向比較可以被美國友人及他們的外交政策機構所接受的世界觀。全世界的新聞媒體第一次注意到印太這個名稱，並且開始猜測它的含意，有人假定，這就是要提升印度的地位，並把中國趕出去。[75]

這時，川普開始推動一項議程，表明他會尊重規則、包容和盟友，但是他的實際行動卻令人無法信服。他在越南峴港（Da Nang）舉行的APEC會議上發表演說，但很尷尬的是，他的演說透露出貿易保護的情緒，並且喊出他在美國國內發明的口號，「美國優先」。但與會國家的共同立場則是強調主權。因此，川普說，美國認為，這個地區是「這樣的一個地方：住著很多主權與獨立的國家，雖然有著多樣文化和很多不同的夢想，但全都可以肩並肩繁榮起來，在自由與和平中茁壯成長」。[76]

然而各方反應不一，包括有人懷疑，川普領導下的美國是否真心要和中國競爭影響力，或者，是不是夠聰明，能夠建設性地進行這些行動。盟國則感到鼓舞，即使只是輕微的。對於川普，他們已經把期待值降得很低。一個月後，美國發表一篇國家安全戰略報告，用威脅性的語氣描述中國和俄羅斯，並且把在印太地區的「自由與壓迫版本的世界秩序之間的地緣政治競爭」，列為最高優先。[77]美國現在已經在口頭上接受印太地區的構想，但陪審團已經等在一旁，要看美國是不是真的能夠在國防、經濟和外交上說到做到。分析家警告，川普政府提出的只是一種「構想性的口號」，而不是一種戰略。[78]在一次「印太商業論壇」（Indo-Pacific Business Forum）會議上，美國國務卿麥克．蓬佩奧（Mike Pompeo）稱讚過去幾十年在亞洲的美國商業基本投資，接著宣布要提供令人感到難為情的微薄資金來支持新科技夥伴關係。這種轉變真的令人覺得很不舒服：現在，美國變得在口頭上保證更多，但給出的卻反而更少。

其他國家則不把所有希望都放在美國身上。印尼呼籲它的東南亞同伴國家們，如果它們想要保留它們之前在東協的中心地位，就必須設法控制剛剛冒出來的這個印太地區構想。[79]到了二〇一九年年中，東南亞各國已經同意接受一份「印太地區展望」文件。該文件把它們的共同利益定義在，尊重兩大洋區域定下的規則、主權和不進行任何威迫行為，同時對於美國和中國的敵對狀態可能帶來的危險提出警告，它們認為兩邊都有危險。

在此一年以前，中國外長王毅曾經公開嘲笑印太只是「想要引人注目的構想」，也許是因為他認為這會破壞其他國家對一帶一路的支持。[80]然而，這並沒有阻止法國總統馬克宏在澳洲雪梨港海軍基地的演說中，稱讚印太構想是「正在實現中的地緣戰略現實」，並且是打擊霸權主義的新戰力平衡的基礎；他甚至建議成立新的「巴黎—德里—坎培拉」軸心。[81]二〇一八年，在新加坡舉行的國際安全高峰會「香格里拉對話」（Shangri-La Dialogue）裡，幾乎所有的演說都會提到印太，打前鋒的就是印度總理莫迪的主題演說。有些時事評論者激動得幾乎喘不過氣地宣示，這個地區的外交新時代已經來臨。[82]

但這也許多少有點太早了：印太狂熱還沒有被舉世接受。有些政府仍然不願意接受。紐西蘭雖然已經逐漸接受，但採取了一種很微妙的政策，在有印度參加的論壇裡就提到印太地區，但在其他場合裡則是堅持提到亞太，或只是太平洋。[83]即使他們的政府正在擴大政策視野，某些外國政策菁英仍然覺得，印太這名稱太過模糊，無法成為構想。[84]美國和日本提到「自由開放」，其他國家，像澳洲、印度和印尼則很有創意地夾雜使用各種形容詞：自由、公平、開放、包容、透明等。在亞洲，外交用語真的正在改變中。

不管川普有多麼善變，美國外交政策對中國一直維持著明確的立場：取得兩黨的一致支持，並且十分強硬。很快地，盟國們發現，它們其實是希望美國在對抗中國時，能夠溫和一點，而不是鼓勵它更強硬。輿論開始轉向全面性的戰略競爭，經濟「脫鉤」，科技對抗，甚至有人提到新冷戰。

中國的網路滲透和盜取智慧財產，意外把美國人從溫和的鴿子轉變成強硬的老鷹。商界、科技業、國務院和民主黨現在全都站出來，加入共和黨、五角大廈、情報機構和人權組織的行列，把習近平的一黨專政威權國家看作是危險的殘酷來源。擔心中國共產黨的政治干預和影響力，已經在澳洲引起愈來愈多的關注。現在還擴散到美國及以外地區。[85]美國副總統彭斯指控一帶一路是「債務外交」，並且宣稱，美國將組成「一個更堅強的新聯盟，對象是和我們有共同價值觀的所有國家，範圍就是從印度到薩摩亞的整個地區」。[86]二〇一九年六月，五角大廈發表一篇印太戰略報告，證實印太地區就是美國軍隊的優先戰場。美國定出計畫，要結合多種力量元素，包括軍隊、外交、政治和地緣經濟，用來支持由盟國和夥伴組成的網絡，和「修正主義」中國的「壓制」版本對抗。[87]這是附加在美國國會的一次投票表決之上，而這次表決則是要通過一項法案，支持用國防經費在印太地區全區對抗中國的挑戰。[88]

在經過不穩定的開始之後，日本和澳洲終於聯手，保證要進行像電力和海底電纜這樣的基礎建設投資，以對抗中國對一些小國家的地緣經濟影響力。尤其在南太平洋更是如此，因為這兒不再是戰略荒地，而是一帶一路的延伸，另外還加上有傳言說中國可能在這兒建立軍事基地。[89]

只不過經過了十年，大國敵對新時代的出現，已經大大破壞了以前的種種樂觀期待，像是全球化、中國和平崛起、成立千艦海軍，以及大國衝突不再出現。印太地區已經成為全球重心，不只是財富或人口重心，也是軍事力量和潛伏衝突的中心地帶。對抗勝過合作。從亞丁灣到巴布亞紐幾內亞，已經設下平臺，準備展開一場大賽局，有著很多層級和很多參賽者的大賽局。

現　在

PRESENT

圖片出處：Thomas Mitchell, Journal of an Expedition into the Interior of Tropical Australia in Search of a Route from Sydney to the Gulf of Carpentaria, Longman, Brown, Green and Longmans, London, 1848

05

chapter

賽局與巨人

印太地區當代的大國競逐情況，一直被人聯想到「大博弈」，這指的是十九世紀期間，帝國在印度和中亞邊境的競爭。[1] 這是會喚起人們回憶的回響。英國當時的目標，就是要阻止對手俄國取得前往印度洋和波斯灣的通道。現代的情況跟那時候相似，只是把俄國和英國換成中國和它的幾個潛在對手，像是美國、印度和日本，以及把高山換成海洋。英國作家魯德亞德・吉卜林（Rudyard Kipling）在他的經典名著《基姆》（*Kim*）中描述，這場大博弈「日日夜夜，從不停息」；它的規模如此巨大，以致於「一個人一次只能看到很小的部分」，小說情節都是關於地位、謠言、捕風捉影、間諜、商人、有影響力的密探和地方代理人，更有很大部分是關於軍隊和赤裸裸的權力鬥爭。[2] 強權大國追求的是取得優勢，而不是直接對抗。它們想要的是不戰而勝。

權力賽局

這種博弈的比喻，在今天的印太地區可以更進一步使用。由於中國、美國和其他國家，已經建立了基地和夥伴關係網，同時還有能力穿越本地區各處的戰略點，所以顯而易見的比喻就是西洋棋棋盤。正確的資產放在正確的地點，就可以發揮某種效果：情報、威懾、磨擦和決定性的傷害。更接近這比喻的，則是古代亞洲的一種戰略棋戲，圍棋。[3]圍棋起源於中國，後來傳到韓國與日本，並且精進成現代模樣。這種源自亞洲的棋局會表現出流動性和不明確性，很像海戰布局。這種棋戲的戰略多於戰術，冗長的包抄多過決定性的突然出擊或是突出奇兵。棋局進行中，有著無盡的佯攻和耐心防守，必須進行眼光長遠的觀察，因為勝利和落敗的徵兆是會騙人的，雖然看來都一樣，但是必須要到最後一刻，才能分出勝負。勝利要靠鎮定，棋手必須不斷在落下一個棋子前苦苦思考，否則這個棋子一落下去，不是包抄成功而獲勝，就是因為過度擴張而落敗。

逐漸在印太地區成形的強國競逐，同時包含了以上所有這三種棋戲：大博弈、西洋棋和圍棋，並且加進了更複雜的層面。這場賽局有很多層面：軍事力量，這是確定的，但另外還有經濟、財富、貿易、投資和基礎建設。[4]科技則占據新的指揮高度。外交和情報有它們需要扮演的角色，但宣傳和政治干預也不可輕視，從某些方面來說，這些其實就是戰鬥。

增加困擾的是，這是一場有著很多主要參與者的博弈。這不是中國對抗美國的簡單競逐，甚至也不是中國和它假定的朋友（像是俄羅斯）對抗美國領導的民主國家聯盟。多極化，也就是多面向的動力，這就是這個地區演化的特色，包括那兒存在著很多有潛力的國家，它們可能結盟成一個團體，大家團結起來阻止單一強權欺壓其他國家。不管你用哪一種方式來評量它們（人口、經濟、軍事、科技、地理、外交），很多國家都有代理人。未來將不會由中國規劃，或者也不會由美國來決定，不管是單獨一國，或是大家一起來，也都不行。相反地，這必須由很多國家作出的選擇來決定。

接下來的兩章要調查這種有著很多主要參與者的大博弈。我們將深入檢驗六個國家。其中，有三個國家已經被認定將會是未來的巨人：中國、印度和美國。它們的動作將會造成全球回響。第四個國家，日本，雖然目前還在對抗國內相當程度的衰退，但仍然是一個很有潛力的國家，擁有全球最大經濟體之一的地位。對於什麼才是「重要國家」或是「大國」，大家一直辯論不休，寬鬆一點來說，這指的是擁有全球利益和影響力的國家，而且不僅能夠保護自己，還可強迫其他國家。美國和中國無疑排名最前面。但至少在印太地區裡，印度和日本也很重要，也許最好把它們歸類為是介乎大國和中等實力國家之間的國家，印度擁有人口、經濟成長和軍事（包括核子）實力；日本擁有相當大的經濟規模，戰力堅強的軍隊，以及能夠利用有限資源創造良好效果的「典型智慧能力」。[5]

在一個世代之內，到二〇四〇年代時，除了這四個國家之外，也許還會再加進第五個國家：印尼。這些國家將會是世界上最重要國家當中的五個，全都位在世界關鍵地區裡。另外還有值得仔細檢驗的第六個國家，澳洲，不僅是因為它擁有印太地區核心的地理位置，或是它在塑造這個地區的方向時扮演積極角色，也是因為它具有領頭羊的地位，是另外四個中等國家的模範。這些中等國家需要動員它們所有的智慧和資源，來引導被大國競逐所操縱的這個地區。

國家不是撞球

當然，這種博弈比喻有其限制。這會使人不愉快的把國家之間的關係降低到只是一場博弈，而沒有考慮到國家之間的關係，還含有人類生存與福祉的意義。而且，國際情勢也不完全只關係到戰勝或戰敗而已。勝利或失敗，都是逐漸形成的，而某一領域的成功，像是龐大的貿易量，或是不知變通地保護主權，反而有可能在另一領域裡產生反效果。

在談到當代世界事務時，像競爭、爭奪、衝撞、對抗和衝突這些字眼，有時候可以相互交換使用。但精準用法則是必須的。為什麼國家之間的互動會朝著某個方向演變，而不是另一個方向？驅使它們這樣作的動機是什麼：生存和其他重要利益，或是某些比較可以磋商的東西？大國願意冒多大的危險來維持敵對狀態，或是小國願意作出多大程度的反抗？國與國可以在某個層面上相互競爭，但卻在另一層面裡合作嗎？外交斡旋又是怎麼促成這種局面的？以上這些問題的答案，就是在理解國家之間任何關係的互動時，不可或缺的。當然，另外還要考慮到印太地區複雜與涉及很多層面的權力賽局。終極來說，這兒所描述的，是比博弈更複雜的多層面謎題。

學術分析只能幫助我們到這兒。在二十世紀國際關係領域裡，有一個大家熟知的遵循道路，就是所謂的現實主義理論。這完全關係到相對權力。國際事務可以解釋成是一種無政府狀態，即使各國之間的歧見已經化解，但還是沒有真正獲得授權的仲裁者。權力裡面包含了安全與生存，因此，所有國家都尋求把自身的權力擴張到最大。終極獎品就是取得「第一」或是「至高無上」的地位，也就是全球或地區權勢等級的最高位置。但是，當某個國家變得比其他國家強大時，弱小國家的不安全感就會上升，競爭也會跟著變得更激烈，對抗的動機也隨著成長，在這種情況下，其中一國不是退讓，就是被打敗；不管是哪一種結果，權力的階級結構都將改變。而最明確的形式，像是「攻勢現實主義」（offensive realism），則認為戰爭很難避免，這是悲劇，是自從古希臘歷史學家修昔底德（Thucydides）敘述了西元前五世紀斯巴達和雅典之間那場終極戰爭之後，人類歷史上一再重演的悲劇。[6]有人爭辯說，這些國家只是想保護自己，但這仍然會引起別的國家的恐懼和起而反抗。相關理論把大國定義為是修正主義者，它們的最大利益就是改變現有的秩序，也就是改變現狀。弱小國家最後必須選擇是要投靠某個正在逐漸壯大的大國（西瓜效應），或是起來對抗，這就是為什麼有些聯盟會成立或解散的原因。這雖然令人覺得沮喪，但保證很乾淨俐落。

在現實主義宇宙裡，規則、法律、規範、國際機構和全球共同利益，到最後都變得無關緊要。忘了我們自然界更好的保護天使吧；繁榮只會加劇國家之間零和的競賽，而不是很多經濟學家預測的雙贏樂園。這當然是在諷刺某些有關於國家如何表現的重要理論。每一種理論都有它的優點和解釋文獻。另外還有其他理論，像是建構主義（constructivism），這種理論強調社會習慣、認同感，以及創造國家行為的歷史。[7]

但是它們自己承認，國際關係理論和現實的連結十分有限。沒錯，國家的行動都跟它們的利益和權力有關係，但必須承認的是，每一個國家對自己利益和權力的看法，可能有很大的不同。所有國家也許都有安全利益，但這究竟代表什麼意義？大國難道還必須追求「第一」，或是「自我保護」就夠了嗎？萬一它們看待「第一」的方式並不一樣呢？

在談到權力時，這些理論經常作出含糊又多變的定義。什麼是權力，是關於人口、領土、自然資源、經濟、軍隊、科技嗎？或者是關於領導、文化、組織、決心、動員、靈活、外交、情報、吸引盟友的能力，或是一些不是很實質的、只有在被使用後才能估計出來的影響力嗎？[8]蘇聯看來似乎很強大，但等到有一天它瓦解了，就什麼也不是了。權力難道是指大國強迫其他國家去做某些事情，或是指能夠抵抗這樣的壓力，或是兩種都是？[9]專門術語會提到權力的各種變化，有硬的（軍事）、軟的（文化）、尖銳的（高壓或祕密滲透）和聰明的（有效運用小國擁有的任何資源）。光是簡單根據ＧＤＰ或軍事支出來判斷某個國家的權力，很多都無法解釋，為什麼資源少上好幾倍的國家，竟然能夠打敗看來似乎很強大的國家，或者事實上，人口很多的國家反而需要花很多錢在生產或保護上。所以，如果是從國內生產「淨額」而不是從國內生產「毛額」來評估國力，那麼，中國和印度還是很衰弱，而美國（以及其他已經開發很久的國家）則比大多數人想像的更要強大。[10]

不管怎樣，在真實世界裡，沒有一個政府會想要純粹用抽象方式來理解它和其他國家的互動。這就是為什麼它們會有外交人員和情報機構。他們的工作，就是精確了解每一個國家的不同之處，注意邊界以外的地方，以及其他國家內部情況，觀察各國政治制度與社會，以及民族性和機能障礙，注意對方文化、意識型態和歷史，觀察其地理論述，看看在能源和資源的流動線上，有特別依賴哪幾個不同的地方，觀察其對人性、理念和價值觀，有什麼截然不同的態度。

領導人物會作出改變。政策很重要，出其不意、主動和難以預測，都是他們自己的優勢。當然，這難免會出錯和發生意外。國家大小並不完全重要，小和中等國力的國家也有代理人。國家並不是撞球檯上的球，不會透過不變的物理作用，對撞擊作出一成不變的反應。[11]價值觀、國家認同和國內政治，會影響他們作出選擇。悲劇起源於古代雅典的一種藝術形式，它會喚起人們的智慧，警告人們不要重複犯錯，而不是厄運的預言。[12]優雅的理論被精巧地用來解釋之前時代的世界事務，肯定會導致持續不斷地再度測試現代的事實與改變中的情況，像是科技新趨勢、連結性、相互依賴程度，甚至每一個國家的獨特個性。現實主義認為，國際體系的本質會決定，到底是戰爭或和平會獲勝。這需要和其他方法進行調節。外交與威懾結合起來，將可以強化共存的力道，削弱衝突和創造合作實驗的空間，如果是在正確的情況下，這樣的空間將會加大。甚至如果想要有機會來制定正確的政策，政府必須澈底了解他們的對手或夥伴，從內部去了解其他國家。

當然，各國之間會有一些共同點。可以很公平地假設，所有國家都在尋求某些共享的繁榮、和平、安全與主權。但它們在尋求所有這些東西時，也許並不全都是採用同樣的手段和付出相同的代價。各國在定義自己的利益和兼容性，或是在定義它們和其他國家的利益時，就會產生真正的不同之處。目前時代的複雜性，包括各種問題和各國之間都息息相關，也許也會讓挑戰惡化，以致於造成各國的利益並不完全一致。有時候，外交政策造成的悲劇，並不是因為一個國家的很多利益在國外和別的國家造成衝突，而是因為這些利益在自己國內彼此發生衝突。如果一個國家維護和平的利益，和它保護主權的利益相互牴觸，或者，當外國來的投資造成國內短期繁榮，但也同時對它的安全帶來長期危險，那麼會發生什麼樣的後果呢？

下面兩章將會打開一扇窗，讓我們看到，在印太地區上演的一場爭奪權力與影響力的新的大博弈的各個主要參與者，他們都是什麼人，以及他們到底想要什麼？大家爭奪的國家利益有哪些？那些利益會匯合起來，或是彼此相互衝突？為什麼某些國家會作出那樣的舉動？他們到底是不是跟大家在同一場博弈裡？我們如何解讀已經在賽局中出現的種種緊急狀況，是什麼把繁榮、安全、政治和尊嚴全部混和在一起？簡而言之，在這個全球關鍵地區裡，是什麼樣的誘因帶來改變和風險？只有一一看清楚各國的真正動機，我們才有機會預測出衝突的輪廓，以及達成持久和平的機會。

有很好的理由從中國談起。這不僅是因為國家規模大小的關係，也是因為事實上，其他國家的很多行動，都是在回應中國的動作。除非先檢驗中國到底在追求什麼，以及為什麼它們會這樣作，否則，對這個地區前途的任何指引都沒有意義。

中國

中華人民共和國是印太地區一個大國。它的利益和活動橫跨兩大洋，影響到所有其他國家。它採取一種跨全區戰略，動用所有可操縱的力量，從軍事、經濟到政治。但是，為什麼呢？答案有兩個基礎：中國廣大的土地（上天給的），以及它的威權主義政治和對外野心（自己的選擇）緊密結合在一起。

中國領導人首先會說，他們的國家不一樣。談到國家大小：十四多億人口，歷史上人口最多的國家，盤據在廣大的大陸土地上。這給了中國巨大的經濟和戰略實力，但也帶來開發和維持社會秩序的龐大挑戰，而這只有印度可以相比。這樣的挑戰要求單一政府多少要滿足如此多人口的需求和渴望。這是歷史上有關於期望管理的最大實驗。

中國的經濟無疑是世界上最大的兩個經濟體之一，只有美國能夠和它相抗衡。以購買力平價（根據各國不同的價格水準計算出來的貨幣之間的等值係數）來看，中國已經是全世界最大的經濟體。以更傳統的貨幣匯率來評量，中國是世界第二大。中國會不會趕上美國，或是什麼時候會趕上，多位專家的預測彼此卻有很大的不同。[13]畢竟，中國已經從一〇％驚人的年經濟成長率大幅度滑落，並且為了達成可觀的成長而付出很高代價，因此，「代價愈來愈高，成長卻緩慢下來」。[14]由於中國數據的可靠度一直被世人高度懷疑，所以，它的成長也許並不如它對外宣稱的：現在到底是六％，還是五％，或是四％？沒有人確切知道。[15]但即使中國明天就停止成長，它仍然是一頭經濟巨獸。而那樣的財富已經變得十分依賴國際貿易與投資制度。這涉及到商業和基礎建設，包括能源和資源的移動路線，這些路線涵蓋陸地以及海路。

雖然它已經加入今天這個全球經濟大家族，但在談到文化和歷史時，中國就會認為它自己是單獨存在的：是一個五千年的文明，覺得自己就是世界中心，這可從它的國名看出來，「中國」，意思是中央國家，中央帝國。中國的歷史並不像今天的官方看法那般一致和統一。它的邊界隨著每一朝代的更替而被迫改變。像西藏、新疆和臺灣這些地區，都是被中國帝國臨時併入的，而且是在歷史上距現代相當近的時間點才併入。[16]中國有時候也接受外來或少數民族的影響和統治，例如蒙古人和滿族。中國曾經有過公民自由的經驗和時期，但沒有繼續往那條路走下去。[17]臺灣走的是另一條路，綜合了民主權益和繁榮，這被視為是一種暗示，暗示中國本來也會這樣子，就是因為這個原因，北京政權才會反覆灌輸「重新統一」的教條，最終還要把讓臺灣（以及香港）變得如此不一樣的民主自由消滅掉。

不過，現代中國還是投射出獨特民族性的龐大感覺。甚至本來源自西方並在全球進化後，在中國落地生根的社會主義現象，也經過官方改造，並給它冠上「中國特色」這樣的形容詞。儘管中國宣稱全國民族大團結，國內各民族（像是信奉佛教的西藏少數民族，和信奉伊斯蘭教的土耳其語系的維吾爾族）都已經達成共識，和諧共存。但中國絕大部分還是漢族社會和文化，九〇%的人口都是漢族。儘管表面上呈現的是多彩多姿的多元文化，像是在全國性集會上穿上各種民族服飾亮相，但漢文化還是被廣泛或強迫性宣傳成是唯一的中國文化，這可從中國對維吾爾族的宗教和傳統的壓迫上顯示出來。一位前中國共產黨宣傳官員說，想要成為今天的中國民族主義者，就是要先「成為實質的漢族至上主義者」。[18]

這種由多數民族文化統治的局面，是由一個愈來愈走向極權主義的一黨專政的威權國家來執行。掌控所有領域的人民生活的這股力量，最終全部集中在中國共產黨手中，這是全世界最大的組織，有著大約八千九百萬名黨員，並且全部發誓要把黨擺在第一。即使當這樣的控制稍微放鬆之後，黨還是被擺在第一。例如，在一九七〇年代結束後開始的「改革開放時代」裡，中國人民獲准可以自由追求財富和物質享受，形成所謂的中國特色。結果，最後所有權力還是集中在黨的手上，甚至軍方的人民解放軍，最終任務還是服從與保衛黨，而不是國家。以最高領導人習近平的話來說：黨在全國各地所有努力的領域上行使全面領導。[19]

中國老百姓經歷過很多歷史悲劇，包括集體苦難、流離失所、羞辱、壓迫和動亂，這都是外國強權和中國自己那些權欲薰心的統治者帶來的。在這樣的可怕背景之下，今天的共黨領導人保證要實現「中國夢」和「民族復興」。誠如二〇一七年習近平在一次長達三個半小時的演說中提及的，這包含了安全、社會和諧、物質繁榮，不僅要讓國家感到驕傲，更要感到偉大。[20] 這樣的偉大方式，有時候說得很清楚，但有時候只是簡單暗示，這顯示出兩方面之間存在的緊張關係，一方面是想要實現舉世讚同的目標，像是教育、衛生、科技創新和環境永續發展等，另一方面則是對政治控制的迷戀。根據官方說詞，對中國有益的，也將有益於世界。但這只有黨能夠做到。這好像是一種交易。中國人民已經用政治自由和民主選擇來交換另外這些好處，或者，至少交換他們當時所能夠找到的任何東西。

但什麼是終極優先？黨掌握權力是為了提高人民生活水準，或者提高人民生活水準是為了讓黨掌控權力？[21]這種循環邏輯扭曲了中國的外交政策，讓它變得不穩定。

從一九四九年內戰結束到毛澤東去世，在革命熱情、恫嚇、意識型態和安全，加上基本的國家、物質和人文建設（像是文盲減少和人民平均壽命增加）這些因素結合之下，中國內部還算安定，除了在一些不安定的時期裡（最明顯的就是文化大革命），恐懼情緒就會控制一切。在改革開放時期，口頭約定的合約變得更讓人感到愉快，這跟經濟利益有關：在經歷幾十年殘酷的極端貧窮之後，現在終於有機會建立更好的物質生活水準，同時還增加了人性尊嚴。光是這一點，就足以讓人民相信，服從和社會和諧，是可以帶來利益的。但是，一九八〇年代的經濟成長，也提高了人民對自由的期望。但在一九八九年六月四日，人民解放軍的戰車和槍砲卻摧毀了這樣的期望。財富或是恐懼二選一，或是兩者合而為一，都已經不再能夠保證黨可以牢牢掌控一切。壓倒性的強行灌輸民族主義，變成中共政權合法性的新來源。對中國歷史進行新的「宏大敘事」，以及加強「愛國教育」的指令，由上向下傳達，開始教化新的世代。[22]經過很多年的相互容忍，這種敘事方式，再度把日本、美國和西方國家妖魔化。它培養出一種民粹民族主義，但這也帶來可能突破黨的掌控的風險。[23]

從一九九〇年代開始，經濟繁榮和愛國主義這兩大支柱，一直支撐著這個一黨專政的國家。如果其中一根支柱倒了，所有支撐力道就會完全落在剩下來的這一根。毫無疑問，中國人民的進取心和努力，已經帶來歷史性的成就：從一九七九年起，幾億人已經獲得更富裕、更健康和更幸福的生活。這不是政權給的禮物。取消了更怪異和會產生不良後果的集體化控制以及中央規劃，並且放鬆三十年來的恐怖統治，在鄧小平領導下，中國共產黨「解放了中國人民被抑制的經濟能量」，他們終於能夠把經濟利益帶給自己。[24]透過由公共秩序和國家資本主義手段，中共政權才能讓這樣的經濟繁榮得以實現，就如它在一九七九年之前一直在阻止這種繁榮情況發生。如此一來，如果人民的物質利益減少，黨就會擔心它執政的合法性。因此，隨著經濟成長變緩，黨對統治合法性和民族主義的宣傳就會更進一步加強，這並不是巧合。鬥爭永不中斷的偏執思想會一再灌輸進人民腦中，並且歪曲很多政策領域。

這會把中共政權的命運和它在海外的行動與命運連結起來。這也許會被證明是一種危險的連結，而且不僅適用於中國。

很多年來，外國分析家一直根據中國領導人說過的話來分析，他們認定，中國外交與國防的最高優先目標，就是確保穩定的國際環境，如此就能夠讓自己國內的經濟順利成長與發展。[25]畢竟，中國宣稱，它從來沒有侵略過其他國家，但這是有爭論的，因為要看你對侵略和國家的定義是什麼。總之，當中國正在崛起時，說北京沒有興趣向外擴張勢力，這也許是真的，但現在，是它認為它自己正在崛起，這種說法就沒有那麼可信了。[26]二〇一七年，習近平向人大演說時，說中國是偉大或強大國家，就說了二十六次。前領導人鄧小平對中國外交政策最有名的指示，就是「韜光養晦」，意思是說「隱藏才能，不外露，耐心等待，不要急躁」，但是他的指示已經被丟到腦後。[27]

在一個政府內部，有一股民族主義情緒想要強行擾亂區域秩序，但卻和一直想要維持一些利益的殘存經濟需求發生衝突，會產生什麼結果？過去十年當中，中國領導人已經選擇在東海挑戰日本，在南海和越南與菲律賓對抗，在有爭議的邊界地區和印度爆發衝突，在全球舞臺槓上美國，從西太平洋一直鬧到太空。和臺灣的歧見最終將會和平消失的希望，已經愈來愈渺茫。在香港、西藏和新疆內部，緊張情勢和鎮壓已經惡化，國際的關切程度也愈來愈升高。在國外表現得太過自信，以及有時候太過魯莽行動，但在同時，國內卻巧合地出現不穩定情勢，加強威權統治，監視和懲罰異議人士，這種極端程度的控制，現在被稱作為「網絡極權主義」（networked totalitarianism），在其中「政治控制是所有事物的中心」。[28]

很多一度發言支持與中國交往的人士，現在已經重新考慮，並且爭辯說，改變的是中國，不是他們。一些知名的中國觀察家也承認這一點。[29]自從二〇〇九年以來，中國共產黨已經更嚴酷地界定國家的核心利益，這不僅包括國家完整和統一，同時還包括在南海海域的爭執。如果損及這些核心利益，中國就準備開戰。其他國家不管是基於什麼原因，只要認為中國擴張勢力是很危險的，都會被指責為是「冷戰思維」。二〇一九年，中國更進一步界定它現有的利益。在和美國爆發貿易衝突聲中，甚至包括中國「基本經濟體系」的本質，以及對黨營或國營企業的支援，都被界定為「經濟主權」，如此一來，這就成了另一種「核心利益」。[30]

中國領導人也把自己的信用和合法性，以及在更廣大地區推動中國利益，綁在一起，這就是中國在絲路經濟帶的歐亞足跡，尤其是海上絲路，這是中國版的印太地區。一帶一路是習近平的標誌性倡議，不僅因為這是他親自宣布的，而是推測他這樣作，是因為他覺得中國保護遠距離外利益的能力，和國內的政治安定有直接關聯。這讓中國變得與眾不同。在世界所有大國當中，只有中國的印太戰略，直接綁定它自己國內政治制度的存亡與否，也連結到領導階層的利益。也許不需要做到這樣子，只要中國的統治者先作出不一樣的選擇，並且接受會導致減少黨的控制力的開放經濟。但是事情的發展，卻是正如很受尊敬的中國事務觀察家馬利德（Richard McGregor）所說的：「中國內部的不安全感，反而助長它想要在海外展現自信的意願，而不是約束這樣的意願。」[31]

值得辯論的是，中國會不會在很久之後放鬆對印度洋能源與貿易生命線的依賴，例如，改由陸上石油輸送管路和陸路交通線來運送，或者利用因為地球暖化影響而開通的通往大西洋的北極海航線。中國目前的石油消耗量，占全球消耗量的五分之一以上，二〇一七年，中國超越美國，成為全球最大的石油進口國，中國必須承受這個弱點，因為它國內的石油生產，正在繼續減少當中。二〇一八年，汽車購買量的快速增加，使得中國已經擁有三億多輛汽車。燃油安全已經成為大眾最關心的問題，不僅政府擔心而已。中國進口的石油，其中超過一半來自中東和非洲，不過，自從俄羅斯在二〇一四年加倍出口石油到中國之後，這個比例已經降低。能源仍然是中國積極轉向大海的主要原因之一。但絕對不是唯一的一個。

中國領導人現在把海軍現代化和保護遼闊的遠距利益綁在一起。[32]這在中國官方新的「全球出擊與威懾」和擴大範圍的「邊境防衛」概念中，可以清楚看出來，也可以說明中國為什麼要快速部署遠征部隊，像是航空母艦、核子動力攻擊潛艦，以及陸戰隊部隊，並且預計在二〇二〇年，把可以部署的部隊人數增加三倍，達到三萬人。[33]在亞丁灣部署艦隊，在吉布地建立基地，潛艦在印度洋出沒，人民解放軍從葉門撤退中國公民：這是不是在暗示，當中國覺得它在海外的利益受到嚴重威脅時，將會採取更強硬措施？

某些觀察家建議，中國和其他強大國家想要保持和平，最直接的作法，就是彼此之間保持距離。因此，美國可以在東亞讓出一些空間給中國，相對地，中國可以接受印度洋是印度的勢力範圍。[34]這樣的地緣政治禮讓，聽來很不錯，也很合理，但就算這真的很符合事實需要，在今天來說，已經太遲了。所謂勢力範圍的論點，很尷尬地面對此一事實：美國之所以要留在亞洲，原因之一就是要保護它的亞洲夥伴，像是日本和臺灣，因為中國並不尊重這些美國夥伴國家的利益。這個論點也沒有注意到，中國已經重新界定它的國防安全，就是把中國的地緣經濟利益延伸到南亞，並且經由海路延伸到非洲和中東。根據它自己承認的說詞，並且在它的二〇一九年國防戰略中重申的，中國尋求使用它的軍事力量來「保護海外利益」。[35]中國在印度洋的利益已經在快速成長，有些是合法的，有些有問題，並且表示無意承認這個地區是印度的後院或是勢力範圍。中國不會放棄它在海上絲路沿線的利益，就如美國不會突然向東撤退到夏威夷一樣。

習近平領導下的中國為什麼如此執意推動一帶一路，以及爭取外交與安全優勢來配合，有一個引人注目的解釋就是，時間可能不站在中國這一邊。[36]這和世人普遍認為，中國的崛起是無法阻擋的認知，正好相反。有充分理由相信，習近平的種種作為，從在國內加強控制，到把影響力擴展到國外，其實是他基於高度不安全感而採取的一種高風險策略。習近平現在正努力要在國外取得一些影響力，希望能夠搶在國內各種困境開始出現之前，為自己爭取到也許不超過一個世代的時間窗口。這些困境包括經濟衰退、債臺高築、人民陷入絕望、貧富差距比印度嚴重、環境遭到破壞、國際情勢緊張，以及出現人口老化的「人口懸崖」(demographic cliff) 現象，到了二〇五〇年，全中國六十五歲以上的人口將達到三億二千九百萬人。[37]世人普遍認為，中國是長期規劃大師，它的決策者的智慧往往勝過那些短視國家的人，因為中國決策者都是用幾十年或幾個世紀的長遠考慮來作出決定。但事實並非如此，大家現在已經熟知的，在改革時代一開始，一九七九年推出，直到最近幾年才廢止的一胎化政策，就是很短視和悲劇性的政策。一胎化雖然已經正式廢止，但還是無法鼓勵年輕夫婦趕快生小孩。中國人口將在幾年之內開始減少；每年退休的人口已經超過新加入的職場新人。這項挑戰會引發其他問題，像是未來會轉向更強硬的獨裁，以及黨會破壞中國早期的一些統治機制，像是一九八〇年代到二〇〇〇年代改革時期創立的法律制度，這將造成政治和經濟停滯不前。這種情況還會產生爆發國際衝突的風險，因為為了維護黨的合法性，中國將會更依賴強硬的民族主義。[38]

也許這些解讀都是錯誤的，這個體制將會適應，甚至還會興盛壯大。如此直線式的預測認為，中國人民將會容忍更嚴厲鎮壓，用來交換生活上的安定，好像他們會無限制地接受黨強加於他們身上，用控制交換繁榮的交易。監測科技將會全面除掉異議人士。中國會不斷更新，以便繼續掌握新時代的最新科技，像是下一代的電子通訊、人工智慧、量子運算（quantum computing）、機器人、再生能源等。人民將學會服從，或至少站在一旁默默觀看。

不過比較可能的是，未來將會十分混亂。二〇一九年的香港爆發驚人的抗議行動，參加街頭抗議活動的人數有時候一次高達兩百萬人，這是歷史上任何地區出現的最大人均民眾動員。這提醒我們，人民力量還是很有效的，這當然適用於「大中華地區」（greater China），也可能適用於中華人民共和國本身。如果中國國內真的十分穩定和有秩序，當局並且能夠對國內和全世界執行它的意志，那麼它甚至連國內安全也不會動用到人民解放軍，更不用說還派他們遠征國外。[39]

中國政府在反駁對它的批評時，很喜歡提到中國廣大的人口，以及像「中國人民的情感」這樣的集體情緒。沒錯，不管是用什麼勸誘手段，中國共產黨確實是在絕大部分人口的同意下治理這個國家。這個威權政府偶爾進行的民意調查，不管其可信度如何，但還是顯示出，大多數民眾是支持領導階層的，支持它的反貪腐行動、民族主義和反美立場。[40]但可以被視為私底下反對以漢族為中心的共黨世界觀的人口數，其本身就很可觀。整個加起來，大概有六百萬西藏人，七百萬香港人，二千四百萬臺灣人，一千一百萬新疆維吾爾穆斯林，一千萬其他地區的穆斯林，三千一百萬基督徒，以及被禁止的法輪功以前的七千萬名信徒。[41]這全部加起來已經有一億五千九百萬人之多。當然這只是大概估計的數字，而且，所有這些族群要一下子一起動員起來，也是不太可能的事，但二〇一九年的香港危機，已經給了他們之中很多人勇氣，讓他們在海外也發起類似的示威活動。但這個非中國共產黨的大中華地區，如果是一個國家，那麼它將是世界上人口第八多的國家，比孟加拉、日本或俄羅斯還要多。難怪中國共產黨把臺灣、西藏、新疆、法輪功和民主列為「五毒」。[42]

潛在不滿的人口當中，也包括前民主與人權運動人士，辛苦爭取基本的就業和生活條件的很多中國公民，尤其是來自農村地區的移工，在他們工作的城市裡並沒有居住權，還有一些中產階級人士，他們對黨國的支持是建立在生活水準上，而不是意識型態或恐懼。這還不包括移居海外，並且不贊同中國共產黨路線的幾百萬中國人。我們不應該假設，目前在中國網路上，很少出現反政府言論，就等於大家都支持這個國家的新「超級強權意識型態」。[43]即使是那些已經在中華人民共和國裡功成名就的人士，也只對他們自己的制度表現出謹慎的信心：在歷史上，沒有一個大國的菁英人士如此急於把他們的錢和子女送往國外安置。他們這種事先預防的作法，想必是基於這個基礎：雖然「中國夢」可能會有所進展，但支持它的這個制度卻很脆弱，如果這個制度崩潰了，後果將十分可怕。

異議人士是一回事，但過度的愛國情緒也會替政權帶來自身的問題。在安全方面，中國遲早要面對民眾期待它出動軍隊出國作戰，以保護離家很遠、他們自己認定的國家利益。流行文化已經反映出一些被過度膨脹的假設，認定人民解放軍可以以中國的名義做些什麼，並且也願意這樣做，所以推出了一些很強硬的藍波式電影，像是《紅海行動》和《戰狼2》。[44]也許是為了緩和一下民眾這樣的大膽期待，據報導，像這樣的愛國軍事影片，最引人注目的是《戰狼3》，已經在政府要求下取消拍攝。[45]人民解放軍的現代化並不表示它可以應付所有的突發事件，因此可以推測，中國政府已經開始注意到，民眾這種想法可能會帶來危險。

問題並不在於中國是不是宣稱，或甚至意識到，它的軍事行動其實主要都是防衛性質。因為，儘管中國快速現代化它的軍隊，但在使用軍事武力上，一直表現得極其自制。這表示，這是一支沒有戰鬥經驗的軍隊。自從一九七九年和越南爆發戰鬥以來，這支軍隊就沒有打過一場戰爭；從一九八〇年代末期以來，這支軍隊幾乎不曾在憤怒中開過一槍，而當時的目標是擱淺在一個爭議島礁上的越南部隊，以及北京市中心的中國人民。習近平一再向全世界保證，中國並不尋求建立「霸權」。但它肯定尋求一些破壞性的改變，而這是很多國家不想要的。這種修正主義的本質，就是決心改變現狀。美國現在已經進一步挑明，中國的目標就是「在近期內建立印太地區霸權」，以及「在未來成為全球重要勢力」。[46]

甚至，即使北京的戰略利益和目標並不是如此黑白分明或極致主義，習近平已經定下很高的成功標準：如果能夠強迫其他國家接受它的要求，中國才算實現了它的戰略目標。對所有其他國家來說，甚至包括美國，這樣的標準已經相對降低了：唯有成功反抗，它們才能獲勝。

明確來說，中國發現，它從來就沒有信任過美國，儘管北京一再強調，「信任」是國際事務的基礎。即使華府最主要的看法是，經濟全球化將會化解安全緊張情勢，中國的安全策劃人員還是不相信美國，因為美國在亞洲不但領導一個由多個國家組成的聯盟，甚至還派駐軍隊。[47] 批評者認為，歐巴馬總統應該對中國更強硬。相關答覆是，他有這樣試過了，而且在這樣作的時候，他和他的政府還表現得十分真誠（或是天真）。但是，只要美國還繼續鼓勵別的國家內部的民主，或是贊成維持現狀，以保護臺灣，或是日本和其他盟邦，關係到中國共產黨生存的偏執狂就會發作，拒絕和美國合作。當然，美國和中國曾經有過直接武力衝突的階段，像是韓戰期間。美國也曾經以保護臺灣的名義向中國施壓，像是一九五四年和一九九〇年代中期的臺海危機。美國在亞洲駐軍也是為了將來對抗中國武力，而不只是要讓它的盟國安心而已。然而，今天的中國戰略家似乎沒有注意到，中國過去幾十年來的成長，其實都是美國幫助的（比任何其他國家出力更多），但這似乎完全牴觸了零和的現實主義世界觀，更別提冷戰心態了。

國際關係現實主義的一個很有見識的流派認為，即使是國家的防衛措施也會讓不安情勢升高，這就是所謂的「安全困境」（security dilemma），在這種情況下，防衛看起來就像攻擊，每個國家都會對其他國家作出反應，這種彼此互相猜疑的情緒就會演變成衝突。[48]這和著名的賽局理論「囚徒困境」（prisoner's dilemma）有關係，指的是在任何不是完全互信的情況下，即使是兩個理性和善意的人也會無法合作。在安全困境裡，情況甚至更糟，因為在一個多極世界裡，第三者也會變得焦慮。如此一來，乙國對甲國的防衛反應，就是增強自己的軍力，而這種動作不僅威脅到甲國，也會威脅到丙國，因為丙國也會跟著加強軍力。甚至，即使我們接受中國（假設是乙國）的說法，說它的軍事現代化並不是針對強國甲（美國）作出的反應，但這不僅會讓丙國擔心，連印太地區內所有的字母國家，都會覺得已經受到中國新軍事力量的威脅。其中最大的就是印度。

印度

印度看起來和中國有很多的共同點，兩國面對的重大問題也很相似。為了維持政治安定，以及對國家的承諾，印度政府必須滿足龐大人口（在二〇一九年已經達到十三億七千萬人，並且還在增加當中）的需求，讓人民過著幸福、安全和有尊嚴的生活。從某些方面來看，印度面臨的問題甚至比中國嚴重。跟中國一樣，印度曾經長期受到殖民主義國家的迫害，國內還有很多內部衝突。想要建立一個完全開發和團結的國家，印度還有很長的路要走。不過，跟中國不一樣的是，印度真的擁有讓人迷惑的多元文化：光是主要的語言就多達二十二種，另外還有很多種族和宗教。

還有，跟中國完全不一樣，印度選擇作一個民主國家：雖然有時候會出現很大的缺陷，但毫無疑問的，這是人民的政府。印度有一個國家政府，二十九個邦，七個聯邦屬地和幾十萬個民選村莊、大小城市和被稱作「潘查亞特」（panchayat）的基層鄉村，所以是一個多層級的民主制度。姑且不管好壞，印度民選出來的政治人物比世界上其他國家加起來的還要多。政治學者喬治·佩科維奇（George Perkovich）曾經很令人難忘地提示，印度在統治上面臨的重大挑戰就是：「它的人口數和多樣化，超過美國、加拿大、墨西哥、中美洲、南美洲、法國、德國和英國加起來的總和。」[49]他還可以把中東順便加入，因為印度有接近二億穆斯林公民，使得這個以印度教徒為多數的國家，成為世界上第三大的穆斯林人口國家，僅次於印尼和巴基斯坦。

所以，印度到底想要什麼，以及需要什麼？這個國家的國家利益範圍很廣，而且還在一直擴大中。[50]跟中國一樣，國內開發、快速經濟成長和國內安定一直都是最重要的，而這些都需要對外的和平關係。[51]但印度一定也把很大程度的國家尊嚴和國家不安全感考慮在內。然而，跟中國不一樣的是，印度把軍隊部署到國外，並沒有關係到它的生存問題；任何領導人或執政黨的信譽並不會影響到政府的生存。民主提供了一個安全閥，當政府未能讓人民感到滿足時，就可以在投票時懲罰它，因此，這個制度就得以持續下去。即使如此，對印度和它的領導人來說，賭注還是很高的。第二任的莫迪政府贏得很高的選票，信心過度膨脹，連任結果腐蝕了印度的容忍、安全和民主模式，像是言論自由和少數民族權益都受到侵害，引人關切。[52]這不僅是因為關係到公民權益的本質，也是因為自由民主的機制是印度長期堅忍力量的來源。

預料印度即將成為世界三個最大經濟體之一，另外兩個是美國和中國。最近幾年，印度的年成長率已經在七%左右，超越中國，不過今後幾年內，可能會減緩到六%左右。然而印度領袖還是預估，未來十年內會出現五兆美元的經濟規模。但是這個任務並不輕鬆，這表示，需要滿足商業信心、投資、大幅度改善基礎建設的需求，同時還要建立可靠和逐步增加的能源供應，到了二〇四〇年，還必須把能源供應量提升一倍。經濟改革仍然是優先項目：儘管已經獲得部分進展，印度仍然比較注重政治與安全問題，因而不願意實施全面的自由貿易，最典型的例子就是二〇一九年年底，印度到最後時刻竟然決定不簽署一項區域貿易協定，原因就是擔心它和中國的貿易赤字會愈來愈惡化。它也在努力找出自己的競爭優勢，製造業自動化，以及川普的保護主義，正好碰上印度的龐大勞動人口應該在全球生產鏈上取代比較開發的中國。因此，在勞力密集的農業工作機會逐漸減少之際，卻沒有人力可以立即補上。儘管印度的電腦技術十分有名，但印度基本上處於科技劣勢。印度一直在和沙烏地阿拉伯爭奪世界最大武器進口國家的頭銜，所以它現在依賴的是強大但笨重的混和式軍事系統武器，分別來自俄羅斯、美國、以色列和歐洲。[53]

在此同時，糧食和飲水安全仍然是印度迫切關心的問題。這兩個問題都將挑戰很快就要成為全世界人口最多的這個國家，看看它們到底是會成為國家力量與繁榮的來源，或是會造成人民產生前所未有的不滿意和相對剝奪感。印度的生活水準正在提升當中：二〇〇六年和二〇一七年之間，估計有二億七千一百萬印度人脫離貧窮，這是相當傑出的歷史性成就。[54]然而在二〇一五年，根據世界銀行的統計，仍然有大約一億七千五百萬印度人處於貧窮。[55]印度的平均收入和人類發展指數，像是平均壽命和識字率，仍然落後中國。在印度，仍然有很多人關心這些近身的問題，遠勝過他們對主權和國際權力賽局的關切。

印度人也相當年輕。統計數字顯示，印度有六億人的年齡在二十五歲以下，是全世界最年輕的人口。這產生對教育與就業的大量需求，有助於促進經濟活力。印度年輕人經常表現得很樂觀，但在網際網路時代，他們也馬上就會知道他們還缺少什麼。在一個世代之內，印度的電子通訊設備已經從一九九一年的大約五百萬支固網電信電話，到了二〇一九年，爆炸成長到大約有十二億支行動電話。過度商業化的大眾媒體和猖獗的社群媒體，成為對印度政府的重大挑戰。

然而，即使是像印度這樣擁有大量人類需求的國家，經濟成長也無法解決所有的問題，因為這裡面還牽涉到生態代價的問題。跟中國一樣，人口壓力和經濟成長會對自然環境造成可怕的壓力，會產生相對資源不安全的問題，尤其是水的問題。印度的空氣汙染程度是全世界最糟的，不僅是因為工業和運輸過度擴張而失控，同時也是因為經濟不發達造成的，像是燃燒木頭和廢棄物來烹煮和取暖。

印度的能源組合正在改變，再生能源和核能的使用量也在成長，但它的大部分電力還是來自化石燃料，包括煤。在此同時，機動車輛的使用也大幅度增加，不過，跟中國不一樣的是，汽車數量的真正爆炸性成長是在很久之後，預料在二〇四〇年會增加八倍，達到一億七千五百萬輛。跟中國一樣的是，印度也十分仰賴進口石油：二〇一九年，它的石油總消耗量的八四%都是進口的，這創下了紀錄。[56]進口石油的比例還在繼續增加，而且絕大部分石油都來自中東和非洲，運送這些石油的正是中國也在尋求安全保護的相同海上航路。印度的運油路線比較短一點，但印度的能源同樣依賴印度洋海路，這可以解釋印度為什麼急於讓它的海軍現代化，並且也讓它捲入別的國家的印太爭議中。

在印度的國家優先項目中，也包括了穩定與主權之間的基本緊張關係。想要掌握住像印度如此巨大和難以駕馭的國家建設計畫，基本上，政治和官僚領袖絕對不能在國家認同上作出讓步，因為這種認同是為了從外國壓迫和羞辱中取得獨立，而先克服內部歧見後建立起來的。印度的驕傲和動員能力之所以有效，是因為它的多元化，而不是摒棄這種多元化，這也是為什麼，大膽的印度教民族主義能夠長期阻礙印度的利益。

印度生活在危險的周邊環境中，因為它有巴基斯坦和中國這兩個擁有核子武器的鄰居，它還和這兩個鄰居打過仗，邊界爭執也一直沒有解決。印度民意把巴基斯坦，以及長期以來從未停止過的越界恐怖活動，視為最大威脅。[57]在此同時，一般民眾，甚至連決策者也一樣，把中國看作是印度的長期敵人，或者如印度外交官比較禮貌的說法，中國是「對印度戰略空間擁有最直接影響力的國家」。[58]因此，印度政府有必要展現出強烈的決心、力量和意願，表示它將會報復這些國家暗示或真正使用武力的威脅。印度安全高層越是認為必須保護他們的國家對抗外來威脅，他們也許就需要容忍某種程度的不安定，或是偶爾甚至還要坐視這些不安定情況變得更惡化。用危機來傳達訊號，因此成為讓印度保持安全的一種方式。這是很危險的自相矛盾。

例如，最近幾年，莫迪政府已經一再使用或威脅要動用小規模武力來警告，印度將站起來捍衛它的利益。在回應持續不斷來自巴基斯坦控制領土內的越界恐怖活動方面，印度部隊曾經發動突襲攻擊，甚至空中攻擊，引發國際擔憂，這些衝突可能引發印度和另一個擁有核子武器國家的戰爭。二〇一七年，在有爭議的喜馬拉雅洞朗邊區，印度部隊阻止中國在這一地區修路，引發雙方長達幾個月的對峙。不過這類行動已經遭到批評，說這打破了印度「戰略克制」的傳統，並且提升了戰爭威脅，但印度自己的說法是：這是要終結外國對印度以往的認知，認為印度是一個被動的大國，不喜歡使用武力，因此，別的國家可以侵犯它的利益，而且不會遭到懲罰。[59]有時候，驕傲和自尊會讓印度分心，暫時不去注意中國的戰略大挑戰，例如二〇一九年，莫迪政府特地揚言要對馬來西亞和土耳其採取經濟報復行動，因為這兩個國家批評印度對喀什米爾自治區的行動。[60]

或者，印度政府表現出強硬態度，主要是為了贏得選舉？[61]簡單看一下印度的外交政策，至少是在一九九八年核試之後才確定下來，之所以會採取恫嚇手段，主要是因為這對爭取選票很有效，尤其是莫迪的印度人民黨（Bharatiya Janata Party）的印度教民族主義選票。國家安全是莫迪在二〇一九年大選獲得大勝的原因之一，這也讓莫迪再享有第二個五年任期。

但是，如果就此貿然認定印度正走在民粹主義好戰之路上，那是誤會了它更深層的自制和外交手段的層面。獨立後的印度有個很不尋常的特點，就是不是它介入了多少次衝突，而是它很少跟別國發生衝突。自從一九七一年為了讓孟加拉獲得自由而和巴基斯坦爆發戰爭之後，印度就避免和別國發生重大戰爭。一九九九年在卡爾吉爾（Kargil）山區和巴基斯坦的衝突就有自制，印度忍住了，沒有派出它的空軍軍機飛進爭議地區的領空，並且因此接收了幾百名步兵傷患，緩和了爭端擴大的恐懼。[62]二〇〇一年、二〇〇二年，以及最可怕的二〇〇八年在孟買的重大恐怖分子攻擊事件後，印度本來有理由攻擊巴基斯坦的，但最後還是選擇和平。害怕引發核子大戰固然是一部分原因，但人們低估印度控制怒氣的能力，就是在危險時刻降低好戰語氣，也是重要原因之一。

還有，雖然把中國視為敵對國家的認知，已經在印度國防圈內十分成熟，但當這兩個大國發生碰撞時，還是能夠證明，政府在緩和民族主義情緒方面已經相當熟練。在二〇一七年洞朗危機期間，印度領袖和官員都會設法澆熄任何好戰的言論，執政黨和反對黨國會議員也都自制，不利用這個問題獲取政治利益。[63]印度的決心終於讓中國暫時退讓，但印度很聰明地選擇不太大聲宣稱勝利，讓雙方都能夠保住面子。印度樂於批評中國和「避免衝突風險」，但同時在幕後達成某種交易，並長期改善它的威懾武力，以備未來爆發衝突時使用。[64]在那樣的危急時刻裡，備受尊敬的外交部祕書蘇傑生（Subrahmanyam Jaishankar），在二〇一九年被任命為外交部長，顯示當選連任的莫迪政府，決心把外交關係交到技巧純熟和穩定的外交好手手上。在接下這個職位不久之前，蘇傑生公開發表很坦白的談話，他指出，印度需要採行務實主義和「以問題為基礎的結盟」，這才能夠使印度和所有重要國家的關係都維持最佳狀態，他說，必須「培養與美國的關係，穩定俄羅斯，節制中國，熱誠對待日本和安撫歐洲」，但仍然要優先處理與它最近的鄰國關係，並要對這地區作出更擴大的定義。[65]

「不管你對印度的正確說法是什麼，它的反面也是正確的。」劍橋經濟學家喬安·羅賓遜（Joan Robinson）很多年前就這麼說過。[66]她的這種論點指的是，當時還令人感到困惑的印度經濟和社會，也可以適用於印度今天的世界觀和對外政策。這變得很難去猜出，在這個瞬息萬變的世界裡，一個一直也在快速改變中的印度到底想要什麼。印度想要和平，但它也準備好，要冒著衝突的危險去得到和平。用蘇傑生的話來說：「太過於謹慎行事，結果反而錯失大好機會，最後會增加我們的風險，而不是降低風險。」[67]印度想要、也需要在科技、商業和安全方面的戰略夥伴，然而，它未來的夥伴並不一定要彼此互信，一開始，這些夥伴包括美國和俄羅斯。到頭來，德里還是堅持它的「戰略自治」，不承諾和任何國家結盟。不管印度領袖在世界舞臺上變得有多麼野心勃勃，他們還是無法逃避國內的問題，包括在查謨和喀什米爾邦（Jammu and Kashmir）的政治動亂、交戰狀態和恐怖活動。喀什米爾問題受到巴基斯坦和外來伊斯蘭教聖戰分子的操弄，但印度也必須面對自己的治理失敗，以致於無法贏得喀什米爾新一代的支持。印度在二〇一九年年中突然取消喀什米爾的半自治地位，對印度一向尊重地方及伊斯蘭教人民感受的多元文化國家的形象，帶來重大打擊。[68]印度想要表現出自己是一個自信、現代化和團結的國家，但它也必須面對來自東北偏遠各邦的分離主義運動造成的內部衝突，他們是支持毛澤東主義的殘餘分子，或是納薩爾派（Naxalite）運動的支持者，以及印度教激進分子，他們都受到網路宣傳和社群媒體的支持。

在跟外面的世界打交道時，崛起中的印度仍然準備不足。德里別無選擇，只能認真投資國家治理的工具，然而，它的外交人員人數仍然很少，估計只有大約一千位官員。[69]身為民主國家，印度可以多加利用私人企業，以及移居國外的大量印度人，用他們來推動國家利益和前途，但長久以來，人數不足的外交官僚卻一直反對這樣作，他們謹慎地控制著這個國家和世界打交道的方式。[70]印度政府面臨強大的壓力，要求它要滿足大家愈來愈高的期望，就是要對在海外的大量國人提供安全保護，幫助住在動亂的外國的那些非當地居民的印度人，從中東到東南亞和南太平洋都有。

莫迪政府很認真推動它的「東進策略」，擴大它的經濟範圍，現代化它的海軍，和中國以及東南亞與其他地區國家維持某種競爭共存。然而，印度的注意力還是不停地被引導回到國內，以及回到一些引起麻煩的鄰國，包括巴基斯坦、阿富汗、孟加拉、斯里蘭卡、尼泊爾、布丹、緬甸和印度洋。印度的決策菁英想要繞過跟巴基斯坦徒勞無功的鬥爭，而把注意力集中在中國，作為明天的戰略競爭對手，但卻又不能規避中國和巴基斯坦現在實質上無法分割的事實：中國和巴基斯坦之間有一條中巴經濟走廊，而且巴基斯坦境內有很多中國人。

就在印度決策者被這些不斷分裂的政策細節搞得頭昏腦脹之際，中國也許握有解決之道。競爭及共存，也許會迫使印度更接近整頓自己的國內情勢。在和中國逐步和解，以及對鄰國採取寬宏大量的態度之間，印度再也不能從中選擇一種，而是必須兩者同時進行。這是因為中國來到印太地區之後，逼迫印度不得不改善它與較小國家的關係，尤其是印度洋的小島國家，以前這些小國不是遭到忽視，就是被人欺凌。

理論上，印度和中國擁有共同的利益，可以一起創造出一個穩定的地區，提供雙方進行經濟發展，開採各種能源和資源，保護這地區的環境安全；以及維持此地區的穩定與和諧，以滿足這裡十幾億人口的社會期待。但現實上，在過去十年當中，雙方互不信任的情況已經更加惡化。雙方本來就有很多歧見，像是邊界衝突和中國對巴基斯坦的軍事與核子援助，現在更加上新的摩擦，包括中國擴張愈來愈多的利益、在印度洋的海軍行動，以及印度跟美國、日本和其他國家的安全關係。印度決心劃清它和中國一帶一路的關聯性，加上中國不斷阻撓印度成為全球多個國際組織的會員國，包括從聯合國安全理事會到核供應國集團（Nuclear Suppliers Group），這些都是很明顯的象徵，代表這種相互競爭情勢將會繼續阻礙兩國之間的合作。[71]

印度對中國的反感，根源於中國渴望成為亞洲最重要的國家，並且在全球舞臺上可以和美國平起平坐。新德里認為，北京決心永遠把印度當作第二級的國家，要讓印度只局限在印度洋，將來甚至沒有能力在這個地區塑造戰略環境。印度認為，中國用心栽培巴基斯坦，其目的不僅是要保護中國的能源運送路線，也是因為中國要把它的影響力擴展到這整個地區，以及取得出入這地區的通道。特別是印度認為，中國的長期政策，就是利用持有核子武器的巴基斯坦來制衡和威懾印度，讓印度被困在南亞戰略系統的籠子裡，再也沒有能力前往印太地區挑戰或約束中國。

最後，印度擔心，中國優越的經濟與戰略力量，以及中國擁有較強大軍事與核子力量，將會在危機時逼迫印度。往好處來看，這替印度定下了一個可以達成的目標：印度可以優先採取反抗行動，而不是屈服。印度也許還未跨越門檻成為可以去威迫其他國家的強大武力國家，但也許它根本不需要這樣作，因為至少它可以抵抗這些國家。[72]就目前來說，在面對中國軍力威脅時，印度一些比較謹慎的安全執行官員，像海軍上將蘇里什・梅赫塔（Sureesh Mehta）就承認他們的國家不應該和中國直接競爭，相反地，印度最佳的極端自保措施就是採取某種形式的「不對稱威懾」，就是對一個比較強大的敵國施以對方無法忍受的傷害。[73]這類似中國長久以來用來對付美國的迴避與威懾並用的戰略，但也許中國現在已經超越這種戰略。因此，印度必須專注於建立在印度洋巡邏與攔截的能力，同時還要加強它的核子武器小軍火庫，目標是將它們裝在潛艦上，不會遭受攻擊。

印度也正在逐漸放棄它的戰略自治舊習慣。在敏感的安全問題上，它和愈來愈多國家合作，像是海上偵測和反潛作戰。除了和傳統國防科技夥伴俄羅斯與以色列合作，印度現在也認真考慮和印太地區民主國家合作，希望以此阻止中國在印度洋擴張勢力。這可以解釋為什麼印度和日本、澳洲及法國的合作會有令人感到驚訝的進展，像是在軍事後勤協議方面。但印度目前最重要的安全夥伴還是美國。

美國

對於美國在印太地區的未來，專家的看法分歧。美國還會繼續維持承諾嗎？危機、衝突和經濟問題，或是威懾、安定與富足，這意味著什麼？有人宣稱，美國撤出是必然的；其他人則說，美國回來了；還有人說，美國從來就沒有離開過。但兩個關鍵問題經常被忽略了。第一，如果美國現在真的被困在與中國爭取全球影響力的長期鬥爭中，那麼，它有可能在沒有維持或重申在印太地區存在的情況下獲勝嗎？很難看出它如何做到這一點。第二，美國需要在印太地區占有主導地位，才能保護它的利益，並且打擊它認為的中國挑戰？畢竟，美國目前的主流論點是，幫助別的國家來保護它們的主權。這是不是表示，美國只要扮演支持的角色，就足夠維護它的利益？想要了解這個地區的未來，這些問題的答案十分重要。

在川普展開令人震驚的總統任期之前，要解釋什麼是美國在亞洲的利益，看來似乎十分直截了當。美國在這地區有很重要的戰略賭注，就如美國政策學者邁克爾・格林（Michael J. Green）

所說的：

美國不會容忍任何其他強權建立唯一霸權來控制亞洲和太平洋……在過去兩個世紀裡，主要的領導人已經一致認同，美國的國家利益就是，確保太平洋繼續作為一條管道，讓美國的理念和善意透過它向西流，而不是讓威脅這條管道向東流回美國本土。[74]

亞洲是重要盟國的家，是一個意外和非正式帝國，華府已經把它開發成用來控制安全環境：確保它繼續是最重要的，並且是所有人不可分離的夥伴，盟國和潛在敵國都不能破壞此一現狀。[75]美國的全球信譽建立在它對盟國的持續支持，主要是日本和南韓，因此需要幫助它們對付來自中國和北韓的風險。就軍事與外交意義來說，美國需要制衡中國，但同時要把它當作經濟夥伴，和全球秩序的管理人。由於亞洲是未來全球經濟的中心，因此，美國在此地的利益，包括自由貿易、資金流動，以及推動規則和增加推廣民主公民社會，全都變得最為強烈。印度加入戰略夥伴行列，將會在一個正在變化中的全球勢力平衡中，幫助美國。總之，華府在亞洲的賭注，對於廣義的美國利益來說，極其重要，尤其是這些利益又牽涉到以自由民主價值為基礎、由美國領導的「世界秩序」。[76]

學術界偶爾會釋放出美國正在減少它在亞洲參與程度的理念，而事實上，美國也正在減少在中東和歐洲的活動。這不會造成全面孤立，但會造成「克制」或「離岸平衡」（offshore balancing），就是美國部隊將會保留從遠處「共同指揮」方式，並且維持「通往世界其餘地區的管道」，以及如果出現重大威脅時，可以立即回應。[77]這種想法傾向於低估了中國的實力、決心和海洋野心（雖然它主要是亞洲陸地大國），以及沒有考慮到美國從亞洲撤出部隊之後，想要再度奪回它在亞洲的軍事優勢，將會十分困難。[78]但它至少承認，這個地區的中等實力國家其實有著保護自己的潛力，並能阻擋中國的複雜野心。

最近的趨勢和發展已經動搖了這樣的局面。對於美國想要在這地區得到什麼、美國是否要留下來，以及為什麼要留下來，出現各種不同的解釋，而這些解釋之間，都存在著相互矛盾之處。這種令人感到困惑的情況，大部分是因為川普政府內部自己的區域安全態度造成的。一方面，是總統自己在胡亂發言，大部分是透過推特（Twitter）來發表：對盟國作出忘恩負義和不禮貌的評論，同時還呼籲它們要多負擔國防費用。川普在和中國及北韓打交道時似乎完全沒有妥善計畫，今天談到即將達成大方的交易，明天則又揚言對抗到底，盟國對川普這樣的表現，感到十分困擾。在此同時，盟國更要忍受自由貿易協定被拆散的痛苦，特別是「跨太平洋夥伴協定」，這是它們和之前的美國政府辛苦策劃才達成的。

另一方面，在國會支持下，華府的官方戰略文件和決策機構已經把更多焦點放在印太地區上，超越了歐巴馬時代。他們把美國的地區利益和全世界對抗中國影響力的戰鬥，連結在一起。二〇一七年年底發表的美國國家安全戰略，以及後來發表的很多聲明和演說，都已經指定印太地區是這場戰鬥的前線，觸及國家力量的所有要素，從軍事到媒體，科技到貿易，情報到基礎建設。[79]這將是一場長期和全面性的戰略競爭，遍及安全、外交、經濟、意識型態和國內政治層面。根據二〇一九年的一項民意調查，高達五四%的美國民眾認為，中國的勢力和影響力，是對美國利益的重大威脅。[80]

光是北韓的核子武器威脅，就給了美國充分的理由，讓它可以繼續在太平洋地區進行戰略操作。更明白來說，五角大廈已經把印太地區指定為跟中國全面對抗的主要地理戰場，是未來潛在衝突的前線。對於美國在此地區的軍事、外交和開發角色，是不是已經掌握了充足的資源，或是已經有適當的協調，其實存在著很大的爭論。美國有一段時間，還把更多注意力投回到中東，像是二〇一九年的伊朗危機，這更是無濟於事。川普總統還透露，美國要延後在關島興建軍事設施，並準備把這筆經費挪去興建備受爭議的邊界圍牆，這讓盟國更加懷疑美國對印太地區的承諾，因為關島軍事設施是用來對抗中國和北韓所不可或缺的。[81]

然而，國會對川普此一決定感到十分憤怒，因此有人認為，現在就認定美國已經決定放棄印太地區，其實還太早。沒錯，事實可能並非如此。不可否認，在川普時代的眾多混亂情勢之中，美國是不是還很嚴肅看待美國優先這項政策，並且反對和其他國家（盟國、夥伴、臺灣）合作來守住此一陣線，目前仍然不明朗。但即使是這樣子，也許已經足以證明必須先發制人去攔阻中國勢力崛起。支持美國優先政策，也許可以平衡情勢，讓中國處於不利，或者至少不會進一步壯大中國。[82]

美國在亞洲的駐防力量，以前經常被低估，尤其是在越戰和冷戰結束後的那些時刻。最重要的是要精準指出美國在這地區還繼續擁有什麼利益（是實際的利益，而不是意向上的利益，好壞都算）。這些經常比想像中還要來得廣泛。在經濟方面，美國仍然是目前這地區的最大投資國：總資金高達一．三兆美元，在亞洲的外國直接投資中，此金額比中國、日本和南韓加起來的還要多。[83]在安全方面，美國最重要的印太盟邦（日本、南韓和澳洲），都不是隨便挑選出來的臨時演員，而是各自擁有全球戰略地位的中流砥柱。如果因為美國未能遵守它的國防承諾，而讓它們崩潰了，那麼，美國的信譽和它在全世界動用另外幾十個盟邦的能力，將會崩跌。

但最為關鍵的是，在經歷過兩次世界大戰、冷戰和過去幾十年的動亂之後，美國政策在很早前就總結說，不應該允許一個國家（或是集團國家）來主宰整個歐亞大陸，或是「世界島」（world island），這是早期地緣政治學者麥金德替歐亞取的宏偉名稱。[84]即使是對美國利益比較自制的解釋，也認為這種結果是不能接受的。[85]然而，這卻是中國和俄羅斯今天共同擁有的野心，並且還希望讓世人知道。[86]理論上，這樣的一個強權國家，或是強權集團，有朝一日將可以孤立或甚至威脅美洲大陸。在老派的地緣政治裡，這可能包括在經濟上，把美國排除在全世界大部分市場之外（就如某些人挖苦地指出，川普政府不需要別的國家幫忙，自己就會走上這條路）。原則上，根據美國以前的作法，在面對這種危險狀況時，解決方法就是，同時動員海軍力量、建立盟國關係、維持前瞻性的軍事部署，以及承諾支持一個建立在自由貿易和國際法的全球秩序。假設中國或中俄的戰略，就是想要把美國全面排除在全球供應鏈、投資模式和金融流動之外，也就是建立以歐亞為中心的一個「沒有美國的世界」，很難想像，這樣的戰略想要成功，真的是難上加難。

距離明顯使得美國很難在亞洲維持唯一的重要地位，但也替美國增加一些優勢。有一些印太戰略的重要驅動力，是中國、印度和日本擁有，但美國卻很幸運地缺乏的。它不受地理位置的限制：中國和印度各自都已經轉向大海發展，企圖突破亞洲大陸的包圍，但不管大海有多遼闊，它們還是永遠無法擺脫對印太地區海路的直接依賴，或是迴避那些專門帶來麻煩的鄰近國家。關鍵在於，美國已經不再依賴海路來運送能源或是資源，不過，這是讓它更有可能從中東撤退，而不是撤出印太地區。還有，美國的民族主義並不會一直糾纏著尚未完全的國家建設或尚未解決的區域敵對狀態，這跟印度和中國的民族主義的作法並不一樣。然而，和中國相互競爭，已經在美國政壇快速成為一個情緒化的問題，兩黨都是。[87]從這一點來看，民族主義正在成為美國被迫要參與印太地區事務的另一個因素。

對於川普時代的一絲微弱的希望，就是盟國之間終於覺醒，看清楚它們從美國之前的領導之中已經獲得多少好處。美國政治機構無疑正在努力奮戰中，因為這個國家正在面臨社會分裂和更為艱難的經濟道路。然而整體來看，美國國力很有可能調適過來，而不是衰退。還有，即使美國在言語和貿易實務上宣示「美國優先」，但還是尋求更新和調整它與盟國的關係，而不是丟棄它們。二〇一九年的美國印太戰略是一種進化，而不是要拋棄歐巴馬時代轉向亞洲的政策，這些行動都必須仰賴盟國和夥伴網絡的支持。相對地，這些盟邦多多少少也要替自己及彼此多作些事，如此，他們才有更好的立場來說服美國，留在印太地區是值得的，或者，如果美國政策有點倒退，這些盟國也得暫時應付一下。換句話說，不管發生什麼狀況，只要採取這種「平衡」戰略，對這些盟國來說，都是行得通的。這當然是日本和澳洲（這兩國被形容為是美國盟國制度在北方與南方的兩大支柱）的論點。

06

chapter

眾多主要參與者

不久之前，「多極」是指有很多面向的世界，其中沒有一個國家是特別能夠主宰一切。這個理念對美國和它的盟國們只有很少的吸引力。冷戰雖然有很多可怕的風險，但它的兩極性至少相當穩定和容易預測。而從一九九一年蘇聯瓦解，到二〇〇八年的全球金融危機，全世界似乎經歷了一次單極時刻，當時美國是處於無法反駁的最高地位。在這段時間，多極經常被俄羅斯和中國引用，當作是它們想要終結美國主宰地位的密碼。

現在，情勢已經轉變。中國也許不在最上位，美國也絕對沒有落居底部。但突然之間，多極成了無數國家耳朵聽到的美妙音樂，這些國家中，包括長久以來很珍惜美國領導的那些國家。從美國盟邦到很重視自治的新興國家，印太地區複雜與多面向的廣大面積，提供了空間，讓它們能夠發現自己的實力，打造新夥伴關係，並且吸收或避開中國的影響力。多極體制會不會使這個世界變得更穩定，對於這個問題，學術界觀察家的看法，長久以來一直呈現分歧。有些觀察家說，出現更多的主要參與者，擁有更複雜和互相依賴的網絡，這將會鼓舞大家變得更溫和；其他人則反駁說，長期下來，只有兩極制才會真正平衡各國的力量，因而才能防止潛在的侵略行為。[1]不論如何，在印太新時代裡，多極已經變成事實：這是一種戰略秩序構想，如果不能承認這種構想中有著很多主要參與者的權益和代理人，那麼這種構想將無法實行。因此，多極制比川普和習近平定義的那種中美兩極制穩定，比以北京為中心的單極世界觀，來得更尊重他國的利益、認同感和尊嚴。

日本

十年前，日本正處於地緣政治悲情狀態，很像村上春樹小說開頭的主角：這些人都很世故和自覺，十分注意日本的失望與惡化，卻又不想積極行動。作為戰略的主要參與者，這個國家似乎正在冬眠，只是被迫勉強參與強權政治的賽局，藉以保護和促進自身利益而已。但這情況已經改變。最近幾年當中，日本已經證明，除了中國之外，它是外交舞臺上最積極和最大膽的國家，努力追求它需要的關係，用來鞏固自己在印太地區的未來命運。

來到東京的外國訪客，都會感受到普遍存在的安定與舒適感，覺得這是一個進步的社會，對於自己國家在世界高層的溫和衰退，它的人民都很認命地接受。不管歷史上曾經發生過什麼事，但這是一個不會主動尋找麻煩的國家。然而，過去十年已經證明，如果認為這是一個生活在後現代泡沫中的國家，那是錯誤的。相反地，自從日本在十九世紀後半段進行第一次工業化之後，它最基本的國家利益一直沒有改變過，那就是，身為一個資源匱乏的海島國家，它必須保護這個經濟弱點。今天的日本也使出全力，認真保護以規則為基礎的國際制度，但這並不是基於理想主義，而是從一九四五年以來，日本就很務實地體認到，自由民主一直對日本的福祉和主權有莫大的好處。就是因為如此，自決和人權已經成為日本外交的公開指導原則，並且至少已經和「自由開放印太」這個理念結合在一起。[2]

日本一直保持著適度的國家尊嚴，但卻承擔了超過正常比例的安全憂慮。北韓對日本的威脅很大，甚至遠遠超過對南韓（這是北韓失和的家人）和美國（雖然強大，但距北韓很遙遠）的威脅。相對地，日本距離很近，在歷史上一直是個敵對國家，很容易加以羞辱，而且日本在軍事上又很自制，這真是最理想的組合了。因此，北韓在試射飛彈時，經常讓這些飛彈飛越日本領土。北韓還曾經在日本沿海地區綁架多名日本公民。二〇〇一年，一艘北韓間諜船和日本海上保安廳的巡邏船發生槍戰。在此同時，日本和俄羅斯一直沒有解決被蘇聯部隊在第二次世界大戰結束時占領的北方諸島的歸屬權，而且日本空軍每年還繼續出動幾百架次飛機，驅趕闖入爭議領空的俄羅斯飛機。

不過，日本目前再度出現的戰略焦慮的主要來源則是中國。但是中國和日本卻有著很好的經濟關係。很多年來，中國一直是日本最大的貿易夥伴（居於第二位的美國則緊追在後），而且從一九七九年到二〇〇六年，中國還是接受日本援助最多的國家，其中有一部分類似戰爭賠償，並且也助長了中國的快速經濟成長。[3]日本和中國今天的歧見，並不局限於雙方的敵對氣氛，或者事實上，中國已經如此快速超越日本的經濟或國防預算，並且正在挑戰日本的科技優勢。這些問題正好碰上中國共產黨再度挑起日本從前的過錯，把日本描述成是當代的威脅，並且重新思考雙方對島嶼、海域與領空的爭執。

日本目前專注於兩項威脅：中國不僅要爭取主宰東亞，也包括要主宰更為廣大的海洋區域；而且日本長久以來一直沒有很強的航海能力，這也箝制了它的供應線，尤其是能源和糧食的運送。[4]保持大海的自由與開放，對於日本的國家生存具有最實質的意義。日本本來就大量依賴進口石油、天然氣和煤礦，而在二〇一一年福島大地震引發三重災害（地震、海嘯和核能外洩）之後，民眾失去對核能的信心，這些進口能源的需求量更是大為增加。即使一些被封閉的核子反應爐後來又恢復發電，對於化石燃料進口的需求仍然很強勁。中東、東南亞和澳洲仍然是日本能源與資源的重要來源，而所有這些都經由大海運送。石油是日本最大的進口物資，其中大約超過八〇％都是來自波斯灣，將近九〇％經由南海運送。[5]日本是全世界進口液化天然氣最多的國家，同樣也是從南方海上運送過來的。因此，日本特別需要防止中國控制南海及臺灣周邊海域，所以也就有理由支持臺灣和美國，反對中國對臺灣的強行「統一」。[6]

然而，在安倍的領導下，日本已經恢復信心，不再尋求要在自己地區內擁有唯一主宰地位。甚至在有限度爭取東南亞國家的經濟忠誠度時，也不再只限於北京和東京的競爭。相反地，日本現在是以和另外很多國家建立夥伴網絡的方式，來制衡中國的勢力，或是迎接北韓的挑戰。東京不再把所有的希望都寄託在華府：它的印太戰略，就是結交各地的朋友，包括從印度到歐洲、東南亞和澳洲。最具象徵意義的是，二〇一九年六月在大阪舉行的二十國集團（G20）高峰會上，安倍首相把他在「四方聯盟」裡三個夥伴國家（印度、澳洲和美國）的領袖座位，安排在習近平的正對面。不過，日本也很注意，不會把它所有的優先項目都跟美國綁在一起，尤其是川普在位期間。東京追求自由貿易和尊重基於規則的世界秩序，這和川普政府的保護主義正好相互牴觸。

還有，對於它和中國的經濟關係，日本是抱著務實的態度。日本已經把它的投資逐漸從中國移出，轉到戰略意識比較相近的其他國家，像是印度和越南，並且在東南亞持續進行很高品質的基礎建設投資，使得這地區繼續認為，日本的行動，遠遠勝過中國最近在此地大聲宣傳的投資建設。[7]不過，日本現在對一帶一路的態度，還是落在「既合作又競爭」的框架裡：日本企業有時候還是會在第三方國家和中國合作，一起推出合資基礎建設計畫，但會先要求，必須達到日本對透明標準和經濟可行性的要求。[8]日本在同時間推出的開發援助計畫，則聚焦於和美國及澳洲進行協調，推出與中國一帶一路不一樣的計畫，或是幫助提升較小國家監測和保護他們海洋資源的能力，這主要是為了防止中國的掠奪行動。

對於日本的終極安全，東京仍然很重視繼續讓美國當作它的軍事盟友，並且深入參與亞洲事務，不管這會招來川普總統多少的羞辱。畢竟，美國第七艦隊的基地就設在東京附近的橫須賀，將來萬一爆發衝突，這將會是很重要的防衛武力。日本也很相信，美國有意願和能力把增援部隊經由太平洋運送過來。還有，美國的「延伸嚇阻」（extended deterrence）政策，基本上就是保證保護日本，即使必須動用到核子武器，美國也會這樣作，這也確保日本沒有必要去擁有這樣的武力。對日本和美國的其他盟國來說，華府作出的抉擇，對於它們的印太前途仍然十分重要。然而，安倍標誌性的「自由開放印太」策略，有很大一部分就是避險和支持，這要靠最大程度的多極化來達成，包括從印度到歐洲、東南亞。印度是第一優先，這是在莫迪與安倍的火車之行上敲定的。事實上，安倍那位最近退休的顧問兼原信克就很坦白地說：「只有讓印度站在我們這一邊，才能保證在全球天秤上和中國維持戰略平衡。」[9]然而，只有一個國家被日本官員私底下比喻成是「準盟國」：澳洲。[10]二〇一六年，日本向澳洲提出一項大膽提議，就是由日本提供一支全新的潛艦艦隊給澳洲，並因此把兩國海軍結合起來，儘管澳洲拒絕了這項提議，兩國的友好關係還是基本沒變。川普的出現，以及習近平的戰略野心，只會加深美國兩個在印太地區的重要盟國之間的互信與合作。

澳洲

「印太就是我們生活的地方。」二〇一九年六月，澳洲總理莫里森在雪梨的一次外交政策演說中如此說。「這個地區將繼續塑造我們的繁榮、安全與命運。」這很明白指出，印太對澳洲有多麼重要。地理位置、歷史、資源與人口相互作用的結果，留給了這個國家如此獨一無二的環境。它的人口很少，只有大約二千五百萬人，然而，卻擁有極廣大的領土，包括負責管理全世界最大的幾個海洋區。它也擁有很複雜的四周鄰國。澳洲本身是已開發的民主國家，但它所在地區卻包括各種開發程度和各種政府型態的國家，從小而脆弱的太平洋島國到人口眾多的大國，有威權政府、民主國家以及介於兩者之間的。身為一個島嶼大陸，澳洲無疑地必須依賴通往世界各地的重要航線，用來進行貿易，傳送能源、金融、人口和知識。儘管擁有驚人的天然資源，澳洲也十分依賴進口，其中最受到批評的是，基本上澳洲所有提煉過的交通運輸燃料全都是進口的，而且只維持不負責任的很少庫存量（這違反了國際標準），因此，萬一東南亞水路被阻斷或遭到了封鎖，這就成了它的經濟弱點。[11]身為這個緊密連結世界中的一個中等實力國家，澳洲擁有多方面的國家利益。在最近的幾十年當中，澳洲政府（以及澳洲民眾的期望）傾向於擴大定義這些利益。

澳洲是已開發大國中，一整個世代未出現衰退的唯一國家，而此一特別驚人的經濟成就，讓人民高度期待政府將會繼續維持繁榮景氣，讓經濟也帶來安全與安定，而不只是物質享受而已。還有，澳洲人已經習慣他們的國家經常「越級挑戰重量級對手」，挺身支持全球秩序，以及周邊弱小國家的福祉，像是那些太平洋島國。身為一個中等實力的國家，澳洲無法透過軍力來取得安全，因此它就強力投資在以規則為基礎的全球秩序上，即使國內有些重要的保守聲音（像是二〇一九年的莫里森總理）就暗示，有些規則比其他規則好。[12]它的決策菁英已經試圖把澳洲是一個多元文化與自由民主國家的這個國內價值觀（以及國家認同），連結到在以互信和主權平等為基礎的印太秩序裡的國家利益。澳洲政府在二〇一七年發表標題為「機會、安全、實力」

（opportunity, security, strength）的外交政策白皮書，其中說到：

澳洲不以種族或宗教來定義它的國家認同，而是以共同價值觀來定義，包括政治、經濟和宗教自由、自由民主、法治、種族與性別平等和相互尊重。我們對法治的堅持，擴及到我們的邊界之外。我們支持及尋求保護一個國際秩序，在此一國際秩序中，各國之間的關係受到國際法與其他規則和規範的管理。[13]

外交部長瑪麗斯・佩恩（Marise Payne）企圖對此作更進一步闡釋，她宣稱，民主與個人權益這些「原則」，「會產生國與國之間更堅強的關係」，澳洲應該以身作則，「當其他國家遭到威嚇時，澳洲不能袖手旁觀」。[14]

這是很勇敢的邏輯，但它強化了這個論點：澳洲的利益太過廣泛，以致於反而無法保護和推動自己的利益。在一個各國相互依靠的世界裡，每個國家的利益都超過它自己的能力，但對澳洲來說，這個問題特別嚴重。澳洲這個國家一直都是信任與仰賴一個強大有力的朋友，最先是英國，然後在一九四二年之後就是美國，但這同時又帶來知名外交政策專家艾倫・金格爾（Allan Gyngell）所說的「被拋棄的恐懼感」。[15]坎培拉今天的外交政策不害臊地強調夥伴關係，包括被困在華府與北京之間的中等實力國家同伴們，像是印度、日本和印尼。[16]此一觀點廣被政壇各方接受，例如，影子內閣外交部長黃英賢（Penny Wong）二〇一九年在雅加達宣稱，澳洲「只能透過多極地區才能實現我們的目標」。[17]澳洲已經領先創造出新的「小集團」，用來進行互信的安全會談，並在建立多層級外交時，把這些「迷你層級」小國家，連結上雙邊夥伴大國和具有包容性的區域組織，而這正是澳洲一直在努力推動的。

但在軍事重要性方面，仍然沒有什麼是可以取代美國聯盟的。這就是困難的地方。澳洲政策在這兒出現混亂情況，不知道是不是要把這種聯盟當作是保護澳洲利益的工具，或是把它當作其本身就是利益。總理莫里森不加批評地形容這個聯盟是「我們的過去、現在和未來」，但這只是讓此事更加讓人覺得好像在霧裡看花。[18]澳洲十分依賴美國的國防設備、情報，以及在澳洲遇到危機時，美國會根據《澳紐美安全條約》，大批部隊一定會趕來援助。澳洲和美國軍隊已經變得可以「共同操作」，無縫訓練和一起作戰。甚至，即使川普十分善變，他對盟國的態度也不友善，但澳洲民眾還是把跟美國的軍事聯盟視為是不可或缺的：二〇一九年，澳洲獨立、無黨派色彩的智庫「洛伊研究所」（Lowy Institute）進行的一次民意調查結果，七三%的澳洲人相信，當他們的國家遭到威脅時，美國一定會來協防澳洲。同一份民意調查中，六九%的受訪者認為，此一聯盟使得澳洲很有可能會被捲入亞洲的戰爭中，這完全不符合他們國家的利益。[19]

那麼，在規劃如何度過未來的印太競爭時代時，澳洲的主要目標到底是什麼？跟所有國家一樣，它想要經濟繁榮與和平、安全與主權。但在這些看起來似乎很明確的目標之間，緊張氣氛卻正在升高。例如，在一個競爭激烈地區，遵守規則，對那些小或中等實力國家的主權來說，應該是有益的。然而，如果大家全都強調主權，那麼對於規則的接受度，將會變成是選擇性的，這將會腐蝕基於規則的世界秩序。結果，澳洲在印太地區的外交政策，就在國內引發另一種緊張對立。澳洲一方面想要阻止中國在這個地區占有主宰一切的地位，另一方面卻不希望這樣作會帶來戰爭或經濟崩潰。

澳洲和中國驚人的貿易量，是世界著名的：澳洲出口商品的三分之一是輸往中國，其中最主要的商品是鐵礦。[20]不過，這並沒有如很多人想像的，變成是澳洲的經濟弱點。澳洲在貿易上對中國的依賴，卻被中國自己對澳洲鐵礦（沒有任何東西可以真正取代它）的依賴所掩蓋了，事實上，和亞洲或歐洲某些國家相比，出口在澳洲經濟所占的比例並不是很高。[21]

還有，和北京建立穩固的貿易關係，是澳洲政府的最優先選項，因為經濟狀況的好壞會影響選民的投票意願。隨著中國崛起，某些觀察家因此替坎培拉設定一個很艱難的選擇，要它在最重要的經濟夥伴和安全盟國之間做一選擇。這可以輕易成為令人震驚的頭條新聞。但這並不僅僅是過度簡單化，根本就是不正確的。中華人民共和國真的是澳洲最大的貿易夥伴，但在澳洲經濟投資國的排名上，卻落後在第九名，甚至還比不上一些小國家，像是新加坡、荷蘭和盧森堡。[22]就算把香港的投資加到中國頭上，它的總投資金額也只上升到第五名，排在美國、英國、比利時和日本後面。美國一直是澳洲最大的投資國：二〇一八年，美國的投資金額占澳洲外國投資金額將近二七％，相較之下，中國所占的比例只有一・八％，而且在最近幾年當中，這樣的差距一直在擴大中。[23]

因此，如果在印太地區的安全競爭正在強迫澳洲作出選擇，那麼這樣的選擇其實只有很細微的差別，而不是真的必須在繁榮與安全之間選擇偏愛哪一個。貿易是一種交易，投資則牽涉到信任。到目前為止，說與中國的鉅額貿易會導致減少與美國的安全連結，肯定是不正確的。事實上，美國最親密的盟國，澳洲和日本，都和中國擁有很重要的貿易關係，遠遠超過那些東南亞國家和中國的貿易額，但是中國卻能夠更有效地在這些東南亞國家施加政治影響力。因此，貿易關係並不是決定性的戰略選擇，跟美國結盟，並不會減少這個國家在選擇要和誰貿易的戰略自治程度。[24]還有，在澳洲投資最多的幾個國家（像是日本），它們本身和中國在安全上也都存著一些歧見，並且把澳洲看成是一個可以保護自己未來資源的國家。這可以解釋，就像日本為什麼會投資開發澳洲的天然氣田。澳洲並不僅僅只是多面向棋戲中的一個主要參與者，它是各方垂涎的棋盤。

經濟可以是外交施壓的工具，但唯有把外交訊息透過政治來傳達才能辦得到。政治、國內利益和大眾認知的交集，就是一個國家最能夠使用經濟關係來對另一個國家的安全問題施加影響力的地方，如此就可以讓對方在主權不能讓步的情況下作出一些妥協。[25]最近幾年，澳洲一直是全球爭論的焦點，因為據報導，中國共產黨一直在干預澳洲的政治和社會，像是利用政治獻金來影響澳洲的外交政策，以及恐嚇澳洲多個華人社區中的異議人士。[26]澳洲的反制方法包括加強法律，來對抗偷偷摸摸的影響力和間諜行動，禁止外國政府對澳洲政黨提供政治獻金。這同時引起澳洲人民開始重視一些問題，像是對國家的忠誠度和民主價值觀，包括澳洲多處華人社區內部的問題。未來的挑戰在於，澳洲政府必須要向國內一百二十萬的華裔公民保證，澳洲的國家安全法是要保護他們不會受到外國政府的干擾，而不是指控他們對國家不忠。在察覺和阻止中國政府干預別國主權事務方面，澳洲可說是創了先例。[27]

有人說，坎培拉都是在美國命令下作出安全決定，這種說法是錯誤的；在這些問題上，澳洲一直比較像是領導者，而非追隨者，這是一個中等實力國家的獨立作為，自己承擔了這些決定的所有風險和責任。[28]因此，滕博爾總理領導的政府，早在美國採取類似行動之前很久，就開始抗拒中國對澳洲的干預。澳洲最出名的決定，就是阻止了中國對重要基礎建設的投資，像是阻止電子通訊大廠華為參加建設澳洲全國5G網路，比美國自己也禁止這家中國企業早了很多年。批評澳洲和美國結盟的人士，也經常呼籲澳洲要採行更獨立的外交政策。當然，我們可以假想一下，如果澳洲（也許還包括英國）在二〇〇三年拒絕加入美國對伊拉克的戰爭，將會發生什情況。但獨立決策並不表示要用對華府的順從來交換對北京的順從。

澳洲的經驗可以成為很多中等實力國家的範例，讓它們知道，如何在美國和中國的戰略競爭當中，保住它們的利益、價值觀和國家認同。外交政策、安全、經濟與國內韌性之間的結合，將會使得這些領域中，對於其中任何一個領域緊張氣氛的管理，變得更加複雜。這種新常態，需要接受持續不斷的摩擦。甚至不可能把澳洲和它最小鄰國（就是太平洋那些小島國家）之間的關係，和中國因素分開來。從二〇一八年以來，坎培拉已經大幅度增加對西太平洋美拉尼西亞地區的經濟援助，並在當地展開各種外交、教育和安全活動。在公開場合，澳洲政府堅稱，這樣做主要是基於太平洋「一家人」的立場，而去做應該做的事。事實上，也真的是這樣，儘管有過忽視和相互挫敗的階段，但在歷史上，澳洲一直在尋求加強與那些脆弱鄰國的關係。但是，澳洲當然也是基於其基本利益才這樣做。中國勢力已經在南太平洋快速擴展，包括海軍軍艦造訪，參與重要基礎建設工程，爭取政治影響力，包括公開與私下的。儘管地理位置看來似乎十分偏遠，但從二〇一五年起，中國就正式宣布，南太平洋是一帶一路的一條支線。[29]一九四二年以來，澳洲第一次面對這種可能性：一個可能不友善的大國，正計畫在澳洲東側興建軍事基地。澳洲似乎已經下定決心，一定要阻止此一可能性。[30]

因此在幾年之內，澳洲宣布了更為擴大的印太政策，並且承認有必要去保護它在印度洋和亞洲太平洋這一廣大地區的利益，而這樣做之後，澳洲突然發現，原來戰略風險已經來到它身邊。澳洲的力量有限（包括國防和外交），所以無法顧及所有前線地區。難怪坎培拉除了和美國結盟之外，也在尋找另外不一樣的夥伴。因此，澳洲在印度洋找到印度，隔著印太地區找到日本和法國，而在東南亞海域裡，則找到一位重要但很複雜的新鄰居，印尼。

印尼

與印度和中國一樣，印尼這個由島群組成的大國，也在尋找一個穩定的地區，讓它可以展開迫切需要的經濟發展。印尼一直被稱作是一個不可能存在的國家，它團結了二億七千多萬人口，分屬幾百個種族和語言族群。這個國家有著「虛飾的共同歷史」，但不令人感到意外的，只有很少的共同文化，因為這個國家是分散在幾千個島嶼上。[31]因此，它能夠以一個統一、獨立以及（從一九九八年之後）完全的民主國家身分存在，這本身就是一個很讓人難以相信的驚人成就。

但新的考驗在前方等著。印尼一直嚮往「自由與主動」外交，宣稱不僅要領導東南亞各國，更要領導不結盟世界。但這經常等於是一種治國手段，很像是這個國家很出名的一種藝術表演，皮影戲：觀眾們（從一般老百姓到外國政權）被劇中戲偶的動作深深吸引，但真相也許並非是實質的。民族主義語氣和光說不練的東協外交，經常取代了戰略方向、領導能力或建立國家力量。然而，現在印尼已經踏上可能在二〇五〇年超越日本成為全球第四大經濟體之路。在這個競爭更加激烈的區域裡，雅加達需要更加努力來把承諾化為現實，發展和運用將來會需要用到的力量和能力，用來保護它不斷擴展的利益。

與中國或甚至印度不一樣的是，印尼正在努力奮鬥，想要成為大國，成為一個能夠保衛自己的國家，並且還能夠向其他國家施壓。印尼軍隊大部分時間都在國內維持秩序，很少面對外國敵人。這並不意外，因為對這個還在成熟期的民主國家來說，國內不穩定、伊斯蘭教意識型態和恐怖主義，一直是它長期以來面對的挑戰。跟印度一樣，印尼的力量一直未能完全發揮。這個國家的組織和動員能力備受懷疑。印尼國內依舊存在著功能失調的問題，包括政治有傾向民粹主義或伊斯蘭主義的風險。印尼軍方仍然對政治抱有濃厚興趣，並且很可能退出改革，放棄保護民主和人民政府的使命。[32]

因此，這是一個華麗的怪異國家。印尼是一個被海包圍的國家：它的專屬經濟海域是它陸地面積的四倍，並且擁有全世界第二長的海岸線。然而它卻有一支強大的陸軍和一支弱小的海軍。印尼的領導人知道，在這個競爭激烈的地區裡，這是很不利的態勢。印尼總統佐科威已經體認到，他的國家的地理位置正是印太地區的中心，因此他把印尼重新定位為「全球海洋支點」。二〇一四年，在第一任總統就職演說中，他特別強調，印尼的國家願景是希望成為一個連結兩大洋的海權國家：

> 我們必須努力，讓印尼恢復到海洋國家的地位。海洋、大海、海峽和海灣，是我們文明的未來。我們已經有太久的時間，一直背對著這些海洋、大海、海峽和海灣……[33]

這是大膽與合乎邏輯的願景，承認大海帶給印尼各種祝福：機會與弱點，認同與義務。印尼的大部分資源（漁業、石油和天然氣）都在外海。對幾乎所有其他國家來說，這個國家的戰略重要性就在於它的地理位置：它們的商船和軍隊都經過印尼的內海和領空，但印尼卻只從這樣的交通往來獲得很少的經濟報酬。印尼外交官和學者領導了全世界設計新的法律，界定在印尼群島內海的主權，然而，他們的國家卻還在設法管理或甚至監控因新法實施而得到的這些海域，而且印尼因為內海充斥著非法捕魚、走私和海盜而備受困擾。[34]印尼如果想要實現它作為一個完整國家的承諾，也就是團結國內和對外建立起信用，那麼它必須好好管理各個島嶼之間的海洋空間，尤其是目前對於在印太地區內相互競爭的其他國家來說，這些海域所占的中心位置，已經使它們在戰略上變得十分重要。

這種挑戰仍然很難克服，重要議題的進展還算可以，而東拼西湊的海洋官僚機構也整合完畢。長久以來，印尼的港口基礎建設是亞洲國家當中最糟糕的，但這也已經獲得改善，不過是日本出資而不是中國。[35]海軍軍力也在成長中。印尼正在建造它迫切需要的快速巡邏艇，用來巡視它那有如迷宮的分散海域，但在談到海洋巡弋、情報收集、海上作戰與嚇阻方面，印尼的海軍軍力還是比那些比較開發的鄰國弱了很多，像是澳洲和新加坡，更別提中國了。這有很大的關係，因為中國正在宣示它對南海爭議區域的主權，而且針對印尼的納土納群島（Natuna Islands）而來。嚴格來說，雙方都沒有把這稱之為領土糾紛，到目前為止，這次衝突是為了漁業資源。印尼領袖採取堅定立場，反對非法捕魚，很多國家的漁船都被燒毀和被開槍警告。但當中國海警總隊的大型船隻前去干預時，印尼民防部隊的船隻馬上撤退，即使是在印尼海域內。後來，雅加達派出海軍來保護它的漁場。[36]雙方難看的對決場面遲早會發生。

在外交上，雅加達宣稱，是它成功領導東協另外九個國家體認到新的區域挑戰，幾經辛苦才讓大家達成共識，並在二〇一九年年中發表了一份標題為「印太地區展望」（Indo-Pacific outlook）的文件。這反映出，東南亞國家的集體意願，是既不想加入以中國為中心的秩序，也不想加入由美國領導的聯盟，用來和中國進行戰略競爭，而在此同時，東南亞各國又表達出想要想出第三種方式的願望，希望透過制訂規則、不威迫，以及以東協為中心的區域外交機構，來處理各方的歧見。印尼官員因此可以居功，說他們成功說服了這個地區的各個國家，讓他們接受這個事實：他們的前途真的就在印太地區，印度和澳洲也都是其中一分子。但這其實是在製造問題，因為這只是證明了，他們發動東協外交行動的結果，竟然是發現東協這個組織其實無法處理眼前的緊張情勢。這顯示印尼打了一手很弱的牌，而不是已經改變了現實狀況。[37]

因此，觀察家們仍然想要知道，印尼會不會從皮影戲後面走出來，並且成為一位真正重要的主要參與者。賽局裡也許藏有線索。為了準備應付可能出現的不確定狀況，很多國家的政府、軍方和智庫正在模仿二十世紀中期流行的戰遊網（wargaming）電玩，用它來模擬未來。像這樣的戰略模擬，一般都是模擬未來很多年後的美國與中國關係，但有時候會加入第三國因素。根據作者對這個電玩的經驗來判斷，印尼將會是這樣的一匹黑馬：它的實力被低估了，但它已經準備開發出強大力量，主要透過施展它的靈活外交手段，同時悄悄地累積它自己的經濟成長，把它轉變成未來的軍事實力。

這就是賽局和現實背離的地方。專家預測，印尼的經濟將會繼續成長，但這樣預測不會自己實現。印尼支持自由貿易，雖然值得稱讚，但卻和會阻礙成長的保守主義傳統相衝突。基礎建設的缺口仍然很大。印尼政府絕對不會反對中國一帶一路帶來的物質好處，畢竟，印尼還允許習近平在雅加達宣布海上絲路。報導印尼請求中國提供「特別基金」的頭條新聞裡，並沒有提到可能對印尼不利的訊息。[38]印尼當局想要中國的錢，但要求中國必須配合印尼的條件，並且還努力分散風險：印尼允許中國出資興建鐵路，但卻把具有重要戰略意義的港口興建工程交給日本和印度。同時，在能源領域方面，狀況仍然不明朗：印尼推動企業國有化，讓外國投資者卻步，而印尼自己的石油生產卻很緩慢。39

印尼正站在十字路口，而且不只一個十字路口。它雖然需要盡全力去保護愈來愈多的利益，但卻還未完全解決後殖民時期的主權問題。有時候，這表示需要動員印尼自己的資源，有時候則是需要更有創意地與夥伴國家打交道，有時候則是要堅守立場。這些難題不只印尼才有。

很多旗幟飄揚的大海

印尼的外交政策焦慮反映在東南亞海域上。很容易推斷出東協十國目前面臨的各種難題：在優先開發與社會團結之間徘徊，在美國與中國之間左右為難，是否要決心維護自治地位，很難讓各國達成外交共識，它們的實力比自己想像的更為虛弱，即使它們的總人口已經高達六億五千萬人，經濟總值更有三兆美元之多。要放大它們之間的歧見也同樣簡單，尤其是在被認為親中國的陣營（像是柬埔寨和寮國）和其他追求更多獨立的國家陣營之間。

但東南亞是個很微妙的地方，而且此地區各國之間的歧見和相似處，都很複雜和交互影響。矛盾是普遍存在的。因此有些時候，發表最親北京言論的，竟然是和美國結盟的民主國家的民族主義領導人（菲律賓的杜特蒂）。同時，越南的共黨政權為了對抗中國，竟然積極尋求與它之前的敵人（美國）建立國防夥伴關係，但同時又為了加強自己的軍事實力，而向俄羅斯及印度進口軍事設備，並接受軍事訓練。在印尼之後，越南是最有潛力成為真正區域大國的國家，且不會成為任何國家的附庸國。馬來西亞領袖在某一年批評中國的殖民主義，但在下一年卻又大力稱讚中國的電子通訊科技。新加坡總統警告說，美國加強亞洲軍力並和中國進行經濟競爭，會帶來危險，但在此時，這個小島國家卻又接待來訪的美國航空母艦，並且堅定地拒絕中國的政治干預。

東協各國之間的利益和態度，並不是絕對對立的，而只是在程度上有些不一樣：所有國家都想要得到中國持續成長以及跟它交往的經濟好處，但所有國家（甚至包括小小的寮國在內）全都害怕被中國控制。柬埔寨也許可以視為中國的附庸國，但該國人民都認為，現在的領導人已經把國家利益出賣給中國，而這樣的認知已經引發人民的憤怒，並種下長期衝突的種子。東協所有國家都願意促成一個多極區域，只是程度不一樣而已，在這個區域裡，美國、日本、印度和其他國家仍然在努力抗衡中國。所有國家現在都已經體認到，印太地區是一個地緣政治實體，東協最好透過旗下機構來認識這一點，而不是拒絕接受它。所有東南亞國家也希望東協能夠團結各國和幫忙解決問題，即使有些時候是理念超過現實。最典型例子，就是它們持續尋求與中國談判出一套行為準則，用來處理南海的相關爭議。從二〇〇二年起，這個外交過程就有如冰河流動般緩慢地進行著，而在這段時間裡，中國在興建完成的人工島上建設軍事設施，已經大大改變了南海爭議海域的面貌，這使得未來談判的行為準則變得好像是在保護中國的非法利益，而不是阻止它。想要使用包容性的外交論壇來處理本地區的困難問題，這種想法似乎很高尚，但也可能因此推遲了各種對抗行動，而讓戰略平衡在這期間轉向危險的方向。

朝鮮半島就是這種情況。大韓民國，也就是南韓，在廣大的印太地區擁有很大的利益。它依賴印度洋海路運輸能源的程度，甚至比中國和日本更嚴重，不僅是為了它本身的需求，也是為了把進口原油提煉成石油後再出口。它是美國的盟國，是已開發的民主國家，並且是全球第五大出口國，造船業是它最重要的工業之一。南韓擁有全世界第六大最繁忙的商港、大量商船和漁船船隊，並有一支強大的遠洋海軍。因為南韓同意美國在其境內部署反飛彈系統，引來北京懲處南韓公司後，雙方互不信任的情況愈來愈嚴重，而使得它和中國的鉅額貿易與投資關係蒙上陰影。然而，儘管南韓在更廣大地區的整合相當成功，但長久以來卻一直被鄰近地區的問題所困擾。它和日本本來應該有很多共同利益的，但卻因為日本以前對韓國的殖民統治及戰時的迫害，而使得兩國關係一直無法平順發展。未能完全解決這問題，是日本大致開明的外交策略裡的一個沒有意義的盲點。不過，最主要的是，首爾的外交和軍事焦點，還是放在常常鋌而走險的北方鄰國之間的麻煩關係。

有跡象顯示，南韓正在轉變成更具野心的地區主要參與者，例如，派遣海軍進行遠洋軍演，和東南亞國家舉行安全與情報會談，甚至還在中東派駐特種部隊。二〇一九年，南韓總統文在寅推出「新南方政策」，和東協進行更多交流，這讓東南亞國家在中國投資之外，增加了一種額外選擇，同時也擴大了南韓的外交空間，讓它能夠在中國、日本、俄羅斯和美國之外施展手腳。[40]首爾和新德里已經發現到彼此的存在，雙方在鋼鐵工業和汽車製造業合作，南韓的現代汽車已經在印度快速成長的汽車市場裡占有五分之一的銷售量。南韓和印度還在二〇一九年擴大雙方在海軍後勤補給及國防科技方面的合作，三星也把手機的生產線從中國撤出，轉移到印度。[41]現在還不清楚，南韓官員將來發言時，是不是會採用美國和日本目前已經經常使用的印太術語。[42]但具體行動更重要。日本和中國的敵對態勢，已經迫使日本轉往印太地區發展，所以，南韓在努力對抗它的兩個大鄰居的過程中，也正在被迫轉向更廣大地區發展，並因而找到新的夥伴。

以一個二千五百萬人口的窮困國家來說，北韓卻對地區與全球安全造成超過比例的影響，這要感謝它的核子武器計畫和經常揚言要發動戰爭。北韓並沒有完全被排除在印太廣大地區的戰略考量之外。平壤一直利用這地區的海路從事走私活動，包括用來支持它的飛彈與核子計畫。好多年來，北韓和巴基斯坦一直是隱密的核子與飛彈市集的一分子。而北韓不斷挑戰國際法，從發展核子武器和飛彈試射，到網路攻擊和海外暗殺行動，讓此地區的各國都覺得有必要團結起來對抗它。朝鮮半島的危機，有可能演變成全面戰爭，這是全世界的一個主要的潛在衝突點，有可能會把地區和全球的未來澈底打破。這將會影響到很多國家，不僅只有中國、美國、日本和南韓，連俄羅斯也無法倖免。

俄羅斯作為印太地區一個成員國的地位，一直備受爭議。長久以來，俄羅斯有一部分一直算是太平洋的國家，但在前蘇聯崩解之後，它在海參崴的艦隊就已經變得萎縮。至少從二〇一三年起，普丁就一直在推動「轉向東方」政策。這包括出口能源到中國和日本，或是重新出售武器給中國、越南、印度和印尼，特別是俄羅斯自己在歐洲的侵略性行動，已經破壞了它在當地擁有與別國合作和共創繁榮未來的機會，所以，俄羅斯只好轉向印太地區發展。俄羅斯在印太地區的利益脫離不了這三種：和美國及其他民主國家進行範圍更廣的戰略競爭；處理與力量強大的中國的關係；俄羅斯作為全球強權的殘餘自尊。然而，這些也有其本身的限制。它和美國及「西方」之間的競爭，主要還是在歐洲和北大西洋舞臺。至於和北京的關係，雖然表面上看來像是戰略夥伴的模範，但基本上，這很像是政治聯姻，莫斯科一直覺得好像被當作是次要夥伴。[43]當然，俄羅斯和中國關係值得密切觀察，尤其是如果俄羅斯真的按照普丁總統在二〇一九年十月宣稱的，俄羅斯將要幫助中國發展偵測美國飛彈發射的科技的話。[44]

有些分析家警告，俄羅斯和中國合作後，會把其他國家排除在歐亞之外。除此之外，這些分析家還指出，中國仍然把這看成只是它在滿足俄羅斯需求和恐懼感的「過渡期」，換句話說，這是中國在成為真正主宰國家之前的權宜作法。[45]不管怎樣，俄羅斯和中國的真正實質關係，在印太地區海洋的部分比較少，大部分還是在歐亞大陸，主要是在支持雙方的經濟往來和半民主制的中亞政權，同時也在對抗被這兩個大國認定的恐怖活動。

因此，俄羅斯一方面樂於見到美國勢力在印太地區逐漸衰退，另一方面則希望中國接下領導地位。但遭到高度質疑的是，俄羅斯會不會把它自己的重要利益押注在美國和中國的對抗上：俄羅斯真的願意讓中國把它捲入和美國的戰爭中嗎？[46]在另一方面，中國會擔心，俄羅斯會魯莽地把中國扯進不是北京造成的危機嗎？[47]二〇一九年七月，一架俄羅斯飛機在一次聯合巡邏時誤闖南韓領空，引來南韓槍炮齊發警告，這讓中國人民解放軍很不高興。還有，對中國來說，俄羅斯是一位很奇怪的朋友，因為它把先進武器賣給印度和越南。總之，不管對印太地區作出何種程度的再平衡，都不會阻止俄羅斯在這地區的影響力長期衰退。俄羅斯保有大量核子武器，並且在像網路與情報這些黑暗領域裡，擁有令人生畏的實力。它的空軍和海軍在各處出沒，從日本到東南亞，甚至偶爾還會現身在南太平洋。但俄羅斯仍然是一個軍力不平衡的國家，經濟表現很差，人口統計資料也不好看。從匯率來看，俄羅斯的經濟規模甚至小於加拿大。[48]俄羅斯仰賴石油出口，但碰上油價低迷，因此對經濟沒有太大幫助。從長期來看，它的人口一直在減少，健康和平均壽命的統計都不佳。[49]在未來幾十年裡，俄羅斯可以成為印太地區的一個重要和破壞性的主要參與者，但不會成為決定性的主要參與者。

全球區域

跟俄羅斯一樣，歐洲有很多別的問題需要去擔心。不過，即使歐洲的「歷史假日」已經結束，而且安全、經濟和政治問題都已經堆積在家門口，一些主要的歐洲國家和歐盟都已經大致開始認真看待印太地區，這是很多年第一次出現這種情形。歐洲長久以來一直把焦點放在亞洲，尤其是中國，把它看成是一個擁有很多商業機會的地方，很多歐洲國家一開始也全都是基於這個想法而歡迎一帶一路。在此同時，一些歐洲大企業也在這地區成立武器供應商。但也有一些歐洲國家對印太地區採取比較謹慎和有風險觀念的行動。影響到他們作出這樣行動的，主要是因為他們看出當地海上航路的經濟利益，潛藏在一帶一路裡面的地緣政治意義，中國在全球進行網路和情報活動的本質，以及因為強權國家之間再度出現緊張關係，而對國際自由體制帶來的全面風險。

巴黎帶領著這項轉變，全心全意支持印太地區是全球戰略中心的此一構想。[50]因為法國在太平洋和印度洋擁有很多島嶼領地，法國可以宣稱它是真正的印太強權，這讓它能夠一直控制任何國家所能擁有的最大專屬經濟區海域。法國在這兒擁有一百五十萬公民、八千人部隊和一支小型艦隊，永久駐防在這些領地裡，並且常有法國遠洋軍艦前來訪問，像是航空母艦「戴高樂號」（Charles de Gaulle）就在二〇一九年到訪。[51]法國正在和一些國家加強安全關係，特別是印度、澳洲和日本。印度和澳洲是法國最重要的武器客戶。在以規則為基礎的國際秩序裡，因為中國、俄羅斯和美國的關係，而出現緊張情勢時，法國總統馬克宏出面表態，表示會信守印太地區的自由民主原則，並公開呼籲，必須打擊中國「霸權」。[52]

法國和英國軍艦已經航行過一些有爭議的航路，像是南海和臺灣海峽，以此宣示以法律為基礎的大海自由通行權。德國也在考慮採取相同行動。但完全有理由提出一個問題來質問，這些歐洲國家是不是真的嚴肅看待它們對亞洲的承諾。像法國這樣遙遠的國家，真的會在海上與中國對抗，而讓它的部隊與經濟曝露於風險中？英國政府現在正忙著處理脫歐後的後續問題，那麼它還能夠提供多少外交心力，用來真正投注在例如香港或維吾爾人的權益上？英國很明顯地把外交心力重新投注在蘇伊士運河以東地區，開設更多駐地，部署更多人員，但它的整體戰略仍然不明確。二〇一九年，英國決策人員一方面忙於處理脫歐事宜，另一方面則還在辯論，要不要正式把英國的區域策略定名為印太政策，而不是之前的亞太政策。[53]然而，歐洲國家，歐盟本身，以及英國，現在則是透過商業稜鏡來觀看印太地區。

對歐洲或俄羅斯這些所謂的「外來」主要參與者來說，它們到底有多少利益是押注在印太地區上，其實並不清楚。但對居住在此地的很多國家來說，這完全沒有問題：它們所有的一切都押注在這兒，不是贏，就是輸。兩大海洋的那些小島國家已經發現，它們所在的地方已經成了大國相互競爭的舞臺。它們可以利用這個來獲得急需的開發，事實上，這也許還滿令人羨慕的，因為竟然有中國和它的很多競爭者突然爭相要給它們援助，並且提供基礎建設和訓練。但沒有一個國家想要成為另一個國家的戰場，甚至即使只是象徵性的，尤其是如果所有這些關注的代價是主權受到侵蝕，或是喪失能夠自主決定外交政策的能力，或是資源的使用和基礎建設興建與否，都需要承受來自更強大國家的不斷施壓。

在南太平洋和印度洋，這是一個很明顯的問題。此地的力量不平衡情況十分明顯，一邊是像中國和印度這樣的大國，另一邊則是像萬那杜和馬爾地夫這樣的迷你小國。在非洲也一樣，強大國家都在這兒競逐影響力，日本、印度、美國和歐洲國家尋求制衡中國，而像辛巴威和尚比亞這些國家則在再三考慮，擔心中國財富會對它們國家的自由決策權和行動能力產生不好的影響。[54]還有，在印太地區承受對此地區共有資源的強大壓力的，就是沿海國家的當地居民。在戰略上處於競爭態勢的各個國家，都在這兒爭相對自然資源進行商業掠奪，加劇了對當地居民和生態系統因為氣候引起的生存壓力。例如，當印度洋上大企業級規模的捕魚行動，逐漸由中國政府補貼的遠洋漁船船隊控制，並且正好碰上氣候變遷造成的影響，像是海平面上升，以及出現破壞力愈來愈大的暴風雨時，將會發生什麼事呢？[55]這些因素中的任何一個，都會威脅到很多小島國家沿海居民的生計；如果這些因素全部加在一起，將會造成毀滅性的破壞。小島國家會受到大國緊張對峙的重大影響，但其實這些小國家眼前最急迫的安全優先項目，主要是在氣候變遷、資源壓力、犯罪和社會秩序。[56]

實質的南亞國家，像孟加拉和斯里蘭卡，也感受到這種緊張氣氛，因為日本已經公開在這兒和中國競爭基礎建設工程及影響力。最後的結果，目前尚難斷定。例如，孟加拉現在已經不再是以前大家認為的那種被動和永遠貧窮的落後國家，而是正在加強自己的國力，尤其是它的經濟正以每年八%的速度快速成長。達卡正在對各捐贈國制定附加條款，以便讓自己保有相當程度的自治權。[57]例如，中國要在吉大港（Chittagong）興建港口的計畫，已經被暫時擱置，而日本在附近的一項工程卻受到歡迎。不過，北京提議要送潛艦給孟加拉海軍，並在孟加拉灣替他們興建一處基地，此一提議可能即將簽署，最後的交換條件可能就是讓中國海軍可以自由進出這港口。[58]

即使在巴基斯坦，印度在這兒也完全沒有影響力，美國則愈來愈不受歡迎，但卻有跡象顯示，中國在這兒也不再被視為是完全沒有爭議。巴基斯坦目前正在進行一項龐大的中國基礎建設計畫：這是一道「經濟走廊」，包括了港口、鐵路、公路、能源、工業和農業，外加軍事合作與快速成長的中國公民社區。對巴基斯坦來說，這個計畫的目標，就是要促進物質開發、國家安全，以及鞏固巴國這個半民主的政軍合一政權的合法性，以及恢復動亂省分的安定。但中國這項野心計畫的步調和規模，已經在巴基斯坦內部引發爭議，加上中國一些被視為是新殖民主義的舉動（像是購買農田來優先出口食物到中國），以及巴基斯坦國內一些人士對中國的怨恨情緒正在不斷升高，因為他們擔心，中國因素最終將會讓巴基斯坦國內的動亂情勢更加惡化，而不是緩和下來，並且還會加深印度和巴基斯坦的敵對氣氛。[59]

在此同時，非洲到目前為止，並沒有太多跡象顯示各國政府積極制訂印太地區的外交政策：它們的焦點主要放在邀請中國和它的競爭者前來投資。二〇一九年八月，非洲領袖表示，他們已經「注意到」（不是「支持」）日本的自由開放印太，這距離日本在肯亞首都奈洛比宣布此一理念已經過了三年。針對外國投資者，非洲各國領袖現在都會直接對他們設下更多限制條款，比較引人注目的就是中國的一帶一路計畫，例如，在二〇一九年六月，坦尚尼亞總統約翰・馬古富利（John Magufuli）終止一項中國的港口興建計畫，批評此一計畫的融資條件太過苛刻，「只有瘋子才會接受」。[60]隨著非洲的經濟與人口壓力在未來幾十年內逐漸增加，非洲各國政府很可能會更積極遊走於中國、日本、印度、美國和歐洲國家之間，尋求包括印度洋在內更廣大地區的未來上，能夠擁有一定的發言權。畢竟，到二〇五〇年，非洲人口預料將超越二十五億大關，並且將有可能超越中國和印度的總人口。[61]

從波斯灣那些石油輸出國家的觀點來看，印太地區這個大賽局仍然比較偏重供需問題。由於中東地區持續爆發政治動亂和不安定，因此阿拉伯國家和伊朗已經看出，它們重要的石油交易已經出現根本的改變：它們的主要客戶不再是美國和歐洲國家，而是印太地區的強權國家，包括中國、日本、南韓和印度。[62]而這些亞洲石油進口國家也已經慢慢接受這樣的觀念，就是因為對能源的依賴，將會要求它們跟上美國腳步，在波斯灣或荷莫茲海峽及其周邊地區，負起相同分量的安全責任。印度已經表示有興趣派遣它的海軍艦艇進入波斯灣，但中國和日本則比較專心於要先從伊朗那兒取得安全保證，保證它的船隻不會在它和美國及歐洲的衝突中，成為被攻擊的目標。[63]

在此同時，波斯灣國家的政府們，似乎並不急於主動去定義它們和印太地區國家的關係，將來會是什麼樣子。例外的是，伊朗和美國正處於接近衝突的情況；不過這似乎是川普的華府和伊朗的德黑蘭自己作出的選擇。就在這種情況下，二〇一九年突然出現戲劇性的媒體報導說，伊朗和中國有一項談了很久的安全夥伴關係計畫，內容包括，將由中國出動五千部隊，將來負責保護中國在伊朗境內的石油與天然氣基礎建設投資，但這些報導都未獲得證實，內容也讓人不敢相信，因為中國一直很謹慎，不願意去違抗美國領導的對伊朗的制裁，而伊朗本身也一直不願意讓外國軍隊進駐。[64]在大多數情況下，中東的石油輸出國家的行為，都是基於近期的經濟投機主義，而不是為了塑造它們與中國、印度和日本的關係而採取的長期戰略目標。更明白來說，在中國全面性迫害穆斯林一事上，穆斯林國家尚未和中國達成任何協議。從土耳其到沙烏地阿拉伯到人口眾多的印度洋國家，像是孟加拉和巴基斯坦，各國政府都冷酷無情地對新疆集體侵犯人權之事視而不見。[65]然而，這個問題也許終有一天會公開撕裂中國與伊斯蘭教世界的關係。[66]

伊斯蘭社區是這個緊密連結區域的很多跨國社區中的一個。印太地區也許是一個主要以國家為單位的地區，但一些非國家網絡，像是跨國企業、宗教和公民社會，都在繼續跨越國界從事各種活動。這些網絡反映出他們本身最在意的，主要都是一些區域性或國際性利益，而不是狹隘的國家利益。比較不確定的是，他們到底能夠發揮多少影響力，因為大大小小的國家都會再三強調經濟疆界，並且堅持他們的公民必須忠於國家利益。還有，同樣不夠了解的是，公民社會網絡，像是專門關心環保與人權問題的非政府組織，是不是能夠在這個地區發揮跨國影響力，因為這個地區裡的國家一直沒有組成像歐盟這樣的組織。在這地區裡，只有少數國家願意容忍跨國機構（像是全球性的社會運動組織或是聯合國的官僚機構）對他們的國內事務擁有決定性的發言權。不過，網路資訊的即時跨國流通，尤其是來自社群媒體的資訊，以及透過社群媒體進行集體動員的政治效應，已經無法被局限在國家疆界裡。最近的一個例子就是，國際公民運動支持香港的民主抗議活動。中國這方面，則是尋求全面性的嚴格審查和監控，以及跨界去鎮壓反對聲浪。

印太地區是真正的全球性地區。大部分國家的利益都牽扯到貿易、國際勢力平衡，以及公海的自由通行。印太地區並不是像美國和中國兩者的直接角力賽局，反而更像是一道謎題，各種利益交互重疊、排列、集中、分叉和相互衝突。這場競逐賽局不僅有很多主要參與者參與，同時也包含了複雜的多層面，包括安全、經濟、外交等。

07

chapter

保護濱海地區

印太國家集中在濱海地區行動和競爭，這有兩種意義。這樣的競爭跨越範圍很廣的多種問題：不僅只有軍事國防，還有商業、外交和知識的操作。而且大部分行動都在海上或是在港口及海港進行，就是陸地和大海交會之處，也是一帶和一路會合的地方。為了想要好好了解這些，我以澳洲皇家海軍貴賓的身分，展開一趟海上行程。

監視大海

圍繞在我們四周的是另一個潮濕的黎明，置身在爪哇海的赤道平靜中。但對澳洲海軍來說，今天是很特別的一刻：熱情歡迎來到雅加達。這是澳洲最大鄰國的首都，這個國家在很早以前一度被澳洲視為不是朋友，反而更像是潛在敵人。但大部分情況現在已經改變。印尼現在是澳洲比較有希望的安全夥伴之一。它快速成長的經濟，以及具有創意的外交手段，已經讓它更靠近這個很有動力地區的核心。印尼變得很重要。難怪中國領導人會選擇雅加達作為宣布海上絲路的地點。

澳洲海軍旗艦是二萬七千噸的「坎培拉號」（HMAS Canberra）。技術上來說，它的艦種分類為直升機船塢登陸艦（landing helicopter dock），不過，看起來倒是很像航空母艦，有著面積很大的平面甲板。「坎培拉號」的艦橋裡配備高科技的導航操控臺，但同時也提供比較舊式和令人覺得愉快的寬廣觀察窗，從這兒，我們可以看到在前方航道上航行的船隻再度多了起來，這是我們在兩天前駛離擁擠的新加坡海峽後，第一次看到這樣的景象。貨櫃輪、化學品船、船上可以見到白色大球形的運送天然氣的巨大商船、載客的渡輪、拖網漁船、拖船、一艘中國民用船隻很有趣地配合我們的速度和航線，現在，另外還有一艘印尼海軍軍艦在旁護航。

這支很適當地命名為「印太奮進」（Indo-Pacific Endeavour）的特遣艦隊，包括軍艦、直升機和一支陸軍小隊，正在接近這次馬拉松遠航的最後階段航程，在結束對雅加達的訪問之後，即將返航母港。過去三個月裡，這支特遣艦隊懸掛澳洲旗幟航行在最重要的海路上，從印度洋一路航行到南海。這證明澳洲正在實現它對印太地區的承諾。澳洲艦隊和印度、斯里蘭卡、泰國、馬來西亞、新加坡和越南的海軍部隊進行聯合訓練。這裡面有很多親善訪問和公共關係活動，以及比較不友善的行動，像是有人從中國漁船上發射可能會造成失明的雷射光，照射澳洲直升機的飛行員。[1]

現在，我們進入了雅加達的丹戎不碌（Tanjung Priok）港，這是印尼的最大港口。最近幾年來，這個港口已經開始擺脫缺乏效率的惡名，但在未經過專業訓練的普通人看來，這兒仍然相當混亂，只不過有點亂中有序的味道。在全球最繁忙港口的排名中，這兒僅僅排第三十名。我們搭乘的這艘軍艦，是澳洲有史以來最大的，很快就成了這港口的又一位訪客，被包圍在貨櫃輪和起重機的峽谷與森林中。二〇一九年五月十八日這一天，在澳洲老家，剛好就是選舉投票日。但在這兒，沒有人關心那個。和一群人耐心地把這艘價值十億美元的軍艦停泊在狹窄和不熟悉的碼頭邊比起來，治理國家大事好像只是業餘人士做的。最後終於順利停泊成功，接著舉行了歡迎儀式、敬禮、海軍將領，還有巴里島舞者。

不過，真正壯觀的全都在我們四周。這處印太地區濱海港口，是一個正在成長中的經濟密室，十分熱鬧：船隻、起重機、貨櫃、卡車，這兒好像是全球貨櫃輪的集中市場，可以看到大家熟悉的各家貨櫃公司的名稱，像是快桅（Maersk）、Meratus、中遠海運（COSCO）、達飛海運（CMA CGM）、萬海航運（Wan Hai）、Temas Line、長榮海運（Evergreen）、漢堡南美船務（Hamburg Süd）、海豐國際（SITC）等。遠方則是朦朧的城市景象，有著惡名昭彰的交通混亂狀況和一千零六十萬名居民，且居民人數還在繼續成長。幾艘銀白色的軍艦夾雜在其中，形成很怪異的排列。商業與安全經常像是兩個分隔很遠的不同世界，但現在，它們竟然肩併肩排在一起。

什麼也比不上出海去親眼瞧瞧。近距離觀察印太地區的海上高速公路和十字路口，就等於是親眼見證這個世界的內部運作。對麻六甲和新加坡海峽來說，更是如此，這兩個地方採取交通分流制度，因此每天可以讓幾百艘船隻通過。今天有幾十億人（現有人類的一半）屬於全球中產階

二〇一九年，在「印太奮進」親善訪問期間，澳洲海軍旗艦「坎培拉號」駛進雅加達的丹戎不碌商港。
版權：Rory Medcalf.

級，生活過得相對舒適，有選擇的自由，更有尊嚴。[2]然而，多看幾眼和平與富足薄紗的後面，就可以看到持續運轉的巨大引擎，正在支撐橫跨大海的此一驚人成就。在現實生活裡，這是截然不同的兩種機器：一種是五顏六色的巨大貨櫃輪，它們聚在一起，形成十分壯觀的景象，但也承載難以想像的全球商業重擔；另一種則是比較小型和流線造型灰色船體的軍艦，它們是被設計來阻止戰爭的，但其本身首先必須具備能夠發動戰爭的能力。

表面上看來，這是兩個不同的世界，彼此相互隔離、平行存在，而且常常是兩者擦肩而過。商業船運很像是一種全球系統，而我們很久以來就一直說服自己去想像，在這制度裡，國界並不會受到重視。一艘載貨貨輪會在很多地方把貨物裝上船，然後把它們運送到更多地方。它們懸掛的國旗經常只是為了方便，也就是說，目的是為了把法律債務減到最低，而且和船東、船上的多國籍船員，或是它的母港及目的地港口，都沒有關係。很多年來，只有很少數國家嘗試要組成懸掛自己國家國旗的「商船海軍」，不過，中國現在正在帶頭這樣作。

在此同時，軍艦艦隊（真正的海軍）仍然是主權的海上堡壘，是防衛力量，也是攻擊武力。海軍科技的演進，是朝向開發出比較小型的船隻，乾淨俐落的線條，表面上看不出有太多武器，讓人看不出它真正的偵測和摧毀能力。這些特點主要用在全世界的潛艦艦隊上，並且愈來愈集中到印太地區。現代化的巡防艦和驅逐艦，是水面作戰的馱馬，和將近二十萬噸的巨型貨櫃輪排在一起，它們看起來就像小模型一般，如果兩船相撞，誰比較吃虧，那就不用說了。

但是，經濟與安全在印太地區海路的交互作用下，卻藏有亂流。財富和權力政治是交叉進行，而不是繞道而行。因此，海軍不僅僅準備用來作戰，它們大部分時間還要練習其他技術，從揮舞國旗進行外交活動，到大海巡航、撤退難民和運送救難物資。國與國之間是要合作或是相互競爭，它們都是用處很大的工具（每次象徵性的部署都牽涉到這兩種作用）。

「坎培拉號」在二〇一九年年初的這趟遠航航線，是幾百條金銀絲線的其中一條，而當時各國海軍密集的航線就像窗格上美麗的金銀絲線，交叉布滿整張地圖。由三艘軍艦和大約七百名水兵組成的一支中國海軍印太特遣艦隊，結束了印度洋打擊海盜任務後，在往南太平洋途中，前往澳洲雪梨港訪問。在這之前，中國已經在青島接待十幾個國家的海軍艦隊，並且舉行一場盛大的艦隊校閱。法國海軍旗艦「戴高樂號」航空母艦率領一支法國特遣艦隊，從吉布地前往東南亞，和印度、日本、美國、澳洲、新加坡及越南海軍舉行軍演。印度海軍也加快軍演的步調，幾乎同時和美國在印度洋軍演，在孟加拉灣和澳洲、法國及日本海軍軍演，在釜山外海和南韓海軍軍演，在南海和越南、新加坡、菲律賓及美國海軍軍演。法國和加拿大軍艦則航經臺灣海峽的國際海域，以此突顯它們正在行使公海自由通行權，英國兩棲攻擊艦「海神之子號」（HMS Albion）幾個月前，在南海也作過同樣的事。至於日本，則派遣它最大型軍艦之一的「出雲號」（JS Izumo）直升機護衛艦，前往孟加拉灣和南海，在那兒和多國海軍聯合演練，包括美國航空母艦「雷根號」。過了不久，日本又派遣另一架直升機護衛艦前往昆士蘭外海參加大規模的美國與澳洲的護身軍刀（Talisman Sabre）軍事演習。[3]

民間方面，海洋高速公路的龐大商業並不單單是共創繁榮的雙贏跨國傳奇，更是一波上升浪潮，把所有船隻都抬了起來。也許從來沒有，但無論如何，總有一些國家會出來堅稱這是它們的權力，並且再度尋求要掌控整個海域。控制港口和擁有船運公司，正在變成把國際供應鏈「武器化」的一個要素。某些分析家指出，中國國營化和控制快速擴張的國際海底電纜網絡、船運航線和商港，其中很多還成為中國數位與資訊公司的中心。[4]例如，一個由中國國營中遠海運集團掌控的全球聯盟，就牽涉到一些外國私人海運公司，包括總部設在馬賽的達飛海運，萬一發生貿易衝突時，也許可以讓中國取得進出某些港口的權力。

更廣一點來說，這兒的爭議點在於，由中國國營企業控制的供應鏈和港口，可以被轉變來滿足戰略目標，像是情報收集和破壞經濟，或只是單純地切斷競爭對手的商業活動。例如，中遠海運同時也是中國海軍一個重要的後勤承包商，並且已經在一些民用船隻上裝置能夠在海上替軍艦加油和再補給的設備。這也許聽起來好像是在疑神疑鬼，而且只要以規則為基礎的全球合作系統還能夠運作，或許並沒有什麼害處。但如果國與國之間的競爭惡化成衝突或更嚴重的情況，那麼將成為大競逐中很重要的一部分。還有，如果爆發危機，民間經濟連結也許突然成為安全資產或負債之際，海軍也會暫時丟棄彼此歧見，轉而支持民間船運。畢竟，他們所受的訓練不是只有護航船隻，還包括如何追蹤、攔截和擊沉船隻。

貿易風轉向

亞當・斯密（Adam Smith）在一七七六年寫道：「每個國家的政治經濟大目標，就是增加這個國家的財富與力量。」[5]「財富與力量」：出自市場經濟理論創始理論家的此一觀察，在過去幾十年來全球化的喧鬧聲中，經常遭到忽視。對很多政府來說，至高無上的指導原則就是，用最大可能去擴展公開市場，而各國之間在經濟上相互依賴，則會對所有國家帶來好處。隨後，它們之間力量平衡的任何改變，將會是容易控制的，讓它們可以無限制地取得便宜與豐富的物資。就其本身來說，沒有人會否認自由貿易的雙贏邏輯。自從第二次世界大戰結束以來，全球經濟成長已經有了重大成就，而在冷戰結束後，經濟成長更為驚人，這已經證明這樣的觀點是正確的。

這股動力一度在印太地區隨處可見，或者更正確來說，應該是之前的亞太地區。幾十億人已經改善了他們的生活水準，經濟成長最先出現在日本和亞洲四小龍，然後是中國、東南亞和印度，現在則是印度洋濱海地區的其他國家，以及非洲的很多國家。這是人類努力追求幸福的劃時代故事。很多政府為了維持這種精神，正在努力尋求達成自由貿易協定，不管是雙邊性或區域性的，像是以東協為中心的「區域全面經濟夥伴關係協定」（Regional Comprehensive Economic Partnership）。但大部分的風已經從自由貿易的帆上跌落。

一九九〇年代和二〇〇〇年代，也許可以被視為是全球化高峰期，其特點是全球貿易量驚人，尤其是亞太和東亞地區。中國、日本、歐洲和美國之間十分興盛的商業往來，則居於主導地位，很多產品都是分階段製造，分別由很多國家的「世界製造」工廠生產，但最後都掛上這些主導國家的品牌，成功遮掩了多國價值鏈，最典型的例子就是智慧手機和電腦。[6] 很多工廠都在東南亞、南韓和臺灣，臺灣更是全球半導體的龍頭。印太地區也加入了這波熱潮，因為亞洲和歐洲的商品往來，絕大部分都經由海路運送，中國和非洲的貿易突然大幅度成長，經濟上正在快速成長的印度，也成為很多國家的重要貿易夥伴，尤其是美國和中國。更重要的是，全球與亞太貿易的資源來源，愈來愈轉向印太地區，這是因為中國和其他東亞國家對澳洲、非洲和拉丁美洲的能源、礦產與食物的需求正在快速增加。不管是商品價值或重量如何，絕大部分的貿易商品都是利用海運，將來也會如此繼續下去：根據世界貿易組織（World Trade Organization, WTO）的統計，二〇一八年，中國出口與進口商品中的三分二，都是用海運運送，其餘的大部分利用空運，印度、日本、東南亞、澳洲和其他國家的海運比例甚至更高。[7]

但自由貿易從來就不是全貌。在這段時間裡，一些政府仍然比其他國家更關心亞當．斯密的警告：經濟邏輯和國與國之間的競爭，這兩者之間天生存在著緊張氣氛。中國能夠在這時候脫穎而出，不僅是因為它只有很小的力量去中斷外國資源供應鏈，而且還因為它堅定和有系統地利用國家力量去建立和保護這些生命線。國家生存（政權生存）不能寄託在市場上。這種潛在邏輯，和一帶一路表面上宣稱的共創雙贏局面與所謂的「命運共同體」，其實相差甚遠。

現在，所有國家都懂了。過去幾年，「地緣經濟」概念突然大為流行，此概念是美國經濟學家愛德華．魯瓦克（Edward Luttwak）在一九九〇年創造的，當時剛好是冷戰結束之後，他指出，在追求國家優勢方面，「商業方法已經取代軍事方法」。[8]國家疆界和主權仍然很重要，但更精確來說，國家現在是透過經濟來爭奪優勢，而不是透過軍事武力。在二〇〇八年和二〇一八年之間，美國終於把魯瓦克的精準觀察轉變成政策，並且把經濟視為是建立強權關係的工具。[9]各國不再相信「經濟、金融和科技相互依賴本身就很重要」的這種論點，因為它們現在終於明白，這雖然會替它們帶來操控經濟的好處，但也會曝露本身弱點給對手。[10]定義此事的另一種方法就是，把「相互依賴」武器化。[11]就如某位學者說的，這就是「在一塊具有地理優勢與弱點的棋盤上……把經濟政策證券化，以及把戰略政策經濟化」。[12]

這種說法是正確的，但同時也是不正確的，這真的說不準。就跟很多容易讓人上當的世界事務標籤一樣，地緣經濟一詞並不完全正確。通常，都是地理位置最重要，例如，爭取在和平時期擁有進入某些港口的特權，或取得特別資源，像是石油或是很多電子設備不能沒有的稀土。甚至連網路安全也和地理位置有令人驚訝的強烈連結。海底電纜和人造衛星需要透過網路傳送資訊，而這些網路就連結到實際的地理位置。資料中心可以設在實體地點，但網路攻擊可以不理會地理位置，立即可以跨越國界發動。在網路競爭和使用法律爭取戰略優勢方面，地緣經濟變得愈來愈不涉及到地理位置，而是更注重如何運用各種力量去保護和取得國家利益。

除了地理位置，全球地緣經濟競爭還牽扯到，如何在未來科技競賽中取得優勢。在以前比較單純的時代，這些通常是指作戰和嚇阻科技，像是彈道飛彈、核分裂和熔合、噴射引擎、隱形材料、感應器、精準射控。現在，最敏感的科學戰場就在於軍民「兩用」領域：表面上看來無害的民間研究，卻會對國家安全造成關鍵性影響。根據「中國製造二〇二五」（Made in China 2025）計畫，中國已經明白宣示要在這些科技領域取得主控地位的野心，這不是在向全世界表達它的意願，反而更像是在警告這個世界。這些領域包括人工智慧、先進運算、量子科技、機器人、自動系統、商業太空科技、3D列印和物聯網（Internet of Things），以及新一代（5G）的行動通訊科技。

並不是以前的科學努力都是用於狹隘的軍事用途上，例如，一九五〇年代和一九六〇年代的「太空競賽」，也牽涉到戰略優勢和恫嚇力量上的競逐。但今天的民間與軍事之間的界線，幾乎已經模糊到完全不能分辨。這方面的競爭主要是美國和中國，但也牽涉到歐洲、澳洲、日本、印度和其他國家。這不僅僅是美國和中國在新科技方面的競爭，還包括如何保護這些科技新機密，以免被對方竊取。這樣的競爭還涵蓋了外交、經濟、引誘和威脅，以及強迫其他國家選邊站。它把國與國之間的緊張關係、衝突、間諜、滲透和猜疑，全部帶進被認為應該是單純和獨立的大學實驗室，也帶進企業的會議室，更帶進消費者的本身利益和一般民眾的道德選擇。一般認為，最後應該會恢復成正常的商業活動和感覺。但其實不會。

美國和中國對中國電信大廠華為的爭議長期僵持不下，就是最重要的例子。華為被指控和中國政府及共產黨有密不可分的關係，而這兩者都在企業內握有影響力，中國所有的大企業都是如此。[13] 這傷害了華為在其他國家投資核心電信和網路基礎建設的可信度，因此，澳洲政府在二〇一二年拒絕華為投資它的全國寬頻網路，接著又在二〇一八年再度拒絕華為參與它的5G建設，這讓華為陷入危機中。美國、日本和紐西蘭接著借鏡澳洲的5G經驗，美國並且採取特別強硬的立場，包括印度、加拿大、英國和很多歐洲國家，則對華為採取不同程度的限制措施。以加拿大來說，它在二〇一八年扣押了華為一位高層主管，就是華為創辦人的女兒孟晚舟，準備以涉及詐騙和違反美國制裁伊朗政策的罪名，將她引渡到美國。中國則採取很奇怪的人質「外交」的報復行動。它逮捕了兩名加拿大人，一位是商人，另一位是廣受全球尊敬的非政府組織「國際危機組織」（International Crisis Group）的分析家，後來，在加拿大當局明確表明不會釋放孟晚舟之後，中國當局最後就以間諜罪名將這兩人起訴。這兩人和孟晚舟的命運已經被殘酷地連結在一起。[14]

超越單純地理位置的「地緣經濟」競爭的另一項特色，就是使用經濟相互依賴來進行直接脅迫：懲處其他領域的行為，像是安全或政治。地緣經濟、經濟槓桿，或是相互依賴武器化，不管我們怎麼稱呼它，這都是指在不流血的情況下壓制對方，這是極其古老的作法。相互依賴程度愈大和愈不對稱，這種武器就愈強大。中國不是唯一好戰的國家，日本和南韓都已經引人注目地重新提起民族主義和歷史上以前的爭議，而且在最近幾次都使用進口與出口限制作為經濟懲罰的方法。當然，美國過去就是經濟施壓的大師，從珍珠港事件以前對日本實施失敗的石油禁運，一直到最近對俄羅斯、北韓和伊朗的金融與貿易制裁。甚至連印度也開始到處施壓。但中國則是按照自己的習慣來使用經濟脅迫：從因為諾貝爾和平獎頒給中國異議人士劉曉波而抵制挪威的鮭魚，到因為美國在南韓境內部署反飛彈系統，而逼迫南韓的樂天百貨撤出中國。[15] 甚至連航空公司在網頁上把臺灣列為國家時，也遭到中國威脅，或是因為某位官員支持香港的民主抗議活動，而抵制體育競賽。

有些政府和企業一想到中國為了政治原因對他們進行經濟懲罰時，馬上會嚇得趕快屈服，但這樣的威迫造成的後果好壞不一。經濟施壓往往只是單發武器：一旦使出，對方國家會加強防衛，並且尋求分散它的弱點，去找出更可靠的供應者或市場，因此在二〇一〇年，中國因為一次海上意外而對日本懲罰之後，日本就開始尋找稀土原料的新來源。商業脅迫通常會選擇對中國本身經濟沒有太大傷害的領域，因此，中國也許會在觀光和酒類上威脅澳洲，甚至也會選擇煤礦，但不會選擇鐵礦石，因為澳洲是中國鐵礦石的主要來源。

報紙頭條新聞暗示，「川普的貿易戰」是造成當前地緣經濟混亂的起源，這是錯誤的。當前地緣經濟混亂的原因很多，不僅只有貿易戰，而且美國也只是加入一場已經進行了好久的競爭而已。魯莽和難以預測的川普總統把關稅拿來對付中國（以及其他大多數國家），已經引發各方廣泛譴責；如果情況繼續惡化下去，沒有止境，那麼這場以關稅來報復關稅的戰鬥，將會使得全世界變得更貧窮。不過，「貿易戰」這個觀念卻掩蓋了一項事實，那就是很多年來，中國一直透過很多方法，像是有系統的偷竊高科技的設計與製造機密，來對美國及其他國家進行全面的地緣經濟攻勢。

例如，美國一個大陪審團已經聽取報告，指控華為設了獎金制度，獎勵員工從競爭對手那兒偷取敏感的技術資訊，而且中國法律還規定中國公司必須支持國家情報收集工作。此一事實在二

○一八年十二月得到證實，當時有好幾個國家宣布，中國公安部的駭客駭進網路管理供應商的網路內部，有系統地偷竊「歐洲、亞洲和美國等地的智慧財產和敏感商業資料」。[16]所有國家都在從事間諜活動，但這是個不同的間諜活動，規模也不一樣，而且全都違反了習近平和歐巴馬在二○一五年達成的有關防止商業間諜的協議。

在日本、美國、印度和澳洲作出反擊後，終於促成中國稍微調整了它的野心與方法。但這場競爭遠遠還未結束。舞臺已經架設好了，將繼續進行各種商業間諜行動與反行動的劇碼。而且這還連結到更廣泛的正面競爭，牽涉到安全、外交與爭奪感情與理智的戰鬥。

緊張升高

現代印太地區的經濟故事是從能源開始。隨著亞洲經濟成長，這些國家很快地發現，沒有一樣燃料是它們能夠自給自足的。於是，它們轉向中東和非洲，全世界大部分的碳氫化合物都蘊藏在那兒。今天，這些能源使得印太地區成了世界工廠：《日經亞洲評論》（*Nikkei Asian Review*）在二○一九年六月十四日報導：「來自中東的原油，支持了亞洲製造業的整個供應鏈。」[17]中國、日本、南韓、臺灣、東南亞、澳洲和印度全都仰賴印度洋海路來運送它們最急需的燃料，並替它們帶來繁榮、政治穩定和安全。中國最大的石油來源包括沙烏地阿拉伯、安哥拉、阿曼、伊拉克和伊朗；日本的石油供應國則包括沙烏地阿拉伯和阿拉伯聯合大公國；南韓是科威特、伊拉克、卡達和阿拉伯聯合大公國；印度是沙烏地阿拉伯、伊拉克和奈及利亞。

亞洲經濟在能源上仰賴印太海路，現在，這已經是舊聞了。然而大部分國家都已經在慢慢行動，負起保護這些能源供應的全部責任。即使在二〇一九年，就在伊朗和美國及英國的衝突已經威脅到全球石油供應之際，很多印太國家對於是不是要派遣軍隊去維持荷莫茲的安全通行，還是抱著謹慎態度。這並不是說它們對自己能源的安危漠不關心，因為多國海軍在附近的亞丁灣清剿海盜的行動，已經證明它們是很關心的。中國已經有一支海軍艦隊常駐亞丁灣，並在吉布地設有一處基地，將來還可能在巴基斯坦的瓜達爾及其他地方設立基地，因此，中國將愈來愈有能力在必要時發動軍事干預，包括如果它認為，它的石油運送出現的危險並不是因為伊朗，而是美國和它的盟友。伊朗已經表明，必要的話，它會攔截運送石油的油輪。美國戰略分析師公開表示，正在思考這種可能性。[18]一天只要攔下一艘油輪，就會撼動中國的經濟。

在印太地區追求能源安全，並不只是由海軍護航油輪而已。特別是中國、印度和日本，長久以來，都是透過在國外的能源投資，來取得國家優勢。中國和印度一直在競爭購買油田和天然氣田的股份，從非洲一路買到中東和中亞。但並不會因為擁有外國資產，就能確保石油供應會在可接受價格下不會中斷。一般來說，和地主國簽定的協議，都會規定要把大部分生產出來的石油出售給當地市場。[19]然而，這並不能阻止中國和印度直接發動競標戰爭，從奈及利亞一直打到伊朗和哈薩克，在這些地方，因為中國的口袋比較深，國家決心動員搶標，以及喜歡冒險，因此，中國通常都能獲勝。[20]

並不是所有事情都讓中國得逞。能源安全競爭也在靠近中國的海上上演。爭奪石油與天然氣蘊藏，也許不是促成南海領土爭議的主要動機，但卻是不斷爆發的地緣政治動亂的一部分。特別是越南，一直在努力阻擋中國入侵它的沿海水域，並且自己進行一些能源探勘，把部分股權賣給外國及商業夥伴，並鼓勵他們前往開採，其中包括印度和俄羅斯的國營或合營公司。[21]雖然印度可能擔心會在南海跟中國惹上麻煩，但俄羅斯則完全沒有這種顧慮，因為中國需要俄羅斯支持它在歐亞的行動，以及支持它對抗美國。

中國對這種能源困局的回應，可以分成很多部分。首先，中國努力要讓自己成為再生能源的超級大國，例如，它是全世界太陽能板、風力渦輪和電動車的最大生產國。[22]中國的經濟成長絕大部分靠煤礦（火力發電），所以，中國最初一直抗拒國際間要它減少碳排放的要求。今天，中國努力把自己塑造成是對抗氣候變遷的戰士，即使它仍然是全世界最大的燃煤消費國，中國目前燃燒的化石燃料是世界其餘國家加起來的總和。[23]中國目前仍然十分依賴進口石油、天然氣和石化產品，把它們用在道路交通、開礦、農業和製造業等所有項目上。能源如果出現緊急狀況，不僅影響經濟，也影響到人民對政權的信心。

因此，除了在印度洋保護能源安全運送之外，中國還在東海尋找含有豐富能源潛力的水域。中國也購買更遙遠地區的碳氫化合物礦產的股份。它還投資港口、煉油廠和陸地輸油管，同時還快速建造國營或至少由國家指定的油輪船隊，而且跟大多數國家不一樣，就是這些油輪都懸掛中國自己的國旗，這樣作就有了可以使用武力保護它們的法律基礎。為了取得更進一步的保險，中國還和能源供應國建立起特別的外交關係，完全不理會它們的政權是哪種型態，事實上，中國甚至還比較喜歡和獨裁或貪腐政權打交道。還有，更厲害的是，中國正在自己國內建立戰略石油儲備，足夠供一百天使用。[24]

即使全部結合起來，所有這些行動也不能保證，一旦發生危機，中國能夠獲得正常水準的能源供應。快速興建輸油管，甚至也趕不上中國石油需求增加的步調。經過巴基斯坦或緬甸的輸油管本身就很容易受到破壞或中斷，而且不管怎麼樣，輸油管只是縮短海上輸送過程，並不能取代它們。[25]美國在能源上相對獨立，最近幾年來它的頁岩油生產也快速增加，在跟中國發生軍事對峙時，這是很大的優勢。即使如此，美國如果採取帶頭封鎖戰略，其所帶來的不利之處和危險將會很多，更別提對全球經濟造成的衝擊了，還有，如果不能至少找來印度和日本參加的話（最理想的是連俄羅斯也找來），將會很難實施這樣的封鎖。[26]

不論如何，中國對其能源安全兩難局面作出的回應，已經成為它擴大戰略的一部分，就是透過投射影響力來保護利益，也就是一帶一路，以及跟它配套的軍事與外交行動。這導致第二階段的地緣經濟競賽：北京意圖控制整個印太地區、非洲和歐亞，而它要控制的，不僅僅只有能源路徑，還有更廣大地區的供應鏈和原物料來源。幾乎緊接在第三和第四階段之後，馬上出現對中國這種重新校正行為所產生的反彈。

很多帶，很多路

拒絕會得罪人。因為拒絕二〇一七年五月加入盛大的一帶一路國際慶祝活動，印度因此變成這場盛會的孤魂野鬼，並且不斷提醒全世界，在習近平這項偉大計畫背後，還有很多沒有得到答案的問題。印度政府在解釋它為何拒絕時所用的很有禮貌的用語，也許聽來很無辜，但卻引發一些外交後果，揭露了這整場一帶一路的表演，其本質是自私自利和以中國為中心。印度的這項聲明，首先說明它原則上願意與中國合作，但接著列出，如果要進行這樣的「連結行動」，有很多先決條件：

> 這樣的合作，一定要建立在全球認可的國際規範、良善治理、法治、公開、透明與公平的基礎上。雙方合作一定要遵守金融責任原則，以避免此計畫製造出社區無法負擔的債務；生態與環境保護以及保育標準，必須達成平衡；透明評估合作計畫的代價；技術與科技必須轉移，用以協助由地方社區創造出來的資產的長期運作和維護。合作計畫進行時，一定要尊重主權與領土完整。[27]

對二十一世紀任何一個計畫來說，這似乎是最完美的要求了。一個治理良好的社會裡的任何一位公民，都會期待自己的政府在評估任何地方開發計畫，像是道路、礦區、水壩或觀光景點時，都能夠用這樣的標準來加以審查。無可否認，到目前為止，印度都還沒有在自己的領土採用過這樣的標準。但我們現在已經明白，印度如此抗拒的主要原因就是，中國正在興建一條「經濟走廊」，正好經過巴基斯坦占領的喀什米爾地區，而印度一直宣稱對這地區擁有主權，所以，印度認為中國這樣作，是公開侵犯印度的主權。

但印度的立場也曝露出，有很多國家都放棄了機會，沒有在與中國合作時要求做好品質管制。就在此兩個月前，紐西蘭剛剛送給中國共產黨一張外交空白支票：簽署了一份由中國起草的備忘錄，允許在紐西蘭任何地方從事任何一帶一路的活動，只要這些活動符合「國際善良行為，以市場為導向，以及專業原則」。[28]公平來說，跟紐西蘭一樣的還有很多國家，包括亞洲、非洲和東歐各地，都有很多國家簽署類似文件，澳洲的維多利亞省甚至沒有事先通知坎培拉的中央政府就簽署了相同文件，因而損及澳洲的國家利益。對每一個簽字國來說，跟能夠與中國維持良好關係比起來，這似乎只是很微小和沒有約束力的代價。但全部加起來之後，像這樣的協議，對習近平來說，則是大好的宣傳禮物：他可以拿著這些文件向中國人民炫耀，告訴他們，全世界都歡迎中國制訂出來的這套新秩序。這些協議也沒有負起國際責任，這使得一些開發中國家更難修改其中的條款，結果中國銀行造成它們負債累累。

不過，印度並不是唯一抗拒的國家。法國、日本、澳洲和美國全都拒絕了。但習近平宣稱他要替亞洲發言，結果卻在這個全世界最大的民主國家裡，不但沒有引起共鳴，反而遭到斷然拒絕。印度憑著它反殖民主義的驕傲傳統，現在帶頭抵制它認為的新帝國主義杜爾巴。（杜爾巴是指，英國殖民印度期間，一位獲得授權的印度王子，為了表示對英屬印度的效忠，而召集的一項聚會。）[29]印度的立場是一大轉捩點。

自從二〇一七年以來，各國的反應更為強烈。很多國家內部出現辯論，辯論一帶一路計畫的本質和衝擊，尤其是它們和債務的關係、貪腐問題，以及對中國的戰略優勢。像這樣的國家有斯里蘭卡、緬甸、馬來西亞，甚至巴基斯坦也產生新的懷疑，對相關計畫進行嚴格審查。這種情況將會持續下去，甚至連對中國的官方態度，也會在每一次選舉時變來變去，像是斯里蘭卡在二〇一九年年底又換了一次政府〔這一次由戈塔巴雅・拉賈帕克薩（Gotabaya Rajapaksa）當選總統，他是親中國的前任總統的弟弟〕。一帶一路和它挑選的菁英，在很多國家當中，已經成為造成人民分歧的持久性問題。印度洋國家馬爾地夫，人口大約五十萬，已經成為一個試驗對象，證明沒有一個國家是因為領土面積太小而不需要去保護自己的利益。[30]從二〇一三年到二〇一八年，在愈來愈獨裁的阿布杜拉・雅門（Abdulla Yameen）總統領導下，馬爾地夫接受了幾項重大中國工程，包括興建一座機場，和連接兩個島嶼的「友誼橋」。結果，這造成馬爾地夫負債十六億美元到三十六億美元之間，而馬爾地夫的整體經濟規模也才三十六億美元。二〇一八年年初，面對愈來愈多對中國工程的批評以及貪腐傳聞，雅門發動「自我政變」，中止國會，將首席法官逮捕入獄。但這並沒有用，幾個月後，他就在總統選舉中落敗，新總統易卜拉欣・穆罕默德・薩利赫（Ibrahim Mohamed Solih）接著又在國會選舉中取得絕對多數席次，這讓他得到授權，開始調查貪腐，並且結束親中國的立場。

歐洲已經陷入分裂，德國和法國發出警告，歐盟變得愈來愈小心，承認中國不僅只是作為某種夥伴，「同時也是競爭者，目的在爭取科技領導地位，以及取得系統性的競爭地位，用來推動另類政府模式」。[31]二〇一八年的一份專家報告，指責歐洲轉向「搶先順從」中國，並且警告：「從自由民主觀點來看，和中國交流的所有領域，都有潛在問題存在。」[32]然而，義大利還是出面擁抱一帶一路，是七大工業國（G7）裡第一個簽署這種聲名狼藉的橡皮圖章式協議的國家，但剛一簽完，它馬上懊悔，並且預告說，任何這樣的合作，都需要達到歐盟的標準。[33]還有，在此同時，英國已經讓自己置身在一種尷尬的盲點裡。英國脫歐的不確定性已經培養出一種絕望情緒，渴望出現新的「全球性」經濟機會：二〇一九年四月，英國財政大臣菲利普・哈蒙德（Philip Hammond）把一帶一路稱作是一種「遠景」，並且再度談到這是英國與中國關係的一個「黃金時代」。[34]在此同時，國會的一個委員會卻警告，中國對英國利益和價值觀的挑戰愈來愈多，而英國政府「卻不願意面對此一事實」：

> 英國政府的作法有風險，因為它把經濟考量置於優先地位，並未顧及其他利益、價值觀和國家安全……中國的一帶一路，以它目前追求的型態來看，已經引發恐怕會傷害到英國利益的疑慮。我們鼓勵政府實施嚴格的逐案審查，一一評估一帶一路的各項計畫，並且繼續維持現有立場，不簽署任何支持一帶一路的諒解備忘錄。[35]

關於一帶一路的陷阱，一個甚至更為明確的警告訊號則來自澳洲，自從印度表明它的立場後，澳洲政府發現，現在已經變得更容易對抗來自中國的壓力，以及國內要求政府「簽下去」的商界遊說力量。澳洲政府對一帶一路的審慎作法，正好碰上國內對中國對澳洲決策的影響力的抗拒力量愈來愈強大之際。對澳洲領袖來說，情況已經變得愈來愈明顯，就算全面支持中國的全盤計畫，也不會自動讓澳洲成為物質新樂園，拒絕接受，也同樣不表示就會讓澳洲經濟陷入煉獄。澳洲和中國的鐵礦石貿易繼續呈現驚人的成長，即使澳洲政府已經開始採取嚴格的個案審查政策，對於和一帶一路有關的計畫，不是予以忽視、反對，就是偶爾接受。最聰明的反應則來自日本，日本允許，甚至鼓勵企業在特定基礎建設工程上和中國合作，但要符合商業利益，謹守善良政府標準，能夠展現日本的高品質，同時限制中國對工程的控制程度。這是符合日本條件的一帶一路，沒有必要替習近平的每一個中國夢鼓掌叫好。

在「自由開放印太」政策下，日本已經領導很多國家一起在地緣經濟上推出新計畫，可以稱之為「多帶多路」（many belts, many roads）。即使單靠自己，日本早已經是東南亞最大的基礎建設投資國：二〇一九年，日本在東南亞當地正在進行的基礎建設工程，總值就高達三千六百七十億美元，相對地，中國則為二千五百五十億美元。[36]日本並且和印度在特定的工程上合作，以確保沒有一個國家能夠控制從麻六甲到荷莫茲的所有港口，其中最值得注意的是，日本和印度在可倫坡港合作開發一處新的貨櫃轉運站。[37]日本也已經和美國及澳洲組成一個「基礎建設三方夥伴」，以協調它們之間的工程需求。它們所謂的「藍點網絡」（Blue Dot Network）在二〇一九年稍後成立，這是政府、企業與民間社會組成的夥伴關係，目的在對基礎建設提供值得信賴的品質標準：對於那些擔心來自中國（或任何國家）的某項工程是否像它們當初保證的那麼好的國家或社區來說，這等於是一種核可印章。美國、日本和澳洲組成的一個合資企業，目前正在巴布亞紐幾內亞進行發電與網路連結工程，它們經常宣傳這是替代一帶一路的另類工程，此工程的可信度如何，將成為「藍點網絡」的試金石。澳洲和美國也在各自努力。澳洲的「太平洋強化」（Pacific Step-up）政策，牽涉到金融開發、海底電信電纜（因為據說會有安全風險，所以用這取代中國的工程），以及把訓練當地政府當作焦點。強調教育是有道理的。澳洲和其他已開發民主國家，無法在鋼筋水泥的數量，或是工程進度、規模和短期成本上勝過中國。但如果是提供在管理與透明度方面的訓練，這就有助於讓這些國家決定，是不是要接受中國看來似乎很慷慨的贈與，以及如何談判出對他們有長期國家利益的交易。

這些反制行動的優點變得愈來愈明顯。如果所有國家都盲目相信中國所說的話，並且毫不懷疑地全盤接受中國的計畫，很多印太國家將會失去兩項重大利益。第一，其他國家將會變得失去動力，不再努力去結束這個地區基礎建設不足的可怕情況。被識破的中國威脅，已經促使其他國家聯合起來推出替代性的策劃，這些國家包括日本、美國、澳洲、印度、歐洲。從斯里蘭卡到索羅門群島，從孟加拉到萬那杜，這些比較低度開發的國家突然發現，一些富裕國家竟然跑來，競相資助它們最需要的基礎建設工程。即使是中國最令人著迷的幾兆美元的貸款承諾，也只能滿足這個地區需求的很小一部分。現在，戰略競爭的幽靈已經促成敵對計畫出現，那麼，也就沒有任何理由去相信，為什麼被選中作為目標的這些國家，就不能同時選擇兩邊的計畫。畢竟，也許會出現雙贏的結果：被選定的國家有更多機會，去選擇願意資助它們開發計畫的追求者。而某些程度的管理標準：透明、可信度、審慎與選擇，也許都可以保留下來。

對抗的第二種獎賞就是，中國因此暫停下來，並且進行調整。中國重新校準一帶一路，試圖減少對中國形象的傷害，並恢復國際信心。一帶一路的第二場大杜爾巴於二〇一九年四月舉行，就比較細心慎重得多，並不完全是謙卑，但已經不那麼暴躁。習近平提議「廣泛諮商、聯合貢獻和利益共享」，開發方面則是「公開、乾淨與綠色」，採取「廣被接受的規則與標準」。[38]表面上，中國官員當然採取意識型態路線，並且指責對一帶一路的批評是冷戰思維。但這並不表示，他們沒有在聽，或者這也表示，在私底下他們其實還是很擔心的。畢竟，習近平也面對了內部對一帶一路的不滿情緒：在自己國內還有那麼多需求的時候，中國為什麼還要把錢借給外國？

現在去挑戰一帶一路的動機和影響，已經不會再引起爭議。現在已經可以說出它的真面目：新型態的殖民主義。在某種層次上，這也許是為了連結與開發，帶有商業邏輯的元素，以及中國國營銀行想要出去賺點錢。但它為了這個主張而去擴張貸款，這完全是「以市場為基礎」的計畫，跟意識型態無關。[39]原則上，這跟「中國優先」有關，這是一項史詩式的策略，把經濟和地緣政治結合在一起。它的多重目標彼此相互支持，以此強化中國優勢：出口生產過量的鋼鐵和水泥；鞏固和保護能源、資源和糧食供應線；控制中國西部動盪不安的新疆地區；掌控全球經濟價值鏈和生產標準，替中國企業和科技創造有利條件；以及延伸外交影響力，讓很多國家接受中國的條件和利益。[40]一帶一路的開始，也許是習近平的大膽豪賭，把中國已經在進行的很多政策編織在一起，包括經濟、外交、軍事。但正確的作法是把它歸類為大戰略，是動員所有層級的力量來實現一個共同目標：讓中國在印太和歐亞地區占據主導地位，以及取得至少跟美國相當的全球實力，也許甚至還能成為世界新秩序的中心。[41]

所有種種情況中，批評者不應該過度誇張中國是戰略天才，也不能說它擁有惡意。最後結果也許有一部分是特洛伊木馬（裝扮成禮物的戰略滲透），但也有可能一部分是科學怪人：什麼都來一點，加上它自己生命的一些即席創作。利用債務來讓中國可以控制外國資產和操控政府，看來似乎是偶然和無意中發生的，而不是像目前大家指責是有系統地進行「債務陷阱外交」和「掠奪經濟」。[42]最常見的情況是，中國已經和很多付不起的國家重新談判債務重整，延後還債期限（以及確保給與更長期貸款），並且避免強迫他們交出資產償債。有一種可能的新模式，是根據二〇一九年剛果的前例想出來的，就是將由國際貨幣基金會介入，替這些還不起債的國家紓困，但條件是這些無法償還的債務是可以再重新談判的。[43]

然而，如果發生以股換債（債轉股）的解決方法時，將會發生很嚴重的後果，其中最值得注意的就是斯里蘭卡，中國因為這樣而取得漢班托塔港的管理權，這可能成為未來位於印度洋海路心臟位置的軍事基地。即使是如此孤立的事件，也已經足以警告所有國家注意一帶一路誘惑潛藏的風險，以免被地緣政治的契約綁住。向中國這樣的放款人借錢有極高的風險，因為基於戰略原因，它會想要用資產來保住貸款。[44]中國已經在吉布地建立一處軍事基地，並且負責管理當地的多拉雷貨櫃港，但吉布地嚴重的債務，也讓中國十分頭疼。這個面積很小、但擁有重要戰略地位的國家，所要負擔的公債，大約是它為數不多的GDP的八八%至一〇四%之間。美國政府警告，吉布地可能要把更多的資產拱手送給中國，包括多拉雷貨櫃港本身。[45]

在南太平洋，澳洲和美國都很關心，中國借款給這些小島國家而造成的難以還債問題，以及中國想要藉此來控制這些地區的資源和港口。二〇一九年年中，巴布亞紐幾內亞總理詹姆斯・馬拉佩（James Marape）簡略地提到這種可能性：他可能請求中國再融資巴國全部高達幾十億美元的公債，這相當於該國整個經濟規模的三分之一。[46]這就出現中國可能要求以重要資產（礦產或港口）作為抵押品的情況。在作出這項宣布後的二十四小時之內，馬拉佩總理辦公室就收回這項宣布，說這項宣布是錯的，並且承認，總理未和政府其他成員商討過這個問題，而且巴布亞紐幾內亞在選擇它的國內開發計畫的合作國家時，有很多國家可以供選擇。[47]看起來，針對債務陷阱外交的警告，似乎真的擊中要害了。

在附近的索羅門群島，這樣的戲碼一直不停地上演。二〇一九年九月間，這個小島國家結束對臺灣的外交關係並和中國建交之後，媒體報導就出現兩項重大計畫：中國計畫出資租下一整個小島，並在島上興建深水港，以及中國準備競標重新開採一處金礦，由中國國營企業興建主要道路、鐵路與港口設施。[48]在媒體的嚴密監視下，促使索羅門群島政府暫停出租小島的計畫，但這只是中國想要拿到的很多地點之一，只要拿到這樣的地點，中國就可以興建給軍事和民間使用的港口。

對於一帶一路是不是真的把債務武器化，這樣的辯論還在繼續。例如，在南太平洋，到目前為止的證據顯示，這些小國家債臺高築只是偶然造成的結果，不是直接目標。[49]但另一種連結也提到，基礎建設計畫扮演的是輸送帶的角色，用來輸送更直接的老式治國工具：軍事武力。很久以來，中國一直堅稱一帶一路和軍事力量無關。接著在二〇一九年七月，中國國營媒體報導，中國國防部長魏鳳和在新加坡香格里拉對話會議上，告訴來自南太平洋和加勒比海國家的國防官員，中國已經準備好要在「一帶一路架構」之下，和這些國家加強軍事合作。[50]這聽來好像是無害的說法，而且他還提及，合作範圍主要在一些共同關心的問題上，像是反恐、維持和平和災難救助。但中國已經不再假裝，說一帶一路只是純民間行動。這是對現實狀況的公開承認，也就是說，在貿易之後，國家武力接著進來，伴隨著會讓這些國家陷入衝突與鬥爭泥淖的帝國主義風險。

海上絲路是濱海競爭大戰略的一部分，從商業一直牽扯到基礎建設到宣傳和軍事力量。中國已經承認這種從頭到尾的完整連結。現在，其他國家已經警覺到這項競爭完整與多層次的本質。這樣的警覺十分重要，可以用來維護它們的利益，和制定明確的界限，用來幫助應付長期的威嚇和衝突風險。

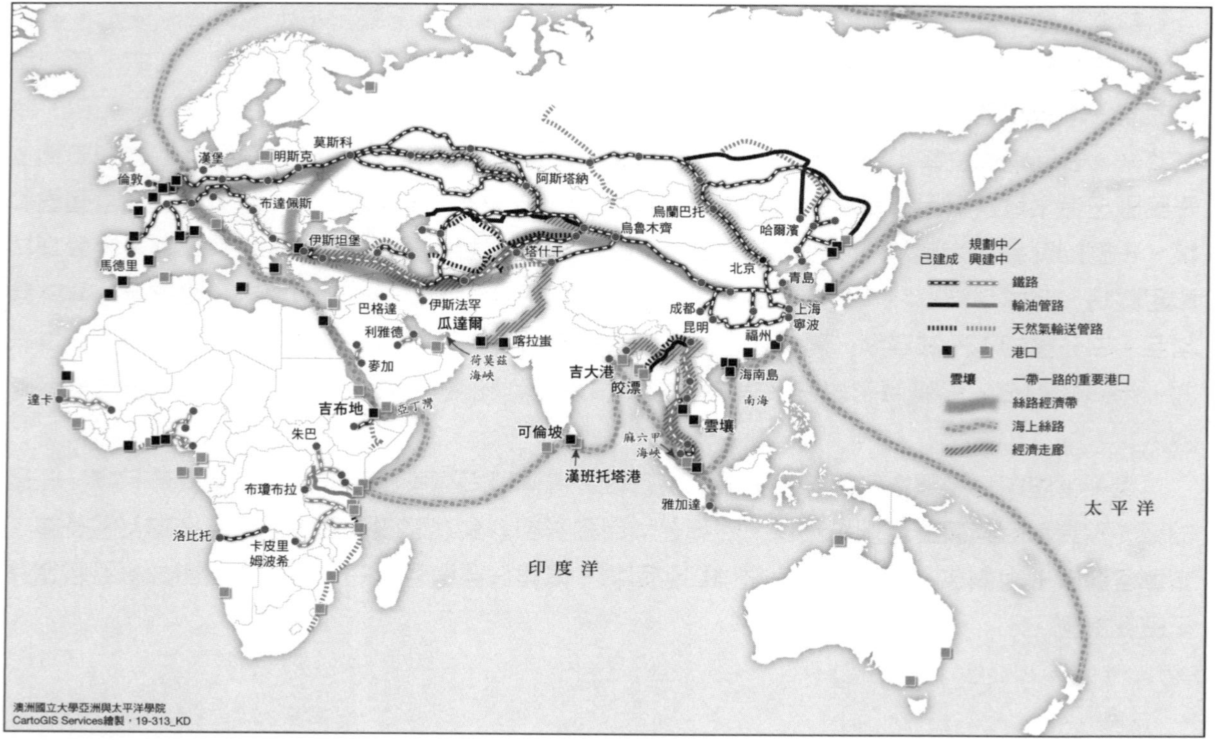

一帶一路示意圖。

圖片來源：這幅地圖標示出一帶一路計畫的一些重要路線和特色，主要參考德國智庫「墨卡托中國研究所」（Mercator Institute for China Studies）在2018年出版的地圖。此圖由澳洲國立大學亞洲與太平洋學院的CartoGIS Services繪製。

08

chapter

遙遠戰線

身穿軍裝、神情自在，習近平大步踏進北京西北郊區一棟五層樓建築。這是中國軍方的新聯合作戰指揮中心的正門，這個指揮中心包括一整套複雜的山洞，就隱藏在山腹堅固的喀斯特石灰岩地形裡，這也是天然的核子碉堡。習近平是中國最高領導人，擁有中國國家主席的頭銜，更重要的是，擁有中國共產黨總書記的頭銜。不過，他今天來到這兒，身分則是中央軍事委員會主席：這是二百五十萬人民解放軍的總司令。現場的影像由中國中央電視臺（可以看到它精美的英文縮寫，CCTV）向全國播送，畫面裡可以看到他身穿人民解放軍最新的「數位迷彩」軍裝，向一排排的作戰計畫官發表談話，這些人不是拍手鼓掌，就是低頭勤作筆記。這和習近平的幾位前任那種保守的文官風格真是大異其趣。這兒既不隱藏，也不等待。

中國的印太軍事地圖

這不是習近平第一次視察聯合作戰指揮中心和由電視轉播。但這一次，二〇一七年十一月，他不僅只是來視察部隊，同時還要宣示中國對其軍隊的新期望。這次視察的高潮是習近平透過影片視察中國最近在吉布地建立的首個海外軍事基地。習近平向遠方的這支部隊發表談話，表揚他們保護「國際和平與穩定」的任務。他下令全體人民解放軍，「全軍要強化憂患意識、危機意識、打仗意識」，以及「盡快把備戰打仗能力搞上去」。他說，部隊要保持高度戒備，做好隨時應對突發情況的準備。似乎是為了展示這些決心的規模和範圍，主要的作戰計畫室裡有一幅巨大的地圖，地圖裡不僅有中國，甚至不只包括南海，還有從日本到非洲之角（horn of Africa）的廣大區域，這涵蓋了歐亞大陸和印太地區，也就是一帶一路的涵蓋區，這是中國戰略利益區域的地緣政治的全部。如果中國的勢力範圍只局限在東亞，那就是沒有人把這個事實告訴人民解放軍。習近平並沒有隱瞞這個事實：中國正在距離中國海岸很遠的地方和其他國家進行軍事競爭，並且正在布置一個橫跨印太地區的軍事行動舞臺，從天津一直到吉布地。[1]

中國軍隊現代化的規模和速度實在驚人。一九九〇年，根據可靠的估計，中國的國防預算大約在一百億美元，不到英國或法國的三分之一。三十年後，中國的軍事費用增加了二十多倍：它在二〇一九年的官方預算大約是一千七百七十億美元，這還不包括購買新軍備的費用，像是軍艦，或是軍事研究與開發，這些費用有很多都是夾雜在民間項目裡。專家說，如果把這些也包括

2017年中國在吉布地軍事基地的啟用儀式。
版權：Voice of America.

進去，將會把軍事費用提高大約三分之一。[2]比這些數字更沒有被好好了解的，就是中國快速擴張的軍事勢力範圍和野心，已經橫跨海洋和全世界。二十一世紀全球地緣政治的一個中心問題就是，北京可以把多少軍力派到國外，並且還可以在很遠距離外持續活動。[3]

中國龐大軍隊中，有很大部分將會一直被綁在保衛中國領土的任務上，因為和中國交界的國家多達十四國，比世界上任何其他國家都多。即使這些邊界中有很多已經透過和俄羅斯與中亞國家的一帶一路外交，而變得容易管理，但其餘的則必須加以注意，例如，中國部隊就隨時保持警戒，以防朝鮮半島爆發動亂。然而，還有更多部隊，包括一百五十多萬的人民武裝警察，都被用來維持國內安全。畢竟，人民解放軍是共產黨的軍隊，並不完全是國家軍隊，它的最重要任務是不管在什麼情況下，都要保護黨的權力。也有很多解放軍專門負責中國東邊海域的任務。最重要的是，中國一直威脅要攻打臺灣：二〇〇五年通過反分裂法後，中國共產黨已經把自己和一觸即發的戰爭警告綁在一起。根據此法，如果臺灣宣布獨立，中國將使用「非和平」手段「再統一」。換句話說，中華人民共和國已經選擇，把二十世紀前半段未完成的內戰，當作它的指導動機，用來作為它軍事崛起的合法性和重要原因。人民解放軍向東挺進的任務，也牽涉到和日本的對抗，以及它想要強行控制有爭議的南海地區。

但是北京正在準備讓它的軍隊前往更為遙遠的地方出任務、遠征和甚至在當地駐守。海軍成為真正的遠洋或「藍水」軍隊，擁有三百多艘軍艦，包括八十三艘具有實質作戰能力的船隻或「主要的水面戰鬥部隊」，以及六十二艘潛艦。[4]支援這支海軍的還有高度軍事化的武警海警總隊，海警總隊的一些船隻甚至比很多國家海軍的軍艦還大。

中國海軍行動將愈來愈以航空母艦為中心，到了二〇三〇年代，中國可能擁有六艘航空母艦。此一計畫的奇異起源，提供了線索，讓人見識中國軍力崛起背後的極端決心和詭計。中國第一艘航空母艦是以蘇聯設計的最後一艘航空母艦的船殼改造而成。這艘只完工一半的船隻，在一九九八年被香港的一位中國商人以三千萬美元這種低廉價格向經濟陷於困境的烏克蘭買入，當時還一本正經的在一家雜誌的封面報導中說，將把這艘船改造成海上旅館和賭場。[5]接著是一段長達兩年、迂迴曲折的航程，從二〇〇〇年一直到二〇〇二年，這艘船殼被拖船拖著，以海蛞蝓般的緩慢速度，從黑海到大西洋，繞過好望角，接著，就像一九〇五年沙皇那支運氣欠佳的艦隊，航經印度洋和南海。這種虛張聲勢的作法到了二〇一二年，終於真相大白於世人：最終的使用者就是人民解放軍，這艘船經過大幅度改造並且重新命名為遼寧號，在大連造船廠下水。

二〇一六年，這艘氣勢宏偉的航空母艦被視為已經具有戰鬥力，可以搭載二十四架攻擊機，並且扮演了提升士氣的重大角色，證明中國已經是海上大國，不過，某些專家說它只是一艘實驗性質的船隻，是「飛行員訓練大學」，目的是在測試科技，而不是作為前線作戰平臺。[6]但現在，人民解放軍已經很熟知如何建造、改善和以逆向工程方式來推出這種最被期待的海上軍艦。第二艘更為先進、由中國自己建造的航空母艦已經下水，第三艘正在建造中，每一次都獲得改善。這些航空母艦將以美國風格的「戰鬥群」形式出航，旁邊護航的有驅逐艦、無人機、噴射戰鬥機、直升機和潛艦。

中國軍方文件把這些航空母艦戰鬥群稱作是長距離軍事行動的「戰略重拳」，不過，中國自己也強調，不要過度誇張這些航空母艦的力量。[7]它們都比美國的航空母艦小，艦上人員和飛行員，對於航空母艦戰機起落的那種生死一瞬間的混亂情況也只有很少經驗，而美國海軍經過將近一個世紀致命性的嘗試錯誤後，這項技術已經接近完美。[8]中國方面似乎把航空母艦看作是不能被其他方式取代的海上平臺，可以對遠方海域或甚至外國領土建立制空權。因為地面基地不能在一瞬間就轉移到別處，而空中加油則有它自己的局限。然而，由於潛艦和飛彈對航空母艦造成的危險一直在增加中，加上中國軍力仍然持續落後美國，所以中國也許會認為，在靠近其海岸的全面戰爭中，航空母艦並不是最理想的武器。相反地，它特別適合用來從事遠航任務，嚇阻或威脅比較弱小的國家，像是在南海和印度洋執行保護和威懾任務，也許偶爾還會進入南太平洋。一位分析家清楚地解釋，中國以航空母艦為中心的海軍，「並不是設計來挑戰美國的海上最高優勢，而是要傳承這種優勢」。[9]

目前中國只能夠把它強大軍力的很少部分部署到印度洋、非洲和南太平洋，用來保護中國在海上絲路沿線的資源、利益、國民與聲望。這種不愉快的工作，大部分也許會落在中國私人軍事公司，這是傭兵部隊，成員都是人民解放軍的退役軍人，很像是由美軍及盟國退役人員組成的西方國家的安全承包公司。這樣的部隊已經出現在南蘇丹和伊拉克這些情勢緊張的地區。在巴基斯坦，中國國民不斷遭到攻擊，光是在二〇一八年這一年就發生了十二次，攻擊者是地方民兵團體，像是俾路支族（Baluchi）分離主義者，他們痛恨中國掠奪巴國資源和占據他們的家園。目前這階段的保護任務，是由巴基斯坦提供一萬五千名巴國部隊來負責，用來保護分散在巴基斯坦全國各地的中國一帶一路工程。如果被聘請來的私人警衛和巴國部隊面對他們無法處理的衝突，或是情勢愈來愈惡化，那麼壓力將會增加，接著就會要求出動真正的中國軍隊來介入。[10]

中國派到印太地區的軍力，看起來會是什麼樣子？航空母艦、軍艦和潛艦，將會搭配特種部隊和中國陸戰隊，預料總兵力將達到三萬人到十萬人之間。中國空軍所有的二千七百架飛機當中，只有很小部分能夠遠航，不過，目前已經在進行長程空中部署和演習的實驗，最遠可到土耳其或是深入太平洋。整個加起來，這仍然只占中國總軍力的很小比例，絕大部分還是要回歸到在中國土地或接近中國土地的主要任務。

然而，即使是派遣它的小部分軍隊出擊，中國將會引發很多當地國家很大的戰略焦慮，包括印度洋、南太平洋和東南亞，以及那些依賴海上航路的其他國家，主要是日本和臺灣。中國小部分的軍力就可以對其他國家本身的軍隊造成很大的影響，因為這些國家大部分都不曾遭遇科技先進和帶有潛在敵意的軍隊，突然逼近到它們領土附近。這就好像現代版的鄭和「寶船」艦隊，當一支中國航空母艦戰鬥群出現在海平線上時，這就足以迫使那些小國家屈服，尤其是那些沒有可靠盟國的小國家。在情勢緊張時刻，中國潛艦將會讓印度、日本、澳洲或其他依賴印度洋海路的國家暫時止步。光是派出一艘兩棲攻擊艦，加上一營的陸戰隊，就足以在一個小島國家或動亂地區恢復秩序，以及保護當地中國國民。從二〇二〇年代後期開始，中國將部署一種新的彈道飛彈潛艦，這是海面下的超強武力，採用核子推進，因此能夠藏匿在近海，並且發射高度精準的飛彈，攻擊陸地目標，包括恐怖分子或敵軍，很像美國和俄羅斯在中東地區的作法。[11]當二十一世紀的中國帝國在印太地區進行砲艇外交時，這些將會是很理想的工具。

不論如何，中國安全策劃人員已經不再把這些遙遠地區視為是個別的，或是次要的。相反地，就如掛在聯合作戰指揮中心裡的大地圖所大膽顯示的，也是專門研究中國軍事的知名漢學家艾立信（Andrew S. Erickson）指出的，這是在中國軍事戰略學裡正式承認，是中國的「前緣防衛」裡的「單弧戰略區」。[12]它將成為中國的正常運作模式，讓中國可以把它的軍力從印太地區的某一區域，轉移到另一區，很像美國過去幾十年的方式。羅馬帝國之所以會修築很堅固的道路，不只是為了商業用途，也是要讓它的軍團長途遠征之用。海上絲路也會被當作軍事高速公路。而且它將擁有很多重要戰略地位的海上中途站，不只是用來休息和補給的海上據點，更可以在上面興建瞭望塔和碉堡。

基地競賽

南海不僅僅是中國想要掌控的一個鄰近地區，或是民族主義和資源的賽局場，還是中國想要把軍力擴展到更遠處的重要踏腳石。誠如全世界最知名的研究人民解放軍的專家，澳門大學的由冀（You Ji）教授所解釋的：

……人民解放軍在南沙群島填海造地，是為了實現戰術，甚至戰略目標，就是建造通往印度洋的前進部署基地……這對控制南海及附近地區的咽喉位置，十分重要，這是為了保護中國油輪安全通過麻六甲海峽……人民解放軍的南海和海路交通行動就可以結合起來，中國印太地區戰略的出現，也就無法避免。[13]

這個理論受到愈來愈多證據支持，那就是有報導說，中國已經與柬埔寨簽訂密約，取得暹羅灣雲壤（Ream）海軍基地部分使用權，從那兒，中國的噴射戰鬥機和軍艦將更容易抵達東南亞的大部分地區，以及像麻六甲海峽這樣重要的咽喉位置，然後進入印度洋。[14]在柬埔寨擁有一處基地後，就可以組成一條正在逐漸成長的「戰略支點」鏈，讓中國能夠前進印太地區。所謂的「戰略支點」，就是具有潛在軍事用途的民用深水港設施。這些「戰略支點」包括在西邊的吉布地和巴基斯坦的瓜達爾港；位於印度洋心臟地區的斯里蘭卡的漢班托塔港，也許還包括可倫坡；緬甸的皎漂（Kyaukpyu）以及另外幾個地點，像是孟加拉的吉大港，就位在印度洋和麻六甲海峽之間的孟加拉灣；以及東帝汶、萬那杜、索羅門群島或東南亞地區的其他地點。這並不包括中國國內現有的，人民解放軍海軍在海南島的母港，基地裡的潛艦掩體就建在海岸洞穴裡，另外，還有南海的一系列軍事化的人工島礁。[15]

在公共領域裡可以看到的有關中國港口和基地計畫的分析，大部分都仍然只是猜測的，不過，多個政府表達出來的關切，推測應該是由敏感的情報與外交報告提供的。可以理解的是，某些媒體評論會質問，中國是不是真的有在執行區域控制的議題，或者，北京的計畫其實基本上真的只是防衛性的。例如，《經濟學人》（*The Economist*）雜誌已經指出，在一帶一路地圖上的軍民兩用設施都位於很理想的位置，在未來發生封鎖行動時，可以讓中國用來保護它的石油與資源的運輸。[16]但這完全是遵循以前帝國的模式：找到正確的地點，用它們來擴張防衛能力，同時，又可作為向外投射軍事武力的踏腳石，並且還可以用來攔阻準備運往其他國家的資源，像是日本。

中國已經決定加入基地競賽，而且，公平來說，這場競賽並不是它開始的。除了在夏威夷的珍珠港設立印太司令部的總部之外，很久以來，美國已經在另外很多地方擁有正式的基地，包括從日本到南韓、關島以及（曾經有過）菲律賓，向西則一直到吉布地和迪亞哥加西亞島，沿途還安排可以造訪的新加坡和澳洲港口。日本也在吉布地設有基地，它的軍艦已經頻繁出現在東南亞、印度洋和澳洲。印度則在尋求取得進出印度洋小島國家的特權，像是塞席爾、波斯灣國家阿曼和阿拉伯聯合大公國，以及東南亞國家，特別是越南，但印度在自己聯邦屬地的安達曼和尼科巴群島（Andaman and Nicobar islands）也設有海軍指揮中心。[17]澳洲在印度洋的科科斯群島和耶誕島擁有它自己的戰略前哨站，並且從馬來西亞的北海（Butterworth）基地派出飛機執行監測和巡邏任務，並且準備在巴布亞紐幾內亞的馬努斯島重新啟用第二次世界大戰時期的一處設施，拿來供它的海軍使用。法國在印度洋和南太平洋裡的多個戰略島嶼一直維持著兵力不多，但很有效的軍事設施，技術上來說，所有這些島嶼都是法國的海外大行政區，像是留尼旺島和新喀里多尼亞（New Caledonia）。英國則有迪亞哥加西亞島，據報導，它正考慮在東南亞重新建立一處小小的軍事基地，可能就在汶萊。[18]

中國戰略家很早就認為，西太平洋是美國控制的「島鏈」，限制了中國海軍的行動自由（或向鄰國施壓的力量）。他們現在把更廣大的印太地區看作是更大的競爭區，每一邊都在尋求挫敗對方，因此都在爭取建設基地和結交朋友，或者至少也要找到一些中立空間。其他國家則悄悄觀望，發現島鏈的構想已經擴展進入印度洋。[19]這有助於解釋基地競賽。在各方競相加強貿易、投資與基礎建設的同時，二十一世紀軍事設施的主要作用就是鞏固勢力，甚至即使這些設施只是用來控制周邊土地的輕型堡壘，武力並不強，還有一些只是稍加強化的前哨站，很像是十九世紀加煤站的現代版本，上面有監測設備，可以提供補給和加油的貯藏設施，是遠征或巡邏的出發點。

但這卻有助於競爭對手投射它的軍力。萬一發生戰爭，所有這些設施都會成為早期的攻擊目標。

戰略戰場與現實

各國政府都很喜歡想出很多種方法，來讓它們的軍隊能夠執行戰爭之外的一些任務。在任何一天，大多數國家的軍隊都在全面執行非戰鬥任務，從人道協助和災難救援到對抗海上犯罪，偵測與打擊恐怖活動，搜索與救援，維護和平，從動亂地區撤退平民。軍隊，尤其是海軍，也會被部署來從事外交任務：親善訪問，宣揚國威，和外國海軍進行軍事演習和訓練，或是傳授知識和技巧，以及透過「能力建設」方式來和新夥伴建立互信。軍事人員也會和外交使節一起出席跟友邦或有潛在敵意國家的會議，分享資訊或討論以何種方式解決衝突，主要經由所謂的降低風險和建立信心來完成。所有這些看來都很令人感到安心，但其實，這大部分只是一種掩飾，真正目的是建立先進的情報網。

但是，各國最終還是投資幾十億美元購買高科技和機密軍事設備，因為戰爭仍然有爆發的可能。在這個全球相互依賴的新時代裡，這是極度悲劇的時代錯誤。但這卻是事實。即使是在各國保證銷毀的核子陰影籠罩下，以及各國都在保證網路不會崩潰的烏雲下，幾乎每一個國家的政府仍然很注意古羅馬的那句格言：「汝欲和平，必先備戰」（si vis pacem, para bellum）。如果像軍事家孫子所說的，中國想要不戰而屈人之兵，那麼它就需要給人一種它是極度認真的印象。而這正是中國軍隊現代化的真正原因。在這方面，中國並不孤單。

印太地區包括了全世界國防預算最多的幾個國家：美國、中國、印度、俄羅斯、日本和南韓。這使得印太地區成了全世界的武器市集：來自歐洲和以色列的國防科技公司，已經加入俄羅斯、美國和中國的行列，爭取有厚利可圖的軍火市場。這個地區也包括了全世界軍隊人數最多的幾個國家：中國、印度、美國、俄羅斯、南北韓和巴基斯坦。在網路戰爭中擁有最多隱匿主要參與者的國家，絕大部分也在這兒：美國、中國、北韓、俄羅斯、澳洲、日本、南韓、新加坡。也是各國在這兒最積極地把武力部署到遠方，以及在軍事科技上相互競爭，但在國防外交上卻又進行專業合作。海軍現代化在這兒最為集中：不只是中國快速建立起它的強大艦隊，印度、日本、俄羅斯、澳洲、南韓和東南亞各國，也都在穩定改善它們的海軍戰力。

因此，印太地區的軍事競爭是很嚇人的，但並非毫無限制。技術上來說，這並不是全面性的軍武競賽。這個名詞經常被人隨意使用，但其實它必須符合一些特定因素，像是有些國家從它們的財富裡拿出無法長久維持極高比例的金錢去購買武器，或者在瞄準彼此目標的武器的數量和威力上，進行瘋狂的競爭。沒錯，目前全世界的軍事花費已經來到冷戰後的最高水準。[20]但人們已經忘了冷戰期間彼此敵對時的嚴重程度：在冷戰最高峰期，蘇聯把它GDP的將近二〇%都用在軍事上，而即使是更富裕的美國，有時候也花上GDP的一〇%在軍事上。[21]

比較之下，今天大部分國家都只把很少部分的經費用在國防上，全球平均大約是GDP的二・一%。[22]北韓則是特例，它跟外面世界隔離，但是把全國財富的四分之一用在軍事上，這筆經費被拿來維持對國內的控制，以及維護國防，或是用來威脅其他國家。[23]甚至不妨看看中國，它把一部分軍事費用隱藏在民間的研究與開發項目中，因此，中國真正的國防費用至少要向上提高二％。人民解放軍的預算成長相當驚人，經常一年超過一〇％，但大體還是跟得上中國經濟的成長速度。在習近平主政下，軍隊人數已經真的減少，但省下來的軍餉和生活津貼卻被改而拿去購買先進武器。這種種現象顯示，萬一緊張情勢惡化，中國很可能更進一步提高它的國防花費，不過，由於國內福利花費將會相對削減，這將會傷害到中國共產黨替老年化人口提供社會安全的能力。

比較貧窮的印度也面對相似的問題，它的軍事花費都在一．六％到二．四％之間變化。中國很喜歡指責日本「再軍國化」，但其實不是，日本一年的軍事預算大約是GDP的一％左右，但每年會稍微增加一點，這些經費都被投資在高效能力的軍備上，像是兩棲作戰裝備、反飛彈砲組、潛艦、美國先進戰機，並且把直升機母艦改造成可以搭載噴射戰鬥機。[24]在此同時，美國仍然繼續是全世界目前為止軍事費用最高的國家，約占其全世界最大GDP的三．二％。它的國防預算是七千多億美元，看來似乎大得令人吃驚，但是和美國在過去幾十年來累積的全球戰略任務的龐大規模相比，其實還是不成比例。而且，從二〇一一年到二〇一八年，美國國防費用減少了二一％。二〇一八年後，美國國防預算恢復成長，主要是為了維持現有戰力，以及趕上軍事科技的精密度和成本不斷成長。[25]美國軍力遍及全球，並不是集中在亞洲，而且有人嚴重關切，在西太平洋，美國正在失去或是已經失去對中國的優勢，尤其是在傳統（也就是：非核子）軍事優勢方面。

這個地區並沒有發生全面戰爭，或者還沒有這樣的跡象出現。軍事目標大部分都是有限的。唯一例外的是朝鮮半島或是中國想要拿下臺灣，除此之外，大部分國家都專注於防衛性的任務與戰略，這跟發動或抵抗全面入侵有很大的差距。這完全不同於冷戰或世界大戰期間，當時，恐懼領土遭到侵略，或是已經遭到人侵，是人們每天都會遇到的。在印太海域，在臺灣之外，即使是最可怕的軍事突發事件，其發展也會大不相同。採取武裝力量的用意，將會是只想施加或對抗壓力，而不是發動或抵抗侵略。戰爭的威脅將會出現在政治或外交等其他方式。但這些場景太過複雜和不確定，這表示，武裝衝突可能會加劇。

這些都不能令人感到安心。在印太地區軍力平衡方面，可不是平靜無事和一切如常。數量不是唯一衡量標準，規模也不能代表一切。在將來的軍事對抗中，會造成影響的，並不是只看誰擁有最多坦克或士兵，而是來自美國和它的盟國（尤其是澳洲）的一些安全專家們感到很焦慮，他們很擔心，美國已經讓自己在印太地區的長期軍事優勢被侵蝕了，至少在西太平洋。他們爭論說，中國目前的處境，已經讓它可以對美國的前進基地發射飛彈攻擊，讓這些基地癱瘓，並且還可威脅要發射反艦彈道飛彈，來阻止美國海軍干預以及阻止中國將來可能攻擊臺灣、日本或東南亞國家，這個戰略就稱之為「反介入／區域拒止」（Anti-Access/Area Denial, A2/AD）。[26]

這並不表示，未來的衝突就不會發生。首先，美國和它的盟國正在探討新的方法，準備用來對抗中國軍力：在軍事投資、部署與訓練上採取行動和反行動。優勢是由一些複雜的因素組成，像是即時取得的情報和監測影像，可以加速軍隊的部署及鎖定攻擊目標；分散在各地的盟國與基地網絡，可以支援部隊，讓部隊能夠持續部署在遠處；實際訓練和長期累積的作戰經驗，將會成為最基本的部隊需求；由專業人才操作的無人機和人工智慧裝備，將可以發揮怪異、有效的新作戰能力；整體作戰要比分散攻擊來得強大，所以最好是陸、海、空、太空和網路力量全部結合在一起；還有，對戰爭風險的計算是正確的，或是估算錯誤，可能都會讓局面完全翻轉過來。

西方對戰爭和軍事優勢的傳統概念（由拿破崙時代的普魯士戰略家卡爾・馮・克勞塞維茲（Carl von Clausewitz）編成法典）主要是注重規模和實力，而且聚焦於武力，認為這才是重心。但是馮・克勞塞維茲也承認，戰爭的結果並不是由武力強弱決定的。在看穿「戰爭迷霧」時，決策就很重要。因此，在二十一世紀的戰爭裡，決定性的力量也許就在資訊、速度與網絡。勝敗關鍵就在於誰先發現，以及誰先開第一槍。關於戰爭是如何開始或擴大的，有一種新的迷霧存在。從來沒有這麼多的祕密是以軍事優勢為中心的。你看不到的，會比你看得到的，對你造成更大的傷害。

波浪之下

這相當於在海洋裡與一艘外星人的太空船作了近距離接觸：在南海，兩個不同的世界幾乎撞在一起。二〇一九年九月，一艘小小的越南漁船（這是機動船，是那種已經在這個海域作業了幾世紀的簡陋木殼船）居然「捕獲」了一隻一萬一千噸的「漁獲」，成了全球注目的新聞。從海面上這些小漁船下面駛過的是一隻水下龐然巨獸：巨大金屬船殼，說明這不是一艘普通的潛艦。船上醜陋的英文縮寫，SSBN〔核子動力彈道飛彈潛艦（ship submersible ballistic nuclear）〕洩露了潛藏在玄武岩灰色船殼裡面的是什麼。這種船隻的設計不是要讓人看見和聽到的，而是要它攜帶足夠的大規模毀滅性武器，從海面下，突然用這些武器消滅一整座城市。中國的紅色國旗就漆在船的尾翼上。其中一位越南漁船船長看到並且錄下影片，顯示這艘核子動力的海中怪獸隱約出現在一艘小小的拖網漁船後面，形成很怪異的排列。它們怎麼會在引發爭議的西沙群島（Paracel Islands）海域裡撞在一起，至今仍然是個謎：從影片中可以看出，潛艦的船殼是完全乾的，這和早先謠傳說，它是被漁網纏住後才浮上水面，並不相符。[27]也許這艘相當新的先進中國潛艦是發生了機件故障的問題（如果真是這樣子，還不會讓人感到困惑，但如果不是機件故障的原因，反而更讓人覺得困惑）。不管原因是什麼，這都很難想像，印太地區看來似乎各自分開的經濟與軍事對峙的層級，怎會如此赤裸裸地產生交集。

在印太地區海面下，建造潛艦的競賽已經展開，曾經在二十世紀改變世界局勢的這種武器，現在，在戰鬥、監測和嚇阻方面，仍然具有很高的價值。潛艦的隱密性也許已經遭到挑戰，挑戰則是來自海床聲納裝置、其他潛艦，以及一些毀滅性的科技，像是水下自動無人機群和電磁異常偵測系統，而電子計算的大幅進步，更助長這些科技的效能。事實上，反潛作戰是相當新的重大投資項目。但海洋最多只能是半透明的，不會完全透明，所以，在未來幾十年內，潛艦將仍然會是很強勢的投資。中共正在研發新一代潛艦，希望減少美國在這個領域的高度優勢。

在傳統潛艦方面，日本仍然居於領先地位，它擁有二十二艘先進潛艦，構成一股讓人望而生畏的強大力量。在任何時間，都有幾十艘「獵殺」或「攻擊」潛艦（其中有一部分是核子動力）悄悄地在印太地區巡邏、收集情報、熟習未來目標的特性、測試它們隱藏時不可或缺的水情和科技，以及演練作戰。澳洲把它的大部分戰略前途寄託在全世界最大的十二艘柴油動力潛艦上，這些潛艦將由法國製造，不過，目前它仍然需要依靠現有的六艘老舊潛艦，至少要撐上好幾年。印尼第一艘自製潛艦即將下水啟用，這是它和南韓聯手製造的，後續還有幾艘。中國提供潛艦給巴基斯坦、孟加拉、緬甸和泰國；俄羅斯已經替越南打造了六艘潛艦。印度正在製造由法國設計的潛艦，同時也在建造它自己的第一艘核子動力潛艦，準備用來攜帶核子彈道飛彈。

理論上，潛艦和核子武器結合，對印太地區國家來說，都是維持安全的很大助力。但這裡面有兩部分的黑暗邏輯存在。第一部分是，核子武器可以阻止戰爭的發生，因為它們具有極其災難性的毀滅能力。第二部分是，潛艦幾乎不可能被發現，所以它們在採取先發制人攻擊時，發射出來的核子武器不會被攔阻，這是確保核子攻擊成功的最佳方式。因此，水面下的核子武器，就被認為應該是保證核子戰爭不會發生的終極保障，因為它們會對每一次的核子攻擊，採取毀滅性的報復，這使得第一波攻擊變得沒有意義。

難怪新的一波核子武器競賽正在太平洋和印度洋海面下加速進行：這是重新上演美國和蘇聯冷戰時期在大西洋、太平洋和北極圈海面下的激烈競逐。現在，好多年來，美國和俄羅斯一直把裝上核子彈頭的長程彈道飛彈部署在核子動力潛艦上〔這就是SSBN，也被稱作「雷鳴潛艦」（boomers）〕。中國和印度也加入這場十分昂貴的菁英賽局。特別是中國，至少投資了五艘核子潛艦，艦上載有可以射抵美國大陸的新一代飛彈。一個看起來有理的理論說，北京之所以決心統領南海，就是因為如此一來，它就可以把它的核動力潛艦藏在深海裡，因為這種潛艦是終極嚇阻武力，並且是和美國平等的。[28]對印度來說，核子武器也是關乎生存的問題，印度並且開始把它自己的核動力潛艦計畫看成是要和中國平起平坐的手段。事實上，二〇一七年，印度和中國步兵在喜馬拉雅山區、西藏和印度及布丹交界處、有爭議的洞朗高原邊區對峙時，已經有未經證實的報導說，莫迪總理曾經考慮派遣印度唯一一艘彈道飛彈核潛艦，實驗性的「殲敵者號」（Arihant）駛入海中，這也許象徵印度準備澈底解決這問題的決心。還好，因為發生意外，導致這艘核潛艦失去動力，這也許是最好的結果。[29]

甚至連巴基斯坦和北韓也已經被捲入這場核動力潛艦的狂熱中，企圖採取僅次於最好的第二選擇，就是把核子武器部署在性能較差的柴油動力潛艦上。在二〇一九年十月，北韓從一個水下平臺發射一枚彈道飛彈，這是朝擁有潛艦發射能力之路邁出一大步。[30]在未來幾年，至少會有六個國家擁有世界上最危險的這種武器，並且在這個關鍵區域的海面下潛伏，而不會被發現。

但這甚至更讓人不放心，因為本來被認為是無聲的和平維護者的核子武器，在印太地區的新環境下卻出現致命缺點。事實上，各國可能要進行好幾十年的危險實驗後，才能讓相關科技、技巧、心理、論述和指揮體系達到完美程度，如此才能使這樣的武器實現它們維護和平與穩定的承諾，讓它們成為所謂的「海上持續嚇阻力」的聖杯。在此同時，可怕的大規模災禍還是有可能成為事實。在危機剛開始時，如果有某個國家派遣它的核潛艦進入海中，這會向其他國家釋放出什麼樣令人不安的信號呢？在極端情況下，很有可能，一旦衝突開始發生，載有核子武器的潛艦在被偵測到時，它的艦長就必須選擇發射艦上的毀滅性武器，以免被擊沉，這是「若不使用就會落敗」的致命選擇。[31]在印太地區，只有美國的核武潛艦艦隊能夠維持結合了科技、經驗和地理的優勢：美國部隊和它的盟國，會有很大的機會去發現，中國潛艦已經悄無聲息地進入南海，這比中國在廣大的太平洋裡找到美國核武潛艦艦隊的機會大得多。[32]

核子陰影

在核動力潛艦競賽的地區，印太地區戰略競爭的很多層級也都在此交集：大國政治、海上主權宣示、海軍戰略、科技優勢，以及在情勢惡化時，通常不用說出口就可感受到的威脅。畢竟，大家一直認為，因為經濟相互依賴的關係，所以這才能讓大國之間從一九四五年以來能夠維持大致的和平，但這種說法是忽視了一項冷酷的現實，就是核子武器一直沒有離開過。

還有，印太地區已經成為核子嚇阻力量和風險的原爆點：它是「第二個核子時代」的震央，同時也是世界大部分核子武器國家的家，這些國家包括美國、俄羅斯、中國、印度、巴基斯坦和北韓。[33]萬一，美國的盟國體系以及它向外擴展的保護傘崩潰了（因為有美國的保護，在這個體系與保護傘下的所有盟國都已經公開放棄核子武器），那麼，日本、南韓甚至臺灣，將來都可能列名在世界新核武國家名單上。大部分時間裡，核子武器在當代印太地區扮演的角色，並不像它在冷戰期間那樣明顯和可怕。中國和美國在公開的外交場合裡，一般都很小心謹慎，不向對方作出核子威脅的暗示，不過，這也因而產生一項副作用，就是減少了裁減核武的急迫性。撇開二〇一七年的「殲敵者號」故事不談，中國和印度也同樣小心，不去公開炫耀它們以核子武器瞄準對方的事實。在另一方面，印度和巴基斯坦的緊張對峙，卻有幾次公開威脅要向對方使用核子武器，不過，到目前為止，這些舉動最後反倒有助於降低緊張程度，並讓雙方恢復理智。比較難以預測的是北韓和美國的關係，因為，在金正恩領導下，北韓一再咆哮和發出好戰訊息，而川普也作出同樣驚人的回應。

即使是多年研究這個令人沮喪題目的專家們也覺得，核子嚇阻武力在印太地區的未來發展仍然還不確定。好消息是，不管是在本地區或全世界，這種武器的數量比起美蘇冷戰高峰時期已經少了很多，而且，中國、印度，尤其是美國，都沒有公開炫耀，也沒有把這種毀滅性武器當作它們威嚇外交的一部分。俄羅斯、巴基斯坦和北韓則比較強悍，直接揚言，它們很樂於在衝突時率先使用核子武器，雖然技術上來說，美國也擁有這樣的作戰準則，雖然歐巴馬曾經努力想要廢除它，但在川普上任後，此一準則變得更為明確。某個國家故意作出核子威脅，或甚至真正使用核武的這種瘋狂舉動，在未來本地區爆發安全危機的初期中，有極大的可能性不會出現。從危機初期，像是因為爭議的海上疆界或陸地邊界爆發的衝突，到最後惡化成為突破核子動武門檻之間，有很多可能的發展方向。

然而，一道核子烏雲仍然籠罩在印太地區上空。很多年來，中國一直以自制的速度建造它的核子武器，讓它保持在很少的數量（只有幾百枚核子彈頭，而美國和俄羅斯則有幾千枚），而且跟印度一樣，中國一直宣傳「不第一個使用（核武）」和裁軍。但這些跡象變得愈來愈空洞。二○一九年十月一日，在慶祝中華人民共和國成立七十周年的大閱兵時，中國領導人卻選擇在這場合展現出它驚人的核子火力。不但沒有聚焦於展現這個國家的民間成就，反而表現出不安全感和冷戰思維，像蘇聯那樣進行一次閱兵大遊行，巨型卡車載著幾十枚作戰火箭，駛過北京街頭。[34]這些包括東風四十一型（DF-41）洲際彈道飛彈（可以攻擊美國本土）和巨浪二型（JL-2）潛艦射擊飛彈，以及和東風十七型（DF-17），還有一種能夠躲避飛彈防空網的超音速偵察無人機，另外還有「中」程飛彈，可以用來攻擊中國的鄰國和美國海外基地。

這種炫耀末日武器的行為，顯示中國正在放棄它傳統的核子自制態度。看來會有更多國家加入日本行列，害怕中國的核子恫嚇。北京肯定已經決心要擴大其核武武力。它已經拒絕和美國、俄羅斯、英國及法國一起停止生產核子武器核心使用的核分裂材料（鈽和高濃縮鈾），結果造成無法達成一項旨在阻止這項核武基本原料生產的全球性條約。中國已經加速它的核子計畫，不僅加速生產核潛艦，同時還加速生產移動式和隱藏式的陸基飛彈，這些飛彈都可以攻擊像日本、印度、俄羅斯和美國這樣的目標。對於「不第一個使用」的真正意思是什麼，也引發很多爭論，甚至還有人提到這個問題：用傳統武器攻擊連結核子武器的中國人造衛星或通訊系統，這是不是構成很充分的挑釁。歐巴馬在二〇一〇年一廂情願地努力要讓中國加入全球裁軍行列，並且有意在華府和莫斯科都已經裁減部隊之後，讓北京成為第三大裁軍國，但後來發現這是悲劇一場。而如果中國不跟在美國和俄羅斯後面裁減部隊，那麼印度也不會跟隨中國，巴基斯坦也不會追隨印度。令人不安的是，印度已經暗示，它也許會改變它自己「不第一個使用」的作戰準則。[35]

核子威嚇的邪惡糾纏仍然存在。這甚至造成更密集的軍事武力和風險，包括飛彈防禦系統（這是要用來阻止核子飛彈的攻擊，或是鼓勵敵國製造更多核子飛彈？）、人造衛星和反衛星武器、人工智慧、無人機、潛艦和反潛作戰。核子武器到底是會帶來和平或世界末日，這有很大部分要看領導人的心理狀況。他們會放棄採取有風險的行動，或是會反過來加以鼓勵？

印太地區可能會出現安全前景，並不是核子對峙，而是一種持續威懾的狀態，主要就是戰略學家所謂的「穩定—不穩定悖論」（stability-instability paradox）[36]也就是說，核子戰爭的陰影並不會打消衝突，反而會讓它惡化到很低，但仍然危險的程度。對更大暴力的恐懼，並不會停止國與國之間關係的暴力，但會使得這個世界因為暴力減少而變得安全，而這又會維持風險的存在，並因而發生挑釁的變化，或者因為計算錯誤將會導致暴力失去控制。當某一方比另一方更渴望風險，或是決心強制去造成變化時，情況更會如此發展。「修正主義者」有它的優勢。因此，北韓覺得它可以用一些較小的攻擊去挑釁南韓，像是擊沉船隻、砲擊、網路攻擊。或者，巴基斯坦也可以培養恐怖分子來對付印度。或者，中國也可以像「切義大利臘腸」似地掠奪南海和東海的部分爭議地區，因為它知道，較弱小國家，或甚至它們的美國盟國，不可能會作出有引發戰爭風險的反應。關鍵問題是，這個悖論到底是會強化中國和本地區其他國家的關係，還是其他國家會多少利用它來制衡中國。

可以確定的是，印太地區的戰略危機，最有可能的是不會發生跨過核子「門檻」的狀況，而如果萬一發生這種狀況，各國領袖將覺得，他們別無選擇，只能讓核子威脅成真。但核子層級是很多會發生的衝突狀況中，最極端的一種，而且連外交斡旋也會失敗。如果想要了解這個地區危險的未來，我們就需要先了解外交斡旋的缺陷。

外交困境

外交用語因為名聲太差，所以常在現實社會裡遭到嘲笑。但外交官為了急於解釋他們的工作內容，以及讓我們其他人都能夠聽明白，他們經常會使用一些具體的比喻，像是用「結構」來描述大量的會議和協議，並且說，這些會議和協議真的幫助維持了國與國之間的和平、可預測性和建設性。在印太地區，這是一種相當微弱的隱喻。此地所說的外交結構比起商業上的相同用語來得更脆弱（在擁擠的海路航線裡，這是每天都可以見到的具體現實），但事實真相是，沒有人知道，它們是不是真的有效維護了和平，或是真的防止了侵略的發生。外交並不是用來約束大國作出選擇的繩索或鐵鍊，反而更像是小人國的繩子，雖然把巨人綁住了，但卻約束不了巨人。

當然，會談要比戰爭好得多，值得給外交一個嘗試的機會，但很悲哀的是，機會卻是大多數國家最不期待的。在一般人的刻板印象裡，外交就是一群人不間斷地搭飛機跑來跑去，以及天天舉行雞尾酒會，但其實外交是很便宜的。和國防預算比起來，這是最值得的投資。

一些自封的安全事務「現實主義者」，或是對這種雙重標準特別敏感的任何人，也許都會嘲笑所謂的「基於規則的秩序」理念，因為這通常都是由中等或弱小實力的主要參與者提出來的，其目的就是用來說明建立國際法律和規範的好處。在以前，美國甚至還會協助這些國家提出這些訴求，但在川普上臺後，美國就很少這樣作了。當然，說穿了，這其實一直都是「基於規則和大國」的秩序。但是，規則會讓大國有所節制，並且，至少會對競爭動力加入一些可預測性、自制和約束，否則就會落入「強權即公理」(might is right)的醜陋邏輯裡。現代外交的好處是真實和不能取代的，因為它擁有受到尊敬的溝通管道和法律，可以用來調節國際相互依賴的複雜性。

同樣值得注意的是，二十世紀基於規則的國際秩序的關鍵部分，似乎惹惱了中國，像是《聯合國海洋法公約》。但事實上，在各國規劃此公約期間，中國一直扮演著實質的角色。沒錯，《聯合國海洋法公約》真的是全世界的傳承：南美洲以及剛獨立的非洲國家率先推動專屬經濟區的構想，印尼則專注於列島權益。其他規則全都不成比例地偏好中國，因而犧牲了其他亞洲大國的權益，像是印度、日本和印尼。跟這些國家不一樣的是，中國是聯合國安全理事會的常任理事國，擁有否決權，因而被公認有法律權力在《防止核武器繁衍條約》之下擁有核子武器。同時，在美國，即使川普已經嚴重破壞很多全球性的規則（這些都是以前的美國政府帶頭制定的），但美國官員還是忙著堅稱，他們的國家不會破壞這些法律。例如，美國決定退出一九八七年，限制美國飛彈部署的《中程導彈條約》（Intermediate-Range Nuclear Forces Treaty），就被解釋成是因為俄羅斯首先出走，而不是因為簽約國的中國用來恫嚇鄰國的，正是此條約禁止的同一類飛彈，像是中國在北京大閱兵時所炫耀的那些飛彈。

那麼，在各大海洋區武裝對峙情勢逐漸惡化之際，又有什麼空間可以提供給外交、規則和相互尊重呢？有些迷思需要打破。

第一，外交並不是要不惜任何代價來追求友好關係。除非多少與國家利益有關係，否則，外交沒有任何意義。它也許也應該涉及到談判和妥協，但這並不等於為了讓情勢平靜下來，就要去犧牲國家的基本利益和價值觀。在一開始就沒有想要反抗的情況下，就向大國作出讓步，只會招來更多壓力。

第二，外交講求實力。不能光靠道德或法律訴求來要求大國展現善意。而且，外交不能被看作是可以取代國家其他力量的槓桿（像是軍事武力、情報或地緣經濟），而應該被當作是可以用來補充或放大國家力量的工具。在嘗試對付一個像中國這樣的強權大國時，其他國家能夠透過外交來達成的效果十分有限，除非他們能夠團結起來，共同推出某種制裁或懲罰，並且願意忍受在實施制裁時帶來的不便。即使是弱小國家也需要考慮用什麼方法來讓大國感到難過，即使只是透過曝露大國霸凌的行為，以及尋求和別的國家團結起來。但最好是這些小國或中等國家最終能夠擁有某些自衛或甚至攻擊能力，以防外交斡旋宣告失敗。擁有像美國這樣強大的盟國，當然很有幫助。但正在快速興起的中等實力國家的新結盟，像是澳洲、印度、日本、印尼和越南，以及它們本身軍力的壯大，這些都能夠成為它們外交的後盾，而不是宣布放棄外交斡旋。

迷失在英文縮寫裡

第三，外交不是國與國競爭的替代品，而是它的競技場，比真實的戰場更好。剛剛接觸到亞洲、亞太和印太這些令人眼花撩亂的外交機構的初來者，可以先去找出在這些縮寫之間的權力關係，這樣才能夠真正理解。被大肆宣傳成是重要「結構」的這些機構，實際上只能歸納成是誰跟誰見面，以及他們都談了什麼。總之，就是權力和會議。

因此，東亞峰會應該是這個地區最主要的論壇，但通常很像是各國領袖一年一度的半天聚會，少有大事發生。從表面上看來，APEC、東協區域論壇，或是東協國防部長加八會議（ASEAN Defence Ministers Plus Eight），也大概差不多。卡拉OK有時候拿來助興，中國利用它的代理人，像是柬埔寨，投票否決一些戰略問題，像是南海問題，還有會員國迫害人權的問題，像是緬甸迫害羅興亞人（Rohingya），或是中國在新疆迫害維吾爾族，這些都很少被提及。印度洋地區的情況也好不到哪兒去，環印度洋區域合作聯盟（Indian Ocean Rim Association, IORA）竟然無法處理漁業捕撈過度的問題，更對中國、印度、巴基斯坦之間的緊張關係束手無策。

但這是錯誤解讀本區域的多邊外交。多國機構只能獲得強國希望它們擁有的授權。歐洲模式經常很不實際地被當作印太地區的範本。然而，歐盟能夠成為事實，是因為在經歷過幾個世代的毀滅性戰爭之後，法國和德國終於在國力與利益上達成基本的和解。相反地，印太各國之間的安全歧見和互不信任，基本上尚未解決，而且還在逐漸惡化。

多邊外交的效果大部分都出現在邊緣地帶，主要在控制、淡化及搶先化解衝突。一個典型的例子就是「東協區域論壇」，它是在一九九〇年代初期的樂觀氣氛中誕生的，負有三大任務：對話、建立信心，以及最重要的，預防衝突發生。它的範本是冷戰時期的《赫爾辛基協議》（Helsinki Accords）。當時，在可怕的核子毀滅陰影籠罩下，《赫爾辛基協議》利用多層級會談，討論從人權到軍武管制等各種問題，有效幫助減少了戰爭的風險，但卻解決不了自己最後被消滅的命運。已經過去二十五年了，在預防衝突或協調的角色上，「東協區域論壇」的效率卻愈來愈差，特別是在處理大國之間的衝突時。

多邊外交一項比較讓人沮喪的失敗，就是東協任由它的會員國在南海的權力與利益遭到侵蝕。每一年，都會出現樂觀的頭條新聞，或者也許是相同的新聞被拿來循環使用，這些新聞宣稱，東南亞國家和中國已經更接近完成「行為準則」的制定。如果制定完成，此一奇蹟文件將多少可以預防發生海上衝突，以及開啟在爭議海域的合作之路。比較沒有大事宣傳的是，事實上，這些談判從二〇〇二年就開始了。那一年，在東南亞各國的聯合外交努力下，終於迫使中國（那時的中國比現弱了很多）發表一篇不具約束力的「宣言」，宣稱它會作出自制，避免採取武力，並且尊重航行自由，不會在有爭議的島礁上增加駐軍人數，並且準備開始接受「行為準則」的約束。[37]但是到後來，中國不僅破壞了這些承諾，它和東協各國的談判進度慢如冰河移動，並且創造出反常的情勢。我們在第六章已經指出，這個未來的行為準則很可能將會讓中國的行為合法化，讓它可以威脅，要用武力把其他國家趕出它非法取得的海上新領土。這將會是所謂的「被動入侵」的一大勝利。[38]

再一次說明，這並不是說，這種多邊模式的外交是在浪費時間。像東亞峰會和東協區域論壇這樣的聚會，提供了一個舞臺，讓各國可以在此發言，可以指控某些不可以被接受的行為，只要各國領袖願意用這種方式來使用這個舞臺。像這樣的會議也提供一個平臺，可以用來針對某種危機進行調解以及作出集體回應，這些危機除了政治問題之外，也可能是自然災害或瘟疫。在某個國家作出所有其他國家都不能接受的行為時，這些論壇也可以被當作會員國的團結大會，但是，即使是想要建立共識來批評北韓，也被證實是很難做到的。

這種大型會議也提供完美的場合，用來呈現真正的外交活動，就是在大會之外進行更多密謀和策劃，各國分成兩個或三個相互信任的小組來進行私下會談。這種極少邊的會談，甚至包括美國—印度—日本—澳洲的四邊會談，都是在主要論壇的周邊進行。老式的雙邊會談仍然是主流，強大國家之間會競相排出議程，企圖把一些較小的國家拉到它們身邊。但中等實力國家也可以參與這項賽局：多邊主義仍然是小國家靠著它們靈活和積極就能夠有所成就的場合，只要它們能夠抓住機會，並在特定問題上促成各國成立聯盟。事實上，在這些場合裡，有些時候，小國家也能夠制定議題，並且影響強權大國。

這就是為什麼會員國資格很重要的原因。東亞峰會仍然有前途，因為它的成員國涵蓋了印太地區絕大部分地區，空間太大，以致於中國（或是美國）無法單獨掌控。而中國也明白這一點，這就是為什麼，在一些敏感問題上，它會一個接一個找上那些小國家直接商談，或是和扣掉美國、日本、印度或澳洲之後的其他東南亞國家合作，並採取集體行動。必須注意的是，中國目前正在投資它可以掌控的新的國際組織，像是「亞洲相互協作與信任措施會議」（Conference on Interaction and Confidence-Building Measures in Asia），這是一個介紹「亞洲人的亞洲」的組織，但卻把日本、印尼、美國和澳洲排除在外，可是又接受俄羅斯成為它的會員國。

因此，這種誇張的多邊領袖大型集會，在建立真正的安全合作，或是減少印太地區衝突危機上，並沒有作出什麼貢獻。合作反而比較可能在小組會議或雙邊會談裡達成。想要維護和平，必須動用到多種「嚇阻力量」（這樣的外交術語就代表軍事武力），以及耐心地進行談判，和實施所謂的「信心建立措施」（confidence-building measures, CBMs）。

這就是在冷戰時期維持了長時間和平的那種禮節、溝通管道和諒解。一個很好的例子就是，有關於防止在「意外相遇」時發生「海上意外」的一項協議，就是讓大家都能了解，各國的船隻或飛機可以彼此接近到何種距離，若低於這距離就成為大家應該關心的理由。其他的「信心建立措施」包括，在進行重大軍事演習時，應該事先發出通知，而且，為了避免發生誤判情勢的情況，還必須事先獲得證實，這次演習只是演習，並不是開戰的前置作業。特別設置的「熱線」可以在發生危機時，幫助前線軍事指揮官、外交官或各國領袖跟他們的對話單位緊急連絡，共商如何解決彼此之間的歧見。也可以採取一些透明措施，用來分享彼此的武器數量，也許甚至還可以允許對方派員前來檢查，並且證實彼此之間的協議並沒有遭到破壞。敵對國家也可以定期舉行會談，討論行為準則、意願，以及清楚標示出「紅線」（就是在什麼情況下才會引發衝突）。一九六二年的古巴飛彈危機之後，美國和蘇聯的關係發展出很精密的機制，可以輕鬆處理這樣的危機。這種機制並不是隨時都有用，戰爭的威脅還是一直持續到一九八〇年代，但如果沒有這樣作，情勢一定會更糟糕。

然而，在印太新時代裡，建立信心措施卻很少使用。十年前，中國拒絕和那些與它在海上發生軍事對峙的國家舉行正式會談，主要包括美國、日本和越南，相反地，它反而使用自己認知的魯莽行為作為施加影響力的工具。中國的邏輯是，如果其他國家無法預測中國會作出什麼樣的反應，它們就比較不會抵抗中國的斷然訴求。接著，隨著人工島礁建造計畫的推進，危機處理的機制反而有利中國鞏固它的控制。現在，美國軍艦在執行「航行自由」的巡邏任務時，就會被描述成是破壞和平。還有，「信心建立措施」本身的一個弱點就是，它們只有在減少意外或計算錯誤所造成的危機時，才能發揮效用。如果其中一方願意冒著發生衝突的風險，或甚至主動製造衝突，那麼這些措施就沒有什麼用處了。

不過，還是有其他解決辦法。中國在二〇一四年決定加入「避免海上衝突規範」（Code for Unplanned Encounters at Sea），這是一個全區域的整套規範，美國和它的盟國很久以來就一直遵守著。[39]二〇一八年，中國和日本終於建立一條熱線，用來處理它們的軍隊在東海相遇的問題。[40]在印度洋，由於預期它們的軍隊在海上發生衝突的機率將會大為增加，中國和印度已經發展出一套偶爾舉行的海事對話機制。[41]在陸地上，在洞朗邊區發生衝突之後，中國和印度已經加強信心建立措施，指示它們的軍隊應該如何處理未來的衝突，避免讓邊界衝突惡化成戰爭。值得注意的是，所有這些維護和平的改善動作，全都是在幾個階段的高度緊張發生之後才出現的，其中很多則是在中國軍方內部反省說，它無法無限制地承擔風險之後。如果其他國家沒有作出反抗動作，中國可能就不會接受這樣的妥協工具。這是最佳的例子，顯示外交和國家力量結合的話，就會成功，如果分開來就不會。

但是，如果外交是一種戰略塑造行動，包括阻止、限制或是終止戰爭等行動，那麼塑造外交行動的又是什麼？在幕後，印太地區各國之間競爭賽局的一個微妙但重要的層面，就牽涉到某些國家想要影響別的國家的外交決策。如果想要不戰而勝，還有什麼比得上讓你的潛在對手把你的觀點當成是他們自己的，如此就能確保外交活動的結果完全符合你的利益？

從中國觀點來看，這是最理想的，例如，像是去影響其他國家的決策者去保持和擴大這樣的觀念：反抗中國是不對的，也不值得這樣作。中國已經花費大筆金錢去改造全球對未來的看法。即使在一帶一路還未正式推出之前，就已經有人估計，中國一年的「對外宣傳」預算高達一百億美元，比世界其他國家的公關費用的總和還多。[42]

最不透明的就是中國政府和中國共產黨負責「政治戰」的機關。這是要在不發生戰爭的情況下讓敵人屈服。政治戰是建立在這個觀念上：各國之間一直處在不宣而戰的狀態中。這個觀念起源於前蘇聯，後來被毛澤東採用。相反地，民主國家則認為，只有在有人開出第一槍時，戰爭才會開始。[43]所有國家都有情報機構在祕密收集情報，好讓自己的國家能夠處於有利地位。中國則認為，它的間諜可以填補這個角色，並且還可以利用他們來影響別國的外交決策。這些任務主要由公安部負責，這是全世界最大的情報機構，中國另外還指派一個獨一無二的影響力工具從旁協助，那就是所謂的統戰部。[44]習近平把這個在一九三〇年代和一九四〇年代中國內戰時就已經成立的單位，重新調整和補充資源。這個單位的任務就是把認為是黨的敵人孤立起來，它的方法就是爭取中間立場人士，不管是透過宣傳、引誘或恫嚇。北京爭取影響力的訊息，可以總結成三部分：中國崛起是開頭；中國力量是擋不住的；任何人如果擋在這中間，將會受到懲罰。[45]不要管這個邏輯的內部矛盾了。這已經被證明是個很艱難的挑戰。

論述之戰：澳洲身處前線

「中國的邊界完整是中國的事情。」這位有領袖魅力的年輕澳洲參議員這麼說。他站立之處，呈現出掛著澳洲國旗氣勢宏偉的背景，他前面的講臺上有著他的國家的袋鼠與食火雞圖案的紋章。一切看起來相當正式。在那些沒有心存懷疑的人聽來，他的話似乎是在陳述明顯事實的無害聲明。但是，他在這兒所說的「邊界」，並不是中國的邊界，而是有爭議的整個南海地區。這位政治人物是參議員鄧森（Sam Dastyari），他是澳洲工黨的明日之星和政治掮客。他繼續說道：

作為一位朋友，澳洲應該扮演的角色，就是要知道，在幾千年的歷史當中……有哪兒是我們應該介入或不應該介入的地方。作為中國的支持者，以及中國的友人，澳洲工黨在維護這樣的關係上，扮演很重要的角色。而想要維持這種關係，最好的方法，就是要知道，什麼時候應該介人，以及什麼時候不該介入。[46]

這些話都很重要，尤其當時是在二〇一六年澳洲聯邦選舉競選期間，正好在各方期待已久的國際法庭針對菲律賓與中國在南海的爭議作出裁決的幾個星期之前。站在鄧森旁邊的是身價幾十億美元的房地產開發商黃向墨，他是澳洲兩大主要政黨的政治獻金的重要捐贈者，他是中國公民，據報導，他和中國的統戰部有很密切的關係，並在幾年後被禁止返回澳洲。[47]鄧森的談話完全牴觸了澳洲政府的政策和他自己所屬工黨的政策。而在媒體曝光他和黃向墨的交往之後，就開啟了鄧森政治生涯的末日之路。[48]

這也是對於外國干預澳洲政治的一項警示。中國黨國精心設計的收買影響力的計畫，已經在澳洲內部展開，包括捐款給政黨，控制中文媒體，栽培一些人，但同時恫嚇其他人，並且掌控華人社區和學生組織。突然之間，所有這些全被揭露出來，其所造成的全球影響，繼續回響著。在談到這樣的影響和干預時，澳洲現在被全世界看作是一處早期預警之地：是有關於挑戰和民主國家可以如何回應的一個研究案例。[49]

中國共產黨至少有四個理由，促使它要對澳洲國內施加它的威權「銳實力」。[50]第一，中國想要看到澳洲和美國的安全聯盟的力量變弱，或者最理想的是，完全破裂，也就是說，任何事情都可以，只要能夠造成坎培拉在衝突時不願對美國和日本提供軍事、外交或情報支持。第二，澳洲被視為是最適合收集美國和盟國的國家安全機密和軍事科技情報的最佳地點。第三，中國急於要讓澳洲的外交獨立發言消音，因為澳洲經常發言支持其他國家，也支持讓北京為難的那些國際法律和規範，例如，在二〇一三年，當時十分敢言的澳洲外長畢紹普，曾經大力批評中國企圖控制和日本爭議地區的領空，當時，北京就一度想要凍結與澳洲的外交關係。

也許最讓人感到心寒的是，澳洲被視為是中國想要壓制所有華裔公民的獨立政治觀點的首要目標。想要讓異議人士不敢發聲，中國可以透過對他們個人或他們在中國國內的家人的騷擾或威脅來完成；一些華裔澳洲公民或是持有澳洲永久居留證的中國公民，因為批評中國共產黨，就被中國逮捕監禁，這就是對其他國家的警告。[51]或者，干預也可以透過對商界、地方政府或媒體施壓來達到目的。[52]澳洲是個庇護所，可以容納讓中國愈來愈獨裁的領導人感到不舒服的言論：來自香港的自由之聲、來自天安門鎮壓行動的難民、臺灣人、維吾爾族、西藏人、遭到壓迫的法輪功支持者，和轉變成民主運動人士的前中共黨員發出的不滿中國的聲音。

在澳洲的香港社區，連同眾多同情者，對二〇一九年在香港發生的大規模示威提供了道義上的支持。在回應所有這一切時，中國共產黨似乎作出這樣的結論：如果它能夠讓在澳洲的異議人士噤聲，那麼它就可以在全世界任何地方這樣作。一個通常很放鬆的社會，並且想像自己跟麻煩隔了一個世界之遙，卻突然發現自己被捲入戰略競逐的前線，而且還牽涉到間諜、謊言、勸誘和霸凌。在雪梨、墨爾本和布里斯班街頭，一些反對中國共產黨的示威者被迫戴上口罩，避免他們在中國國內的家人遭到迫害。而支持中國共產黨的中國留學生也動員起來，並在中國官員的支持或鼓勵下，把北京的理念帶入澳洲街頭和大學校園。[53]香港危機發生後，像是微博和微信這些中文社群媒體，以及澳洲國內隸屬中國共產黨的報紙和電臺，都被拿來作扭曲的報導，吹捧中國的利益和世界觀。

關於澳洲和中共的關係，有一個陳腐的觀念，就是說，坎培拉很害怕得罪中國，因為它在貿易上十分依賴中國。但對於外國的干預，澳洲政府的態度竟然如此強硬，尤其是二〇一七年滕博爾總理主政期間，這令很多人感到驚訝。看到俄羅斯干預美國大選的情形，終於讓澳洲下定決心強化自己的民主適應力。透過法律嚴懲貪汙、來自外國政府和它們的代理人的共謀、隱祕和威嚇活動。情報機構公開警告，澳洲出現史無前例的間諜威脅；外國政治捐獻被禁止。中國的華為和中興通訊（ZTE）被禁止參與重要的國家基礎建設，不過，跟美國後來的作法不一樣的是，澳洲並沒有明確指名這兩家公司，而是採取以一些原則作為基礎的立場，並且規定，被懷疑聽從外國政府「指示」的公司將被排除在外。在很短時間內，起初對澳洲似乎偏執狂的舉動覺得困惑的其他國家，開始了解澳洲為什麼會有這樣的顧慮，然後它們自己也採取了同樣的安全措施。

但是，爭奪影響力和發動論述戰鬥，並不僅限於西方國家。新加坡明顯地有它自己強烈但謹慎的對策，這涉及到它在二〇一七年把一位知名學者驅逐出境的事件，理由是指控他是外國政府的間諜。新加坡曾經研究過澳洲的經驗，並且據此進一步加強它的法律。[54]臺灣是最全面性的訊息戰的戰場：金錢、媒體組織、社群媒體和社區滲透，全都被拿來當作施壓工具，目的是要換掉現在的政府，換成一個親中政府，實現中國統一與控制的目標。[55]在東南亞各地，以及印度洋和南太平洋那些較小國家，爭奪地緣政治影響力的戰鬥，已經陷入混亂的泥淖裡，牽扯到被指控的貪汙行為、商業交易、一帶一路貸款，以及某些領袖的個人選擇，從菲律賓民粹主義的半威權總統杜特蒂和柬埔寨總理韓森，到馬來西亞總理納吉．拉薩（Najib Razak）、馬爾地夫總統雅門和斯里蘭卡總統拉賈帕克薩。

和地緣經濟富裕或貧窮的抉擇，以及決定生與死的軍事力量相比，這種認知與宣傳的賽局看來也許是次要的，或甚至不重要。但凡事都不能偏離事實真相：統戰曾經被吹捧成是確保中國共產黨統治的「神奇武器」，另外再搭配軍事武力和黨的組織。[56]在印太地區的地緣政治裡，在北京與華府之間的很多中等實力國家，都在觀察彼此對中國力量與獨斷行為的反應。因此，外在的表現，最後都成為事實。印太地區的權力鬥爭牽涉到各種競逐：態度、思想論述、人與人之間的對話、政策決策者、媒體和商界。用來作為說服和吸引之用的「軟實力」，則是合法的外交工具，在任何地方都是。但北京卻專門使用「銳實力」來對外國進行政治干預，其手法比俄羅斯破壞性的輕率戰術更為細緻和精準，可以用來化解反對力量，並且改變印太地區的局勢，讓局勢變得對中國有利。比較不關心政治問題的私人公司並不能夠對中國免疫，這可由在中國要求下，很多私人企業一一作出道歉一事上得到證明，而中國要求這些公司道歉的理由，包括航空公司把臺灣列為目的地國家名單中，以及一些私人公司支持在香港的民權示威。[57]美國大製片廠也搶先推出對中國表示友好的影片，像是一部由美國夢工廠動畫公司和中國東方夢工廠合力製作的兒童動畫片，《壞壞萌雪怪》（Abominable）裡，就出現中國在南海主張的九段線的地圖。[58]甚至體育也不能倖免。轉折點出現在中國向美國國家籃球協會（National Basketball Association, NBA）施壓，要求道歉，因為該會一名人員在推持上發文支持香港的民主運動。在NBA道歉後，中美之間陷入道歉與憤怒反應的惡性循環，結果讓美國和中國對言論自由此一原則的立場，更加兩極化，並且引發讓經濟和體育及娛樂脫鉤的想法。[59]

中國一帶一路龐大的推銷行動，以及用會讓人混淆的語言來形容這個以中國為中心的新世界的，就是中國口中的「人類命運共同體」，這是軟實力和硬實力協調之後推出的。[60]在一帶一路文件上簽字的每一個漠不關心或立場軟弱的外國政府，全都成了中國影響力箭筒裡的一支箭，其所傳達出來訊息就是，未來將由中國規劃，所以反對者最好趕快接受這項計畫。在回應這項訊息時，民主國家已經開始在軟實力戰場上和中國競爭，但直到目前為止，它們還不願意，也或許無法直接參與政治戰。日本則變得更傾向利用它的高品質基礎建設工程、外交可靠性和不具威脅的戰略特性，來和很多國家建立夥伴關係，這些國家有很多，從南亞和東南亞，到非洲與太平洋都有。在軟實力方面，美國是過去的大師，在冷戰時期，它也發動過自己的政治戰爭。但在川普主政下，美國已經喪失它民主價值觀的吸引力，並且還出現可能在東協激怒朋友的風險。印度在論述方面的表現也許還算不錯，二〇一八年，莫迪新加坡的演說，可能是印度對印太理念的最佳闡釋，但想要以此勝過中國對小國家的金錢誘惑，則是一場艱苦奮鬥，而且印度一直反對區域自由貿易協定，也會對自己造成傷害。除了在自己國內反擊中國共產黨的政治干預活動，澳洲也尋求透過自己的「太平洋強化」政策，在一些小島國家對抗中國的影響力，方法就是把軟實力結合開發基金和安全援助。但澳洲想要說服這些太平洋島國人民相信澳洲的好意，卻又碰上保守黨總理莫里森政府不願放棄在這些島國開礦的決定，而這些太平洋島國最關切的，就是希望停止在它們國家的開礦活動，因為開礦會造成這些小國地層下陷，而在全球氣候變遷的影響下，南太平洋的氣候、資源和海平面都已經受到影響。[61]

資訊戰大部分都不是在政府之間進行，而是在公民社會之間發動。對學者、新聞記者和政治人物（這幾種志業不只重視物質現實，更看重相關理念）來說，目前有一個令人覺得不愉快的事實，就是他們的日常工作並不能避開想要塑造資訊和認知的國際權力鬥爭。學者在辯論安全、國際關係和政治文化時，已經不再是學者。經驗豐富的中國事務觀察家都十分清楚，中國的智庫、媒體組織、大學甚至企業，都有可能是共產黨的工具，被用來和被黨認定的敵對外國勢力進行影響力與理念戰鬥。因此，這些實體單位對它們的民主「同行」發動理念戰鬥時，往往處於很優勢的地位。在這時候，他們經常發現，他們自己面對的對手都是眼光狹窄和天真爛漫（任性或真誠）：只有短暫任期視野的國會議員，未接受過現實世界衝擊的學者，或是那些只把焦點放在錢上面的企業或大學負責人。民主陣營方面甚至經常沒有發現，競爭已經在進行中，或者他們已經被當作對手或是他們想要影響的目標。這是政治戰的本質，就是盡量延長時間，讓另一方不會很早就發現衝突已經出現。[62]

在自由民主國家所有的公民當中，已經證明，唯有能夠以本身敏銳的觸角找出謊言和壓迫的新聞記者，才是在論述戰鬥中最有效的抗體。澳洲對中國真相的追查，是由一群頑強的調查記者引起的，結果他們其中一些人現在還在對抗誹謗官司。[63]雖然自由媒體機制，也就是所謂的第四權，在全球各地都面臨來自獨裁者和數位破壞的壓力，但反抗威權主義和外國干預的戰鬥，也給了高品質的新聞媒體全新的目標和關聯性。中等大小的民主國家如果想要保護它們的價值觀和利益，最有效的方法，就是珍惜和支持自己國內與國外的自由媒體，例如，在一些小國家裡訓練新聞從業人員。像是在南太平洋的一些小國家裡，當地媒體能夠嚴格監督的話，就會揭露一帶一路的更多真相。

在此同時，在對抗中國想要控制他國理念認知的行動時，一些最有效的反抗力量並不是來自其他國家政府，而是一些並沒有嚴密協調的人民團體，最明顯的是自稱的「全球反極權主義」運動，主要成員都是海外流亡團體，像是香港人、維吾爾族，以及其他。由小小的香港進行的道德遊說，也許比不上中國的國家力量和它的龐大宣傳機器，然而這個反抗運動的獨立性和創意，已經讓自己的力量加倍壯大。年輕的社運青年已經把老式的街頭示威，和數位科技的創意應用連結起來，用來協調各項集會，預告警察的各種行動，接觸來自中國大陸的訪客，以及向全世界揭露中國的國家暴行。常見的民間日用品（雨傘、面罩、安全帽、雷射筆）已經被當作游擊式示威活動的戰術工具。不管香港人在危險中過生活的日子是否會結束，反抗團體已經把歷史上的這段抗爭時期放進永恆的音軌中：由群眾集體創作出來的「國歌」，〈願榮光歸香港〉（Glory to Hong

Kong），由自動自發的群眾在購物商場、體育館和學校演唱，並有戴著面罩的自願者組成的完整樂隊和合唱團錄製成影片，上傳到網路，傳遍全世界。[64]

這是容易獲得同情的既活潑又生動作法。相反地，中國共產黨在很多國家進行的地緣政治競爭，卻被證明會產生很大的反效果，反而會傷害到中國自己的形象與利益。澳洲國內民眾對中國的印象愈來愈壞（二〇一九年，表示相信中國的澳洲人比例已經下跌了二〇％），這種情況也會在其他地方出現。[65]這種情況對這些國家裡的華裔公民傷害特別大，而且也會破壞社會的凝聚力和多元文化的發展。

就本身來說，澳洲政府一直在盡力說明，它的對抗外國干預的新運動是「國家不可知論」，也就是說，這項運動並不是針對任何特定族群或國家。從道德觀點來看，如果澳洲政府不對華裔澳洲公民受到北京恫嚇和控制一事採取行動，反而會被指責是種族主義。純粹只是因為他們族群背景的關係，就讓這些公民得不到國家的保護，那就是把他們當作次等澳洲人來看待了。這不只是美國和中國的衝突，印太地區是由移民建造出來的區域。例如，將來中國和印度如果發生戰爭，將會在一些多元文化國家內部造成回響，像是加拿大和澳洲，因為在這些國家裡，印度人是成長最快速的移民社區。二〇一七年洞朗邊區衝突期間，一小群中國留學生在雪梨街頭進行一場反印度汽車大遊行，隊伍中出現豪華車輛、紅旗和威脅性的口號，十分吵雜，這就是將來可能會發生的情況。[66]澳洲現在正帶領全世界反抗中國的銳實力，因此它有責任展現領導能力，並向分裂的中國人社區保證，保護他們的公民平等權益是十分重要的。

完整光譜，完整圈圈

操縱社群媒體，以及個人複雜的流亡政治，似乎和習近平的作戰指揮中心，或是核子潛艦的無聲監視，相隔了一個世界。但是，人們沒有辦法逃避這個令人不安的事實：中國共產黨把中國的未來定義成可怕的鬥爭，目標是國內和國外的敵人。在印太地區和全世界，這表現在各國相互競爭上，大家爭相追求優勢、影響力和安全，而且這樣的競爭出現在所有各種問題上，不是只有國防，還包括了經濟、外交和資訊的控制。

在光明面，跟一些最糟糕的評估正好相反，中國也許並沒有想要統領這區域的偉大計畫。但是，即使這是千真萬確的，好消息也僅只有這個。中國國家利益和能力的驚人成長速度，與它們擴展到全區的方式，破壞性地加入競爭的很多層面（地緣經濟、軍事、外交和各種論述），以及無法避免的引來其他國家的反擊，不管是協商好的，還是別的，這全都表示，不幸的未來在前面等著我們，並且可能出現很嚴重的後果。但至少在不短不長的時期內，這地區還是足以維持和平共存的局面。

未來

FUTURE

圖片出處：Thomas Mitchell, Journal of an Expedition into the Interior of Tropical Australia in Search of a Route from Sydney to the Gulf of Carpentaria, Longman, Brown, Green and Longmans, London, 1848

09

chapter

猜疑之航

黑天鵝是印太地區一種很奇怪的生物，原產於澳洲，特別出現在靠近澳洲大陸的西南與東南海岸附近。歐洲人在一六九七年第一次進入大陸西部邊緣這兒的一條河流，看到這種水鳥時，不禁驚訝地呆住了。歐洲文化以前一直把黑天鵝看作是不可能的象徵：天鵝，當然了，只有白色的，但對澳洲原住民族來說，幾千年來，黑天鵝就一直被認為是絕對正常的。最近，知名的不確定理論學者納西姆·尼可拉斯·塔雷伯（Nassim Nicholas Taleb）再度喚醒這種鳥兒象徵意義，替它帶來新和不當的壞名聲，就是把它當作是不可能發生，但又經常發生的災難性事件，這也代表所有事情都有可能出錯。[1]「黑天鵝事件」（black swan event）現在已經是眾所皆知的標籤，指的是難以預測的重大事件，會產生重大後果，然而，現在事後回想起來，所有重大事件發生的可能性，在事前其實都表現得很明顯，例如，第一次世界大戰、九一一恐怖攻擊、全球金融危機。

黑天鵝和黑象

如果更近距離觀察的話，像這樣的戰略驚嚇，其實更像另一種生物，就是想像出來的一種混種生物，可以稱之為「黑象」（black elephant）：這是黑天鵝和著名諺語「房間裡的大象」（elephant in the room）雜交而來的。「房間裡的大象」指的就是，某個問題既大又明顯，但卻沒有人願意談起。因此，黑象就是已知的未知事件，很可能會發生的事件，而且是壞事，每個人都隱約可以看得到，然而一旦真的發生了，大家卻又感到極度震驚。這個名詞源自於新加坡情報圈一群頭腦敏銳的戰略預測人員，領導他們的就是新加坡情報機構前負責人何學淵（Peter Ho），這是在提醒我們，小國家想要在大國之間作情報，最好就是把視野放大開來。[2]

隨著印太地區戰略風險不斷累積，出現的黑象也愈來愈多。

中國入侵臺灣，或者，至少轟炸和封鎖臺灣，緊接而來的一連串災難將會粉碎東亞和平。在回應這種情勢時，美國和它的盟國會從遠方封鎖中國，把衝突擴大到印太地區。以任何小小理由開始的一場小衝突，最後可能導致南海爆發槍砲震天的大戰。因此，朝鮮半島的衝突和混亂，不僅會把美國捲入，連中國也無法脫身。印度和巴基斯坦如果再度爆發戰爭，巴國境內的中國軍隊或國民也會被波及，北京因此不得不介入。印度和中國邊區爆發衝突，或者日本和中國為了一些爭議島嶼而發生衝撞，使得敵對氣氛惡化成在印度洋的海軍緊張對峙。在某次衝突事件後，一架中國或美國的間諜機或間諜船被對方扣留，隨後，為了救回機組人員或取回祕密裝備，結果爆發衝突。隨著伊朗危機持續惡化，包括印度和中國在內的多國海軍，開始聚集在波斯灣保護船運，他們將會在那兒停留，建立基地，並且為他們未來的衝突預作準備。人民解放軍將會進行干預，保護一帶一路沿線的中國國民和利益，包括在非洲、印度洋、南亞、中亞、中東或太平洋。但當中國軍隊介入地區衝突後，原來的計畫就會變調。以上所列舉的這些場景中的很多種，正好反映出，在中國的國際安全足跡快速成長之後，所累積下來的風險。

看看我們四周，環境壓力和氣候變遷的效應可能更會加劇全球權力鬥爭。用零和的態度使用天然資源（像是淡水和漁業）會升高國家之間衝突的風險，最明顯的是中國和印度，或是中國和東南亞小國之間，不管是湄公河下游或是南海，都會出現這種狀況。很有可能的是，中國之所以不斷爭取外國農地和漁業資源的使用權，部分原因是，這就是它的糧食安全戰略，因為中國擔心，氣候變遷會對它自己的農業生產帶來重大傷害。即使是在衝突原因跟氣候變遷無關的地區，如果當地各國無法合作作出回應，或是設法解決彼此的歧見，氣候變遷還是會造成當地大量人命的損失。[3]如果這種戰略猜疑的情形持續下去，那麼這些區域的所有國家怎麼可能達成協議，來重新安置因為海平面上升而流離失所的大量人口？根據美國國家情報委員會的報告：

人口成長將繼續集中在容易受到海平面上升、洪水和暴風雨傷害的地區。到了二〇三五年，將比二〇〇〇年多出將近五〇%的人口，其中大部分都居住在全世界低海拔的海岸區，其中，亞洲人口大約增加一億五千萬人，非洲則增加六千萬人。很多超級城市，像曼谷、胡志明市、雅加達和馬尼拉，地層將會繼續下沉，這是因為過度抽取地下水和自然地質活動加劇的緣故。[4]

氣候變遷可能造成大量人口流離失所，光是孟加拉就高達二千多萬人。這些流離失所的人，大部分都在自己國境之內，不會超出國界。[5]然而，在長期的氣候變遷和各國之間的權力鬥爭交相作用之下，印太地區的情況將特別嚴重，會同時出現人口脆弱、各國相互敵對，和極端氣候不斷出現等三種現象，這就是災難鐵三角。

人們很容易就可以想像得到，印太地區可能會出現什麼樣的對峙場景：當牽涉到夠多的利益或不確定情勢的那一刻出現時，各國領袖也許就會表示，他們願意為此去承擔衝突的風險。而在這些風險中，沒有一樣是真正的黑天鵝（未知的未知事件）。印太地區是一大塊緊密連結的地緣政治空間，在這麼「肥沃」的環境裡，這些風險將會快速繁衍。

例如，我們可以期待川普總統任期內會出現什麼新的外交政策中斷，尤其是如果他連任成功，並在第二任期內把他和中國的對抗及漠視盟國的情況提升到最高？如果美國真的丟下它自己的印太戰略不管，並且不支持它的亞洲盟國，什麼樣的新威嚇和衝突型態將會出現，而且這些全都真正順了中國的意？是不是領土侵略的問題，將永遠不會被拿到檯面上來討論？如果日本和南韓真的為了爭議島嶼而公開決裂？美國和俄羅斯的衝突又會如何擴展到印太地區？

到二十一世紀中期，印度仍然像它在二十世紀這樣，還是一個自我節制的巨人嗎？如果中國或印度（或者兩個都是）放棄以往的作法，改而開始和別國建立軍事聯盟呢？如果這些超級大國的其中一個或是兩個，發現它們陷入新的網路衝突，而另一方卻從中取得優勢呢？如果未來真的是美國和中國的冷戰時代，這將對地方鬥爭，造成什麼影響？也許甚至是透過代理人戰爭來進行，就是在一些小國家裡製造社會衝突。如果有一些弱小國家陷入內部動亂，或者看來似乎很穩定的政權卻變得脆弱和破裂，如果一些大國介入其中，那麼它們之間要如何保持安全距離呢？會不會出現在大中華區（西藏、新疆、香港）的新一波鎮壓和反抗行動，會擴散到中國國界之外，到時候，中國和全世界又將如何回應？中國和伊斯蘭教最後能夠避免發生衝突嗎？萬一伊斯蘭教的聖戰恐怖分子在東南亞占領了新的土地，像是菲律賓或印尼，而且接近海上航路，這會讓中國有足夠理由加入國際干預行動嗎？

氣候變遷和資源不安全感，會讓國與國之間的敵對氣氛加劇嗎？這些共同的挑戰會鼓勵中國、印度和美國把狹隘的國家利益擺在一旁嗎？或者，萬一有些國家在回應環境壓力時，單方面採取「地球工程」（geoengineering）措施來把氣候條件改造成對它們有利呢？這可能包括有些國家把煙霧劑噴到它們領土上空的大氣層裡，以降低當地氣溫，而不顧及是否可能會影響到更廣大的跨國地區的氣候系統，和其他國家的利益。[6]還要再過多久，各國才會公開爭奪剛剛發現的印度洋和太平洋的海床資源？對這些資源的需求正在增加當中，其中最受注目的就是多金屬結核

（polymetallic nodules），裡面含有智慧型手機和汽車電池需要的元素。[7]因此需要利用一些可行的科技來發現和挖出它們，像是海底機器人之類。中國和印度已經積極探勘礦藏豐富的印度洋西南部海床。澳洲和法國研究人員在二〇一九年進行的一項聯合研究，對於這樣的探勘行動表示擔憂，擔心這會造成國際緊張，不管這是不是因為牽涉到這些資源的龐大價值，或是因為這種採礦計畫會被認為是在掩飾某些安全活動，像是從事跟潛艦活動有關的作業，例如，「安置海底偵測設備，或是干擾海底電纜」。[8]如果資訊是新時代的動力來源，那麼海底電纜將會是新的戰略隘口，尤其是對只有少數幾條珍貴的海底電纜相連結的小島國家來說，更是如此。

黑天鵝風險肯定會在南冰洋和南極洲裡累積下來，而南極洲目前受到保護，不准從事軍事活動，上面的資源開發也僅限於有簽訂條約的國家，並且會在二〇四八年更新簽約國名單。南極的領土主權爭議並沒有解決，只是暫停處理而已；世界各國基本上同意大家有不同意見，至少目前是如此。二十世紀，共有七個小型或中等國家宣稱擁有這塊冰凍大陸的大部分土地的主權，其中以澳洲宣稱擁有主權的地區最大，占了這個冰凍大陸四二%的土地，但進入二十一世紀之後，像中國和印度這樣的大國可能會有不同的想法。中國和俄羅斯已經在澳洲的南極領土上設立基地，並且已經在探勘當地的礦藏。[9]到二十一世紀中期，最糟糕的狀況將會是南極軍事化，參與這項競爭的各國南極基地，將把這塊大陸不僅拿來從事軍事通訊和情報活動，還可能部署軍隊來保護他們發現的新資源。如果基於規則的世界秩序被繼續腐蝕下去，而南極制度本來就是仰賴規則和各國自制來維持，那麼，在冰上爆發戰爭，也許是可以想像的。不管南極的未來會是什麼樣子，其實都是印太地區權力賽局的一部分，而是否能夠取得進出太平洋和印度洋海路的權力，將會是中國和其他亞洲國家能不能追逐它們的南極野心的關鍵。

就全球來說，有什麼破壞性的科技，能夠改變國家財富或軍事力量的均衡，而且，這種改變的程度極其微小，微小到只能勉強感覺得到？還有，如果全球氣候暖化造成南冰洋出現可以通航的海上航路，印太地區還能維持多久的全球經濟重心的地位？

威廉・莎士比亞（William Shakespeare）很懂得國家交戰的情況，他在《哈姆雷特》劇中寫道：「當悲傷來臨的時候，不是單個來的，而是成群結隊的。」戰略上的衝擊不會單獨發生：在一個高度連結的世界裡，這些衝擊很可能會大量增加，並且如瀑布般傾瀉而下，其效應因此不可能在事先估算出來。鑑於此一超級地區戰略謎題的不確定性、複雜性和交相依賴，其中還有很多層級，很多主要參與者，以及恐懼、信心、民族主義、假訊息和權力的快速與難以預測的交互作用，因此，唯一能夠安全預告的就是，這個世界關鍵地區的未來存在著很多麻煩。政府和企業應該在目前這時候做好準備，準備迎接未來的多種風險，以及研究如何避開這些風險。

團結或分離：持續的不安全感

憂鬱會成為頭條新聞，很容易就可召喚來一大堆悲傷。因此，值得向後退一步，並且問道：這兒真的有這麼多無法解決的問題嗎？畢竟，對於中國到底真正想要什麼，以及印太地區和世界的安全前景，真的如本書所暗示的這麼糟糕嗎？專家和各國政府之間對於這些問題，都還存在著很深的不同意見。

在官方立場，中國認為，它的國家應該得到所有東西：和平、繁榮、安全、穩定的命運。但是透過一帶一路和不斷成長的軍事足跡，中國的問題逐漸變成全世界的問題，全世界的問題也變成中國的問題。還有，跟大部分時間裡的大部分國家一樣，甚至即使中國並不追求衝突，但事實證明，它很樂意依賴威嚇手段來達成目標，不管是採取軍事武力、地緣經濟或政治干預的形式。這麼一來，對其他國家來說，最重要的問題就是，如何對付這樣的威嚇，不讓它最後演變成衝突或投降。

想要回答這個問題，我們需要了解國與國之間如何互動，以及可以如何支援這些模式來達到想要的結果。這不是直截了當的事，就如我們在第五章指出的，在簡化國際關係時會有一些陷阱，這有點像是物理學的法則。但至少值得去嘗試定義會出現在國與國之間不同型態的關係。這可以看成是一連串階段的連續：從合作開始，經歷不同程度的和平共存、競爭和對抗，然後一路來到衝突。這些階段當中，沒有單獨一件是可以被描述成是世界事務的「中立」情況（一般來說，像這樣的動力都是好幾個突然一起出現），但是有時候也會出現這樣的環境，像是，競爭會勝過合作，然後一路走向衝突。[10]

合作是在良性的那一頭：國與國之間相互支持彼此的利益，甚至把這些利益定義為是它們的共同利益，因此結果是正面的，每個國家都是贏家。國際制度可以協調解決大家面對的共同挑戰：氣候變遷、跨國犯罪、生態壓力、資源壓力、能源需求、消滅疾病，以及根據人類開發指標，像是健康與教育，來提升世界各地人民的幸福與滿足感。也許可以透過共同機構（像是聯合國、歐盟等）來促成很多國家進行合作。或者，最好的合作效果也許就出現在兩個國家之間，或是少數幾個國家組成的小集團。如果接著成立聯盟或簽訂條約，也許會讓這樣的合作更為正式和強化。不僅所有合作都需要彼此互信，更需要在互信之前完成這兩項先決條件：可預測性和互惠原則。

共存比較不具野心，而且是合作的基本起點。它意味著相當程度的漠不關心：各國也許多少會合作，但它們的優先選擇是，在不傷害到其他國家的情況下，先照顧好自己。共存是現代國家制度的核心，起源於毀滅性的三十年戰爭（Thirty Years' War）結束後，於一六四八年簽定的《西發里亞和約》（Peace of Westphalia）。但它實際上也是亞洲產物。從冷戰一開始，中國、印度和多個不結盟運動國家就一直在鼓吹和平共存原則，此一原則的基礎，就是一九五四年在印尼萬隆（Bandung）簽定的《潘查希拉協定》（Panchsheel Treaty）所宣示的五原則：互相尊重領土主權、互不侵犯、互不干涉內政、平等互利及和平共存。雖然有時候會遭到破壞（尤其是在中國開始變得妄自尊大之後），但這項原則仍然是此一公平與持久的世界秩序的一個值得讚揚的起點。為了讓各國都能遵守它們的承諾，現在該是重啟這項原則的時候了。

即使在共存的情況下，各國也可以相互競爭。事實上，甚至同一時間在不同的問題或不同地點裡，合作和競爭也可以在同一個國家內部同時存在，在這種情況下，共存則成了黏著劑。正常的經濟關係就牽涉到這兩者，像是在世界貿易組織裡，所有會員國要先合作制定、遵守和執行規則，然後在這些規範內彼此相互競爭。在這種情況下，合作並不是什麼讓步或示弱，而是要確認大家的共同需求和共同問題。[11]

競爭就是主動追求優勢，國與國之間的競逐，再加上共存，這在國際制度裡是一種傳統的國家事務。在貿易與外交方面，競爭是受到尊敬的，或者至少受到規則和結構的限制。事實上，對於國際競爭的標準假定就是，它是受到管制的，因此會表現出自制。從貿易到海上糾紛，理論上都有一套各方同意的法律機制來管轄，甚至仲裁：上訴機構和法庭。競爭的一項不利之處就是，有些國家也許會把它們的精力用來對付彼此，而不是為共同目標來努力，例如，可能把資源改而用在國家軍事和情報機構上，至高目標就是要防著彼此。即便如此，國際競爭倒是可以激起一個國家創造各項成就的能力，像是在冷戰期間，美國在太空探險或創造網路方面都居於領先，這樣的能力後來還可以用來創造共同的幸福。強權大國之間的競爭帶有較大的風險，那就是會對第三國家造成壓力，要它們必須選邊站。而最大的風險就是，這樣的競爭會導致衝突。

但是，首先會有決定性的對峙轉變階段：緊張升高、危機出現。在這時候，利益衝突會十分激烈，也許會來得十分突然，代表已經來到危險門檻，衝突大門打開了。對峙是作出決定性抉擇的時刻。如果把對峙想像成單純是因為運氣不佳或是估算錯誤才會出現，那就真的太天真了。對峙可能是治國手段的工具，是一種企圖將危險政策推到極限的邊緣政策。認為對方不願意冒陷入對峙的風險，或者以為後退只是為了變得更強硬，這些都是錯誤的想法。中國就這樣子在海上和日本、越南及菲律賓對峙。印度選擇在洞朗和中國對峙。印度和巴基斯坦的對峙十分頻繁，因此特別令人感到緊張不安。在貿易和科技領域，美國一再選擇和中國正面對抗。規模比較小的是，澳洲在二〇一七年的外國政治干預事件中，選擇了和中國對抗的立場。

對峙會和威嚇連結起來：就是強迫對方作出選擇，通常都是使用威脅方式來刺激目標採取符合施壓者利益的行動。[12]威嚇就是一方有能力要求另一方「作出他們不想要作的某件事情」。[13]強國可以把對峙當作一種威嚇戰術，或者對峙也可以用來劃定一條線，用來對抗對方的長期霸凌。威嚇也許可以和比較微弱的陰謀工具結合，然後強國就可以利用這兩種工具以甜言蜜語進行哄騙，或甚至腐蝕對方的決策者，讓他們把他們的利益改成和強國一致。威嚇能夠發揮出最佳效果的時候，就是弱小國家內部的主流聲音宣稱，和強國對抗是不值得的，當中國侵入菲律賓的領海空間時，杜特蒂卻選擇不去對抗中國，當時，他就是這麼說的。[14]

但是，當來到對峙的宿命十字路口時，每一邊的政策選擇將總結成三種：衝突、投降或妥協。

衝突就會牽涉到使用軍事武力，且會把緊張情勢提升到全面戰爭邊緣。或者也可以選擇採取非暴力措施，然而這卻會帶來嚴重傷害，像是經濟制裁或網路破壞。衝突和威嚇不同（威嚇也會使用地緣經濟工具），因為它是雙方面的：目標會反擊。而且，雖然衝突也許最後都會化解，但各方面付出的代價會是毀滅性的，尤其是在一個相互依賴的世界裡，各方都擁有大規模毀滅性武器。所以要點是，要防止衝突發生。

投降則牽涉到一方在想到衝突的後果時主動退縮，並且選擇在不戰鬥的情況下承認失敗。這也許會帶來新的共存或甚至合作，但是也會出現殘酷的改變：其中一方將必須永遠接受對它的利益和獨立造成的重大損害。隨著中國變得愈來愈妄自尊大，各國應該盡量避免和中國發生衝突，關於這個問題，已經有很多論述和著作發表。[15]但大大小小的國家都有保護自己主權這種根深蒂固的需求，不僅要保護它們的領土，還要保護自己，在關係到國家利益、價值觀和認同時，有能力去作出獨立決策。因此，最好在一開頭就阻止衝突發生。這就是嚇阻力量介入的時候，我們在後面會詳加解釋。

妥協聽來還滿理想的，但在正在發展中的印太地區，想要這樣，卻是特別困難。第一，在這地區，中國已經把當地社會的安定，與中國共產黨的力量連結起來，這種力量又和中國在海外的妄自尊大有關，而這種妄自尊大的態度，接著又牽涉到中國對外大肆擴張的地緣政治野心，以及闖入外國社會。第二，民族主義，以及媒體不停地把焦點放在領袖人物說過的每一句話，和作過的每一件事，這會讓這些領導人變得非常小心，不敢失去面子，而這種情形不僅只在中國國內出現。川普政府在看待它和中國的經濟邊緣政策，以及和北韓的核子邊緣政策時，也都是透過國內選舉政治和總統本人自大的鏡頭來觀看，而不是只透過全球穩定的鏡頭來觀看。第三，由於本地區多極體制的關係，這表示，任何兩個國家（包括中國和美國）之間的妥協，可能並不符合第三方國家的利益，甚至還會跟它們的利益互相牴觸，因而種下將來爭執的種子。

準備好了嗎

本書執筆時間，是在二〇二〇年代前夕，危險訊號正在累積當中。印太地區整體情勢，則是位於光譜上競爭的某一點，對峙和衝突的危險性正在升高當中，風險一直存在。這既不是和平，也不是戰爭，而是持續和全面性競爭，涵蓋國家力量的很多方面。

值得讚揚的是，美國已經一再大聲指責中國的一些違法行為，特別是操縱市場、地緣經濟威嚇和偷竊科技。但美國隨後的動作卻一點也不能讓全世界感到安心。如果，川普真的像他自己說的，他是「被上天選中的人」(the chosen one)，專門來對抗中國的，那麼真心希望上天能夠幫助我們所有人。

讓美國和其他大多數國家受到傷害的是，華府在處理競爭與對峙時，作法前後顛倒、雜亂無序：美國在沒有先做好競爭的重要準備工作之下，就去加強與中國的對抗。這牽涉到美國沒有做到的一長串缺失：先把自己內部整頓好，展現良好的領導能力，尊重它長期以來宣揚的價值觀，培養盟國，向不結盟國家示好，正確投資基礎建設，重建國家科學研究基地，以及在印太地區優先部署防衛力量。在華府宣布，在中國準備好之前，美國將暫時不和中國進行建設性接觸，這項宣布也許真的讓中國措手不及，但問題是，美國和它的盟國也還沒準備好。

不過，還沒準備好，並不會阻擋戰爭的發生，也許反而會加速戰爭的發生。對峙與衝突時，規則大概都會被丟在一旁。在那種情況下，我們等於正進入比有節制的競爭更危險的領域裡。衝突很少會按主角的意思去發展：任何戰略都是對手想要去阻撓的計畫。[16]

因此，即使中國似乎準備對臺灣收網了（出動飛彈、潛艦、兩棲攻擊部隊、滲透人員和網路威脅），但是想要發動全面入侵行動，仍然存在著很高的風險，可能會讓中國望而卻步。日本、印度和越南，雖然都比中國弱小，但仍然能夠抵擋中國的入侵一段很長的時間，長到至少足以嘲笑中國是虛張聲勢，或是強迫中國提高賭注。即使中國在使用武力時，獲得短期的「成功」，這反而會促成世界大部分國家團結起來反抗中國。例如，攻擊臺灣，就會被認為是攻擊本地區和全球經濟，讓其他國家有理由來支持臺灣的自衛行動，並且挑戰中國的封鎖，即使它們並不承認臺灣是個獨立國家。在另一方面，中國如果在軍事上落敗，將會嚴重傷害中國共產黨統治的合法性。美國如果使用武力來保護它的盟國，將會使情勢失去控制，但如果美國沒有加入戰鬥（或是很快就落敗了），可能就會毀掉美國全球整個聯盟制度的信譽。這真的會改變世界局勢，強迫焦慮的前盟國作出新的選擇，看是要進行挑釁的加強軍力，或是在主權問題上作出妥協，並且接受中國在亞洲、俄羅斯在歐洲，以及甚至伊朗在中東的統領地位。

制定共存路線

中國並不掩飾自己是修正主義國家。它想要改變國際秩序，讓這種新秩序能夠符合中國向外擴張的利益，並宣稱擁有對一些土地的主權，但別的國家卻也願意為了這些土地一戰。在國內，中國的政治體制開始變得很像新型態的「網絡極權主義」國家，進行系統性和運用科技的控制、監測、恐懼、虛假和塑造對（真實和被認定的）敵人的憤怒，這些都是連毛澤東、列寧和史達林都只能在夢中才能想像出來的。中國對維吾爾族的迫害，讓人心寒地回憶起納粹德國囚禁猶太人和其他少數民族的情景。軍方也掌握對外交政策的發言權，這也讓人聯想到，在一九三〇年代的日本政府內部，也有強硬派軍人握有實權，再想到日本帝國主義在第二次世界大戰期間屠殺中國人民的情景，真的令人感到加倍悲哀。不管是多麼寬容大量的世界觀，如果再去假裝，說這是一個正常時候的正常國家，實在是毫無道理可言。

自從在二十世紀和印度、越南及在韓國由美國領軍的聯合國部隊發生過戰爭後，中國就經常表現出在戰略上自我克制的態度，即使它的軍力和野心都已經大為增強。在往後歲月裡，中國可能還是會尋求透過威嚇方式來改變世界秩序。它將需要很小心地管控日益高漲的驕傲和民眾的民族主義，換句話說，就是期待人民解放軍在任何地點及任何時間，都能夠保護中國的利益，以及懲罰挑戰者，也就是期待中國在印太地區的擴張能夠大獲全勝。但在最深層，毫無疑問的，中國的戰略思考家肯定比過去的任何帝國更為清楚，如果膽敢發動戰爭，中國將會失去所有一切。這樣的厭戰心理，可以讓全世界多了操作空間。中國也有合法的安全需求：歷史給它很充足的理由，會讓它覺得，它不斷受到美國力量的牽制，同時也不認為，它會把海上航路的控制權，永遠拱手讓給美國海軍。不過，宿命的是，中國領導人已經把自己政權的生存，和侵犯其他國家的安全與利益綁在一起。這是造成永久不信任的祕訣。

在這些情況下，在可預見的未來，全面性的合作意願是不切實際的。在中國不會作出基本上會改變國際秩序的行為後，其他國家就應該放棄它們的防衛心態或「冷戰思維」，並且和北京建立起戰略互信關係，這樣的想法是騙人的，並且會產生反效果。[17]

相反地，這種至高無上的目標不但很難界定，也很難實現。

簡而言之，就是共存。

這裡談的就是阻止對峙，維持正常程度的競爭，而只要有可能，就把時間指針撥回到更接近共存。實際上，這也許更像是一種「競爭性共存」，就是制止中國採取入侵軍事行動，以及向它保證，它的重要利益就是不要發動攻擊，並在這兩者之間，取得微妙的平衡。[18]競爭性共存是一種實際可行的國家事務，不僅存在於中國和美國之間，也存在於中國和日本之間，以及在長時間之後，也可能存在於中國和印度之間。[19]

想要維持這個，所需要的就是精細地校準這三種工具的組合：開發、威懾和外交。這些一定要獲得兩種特質的支撐：團結和韌性。總之，這就是印太時代共存的五項新原則。如果只靠其中任何單獨一項，是不會成功的。如果合併使用，以及相互加強，它們就能夠提供阻止未來衝突或投降的機會。

開發：建造未來

如果只是簡單告訴那些貧窮國家，要它們拒絕中國的貸款和慷慨贈與，那麼，不管你如何抱怨中國地緣經濟一帶一路的高壓攻勢，那些國家也不會聽你的。因為，在這些國家裡，貧窮和開發不足是一般老百姓最急迫的負擔，光是警告他們要注意主權、民主、安全和勢力均衡，就是無法滿足他們的需求。因此，對那些能夠應付和控制中國勢力的國家來說，開發仍然十分重要。這並不表示要直接拒絕中國的經濟與援助計畫。重要的是要分辨出，哪些計畫是經過調整，符合很多國家共同利益的，像是美國和日本都有加入的亞洲基礎設施投資銀行（Asian Infrastructure Investment Bank）所提供的計畫，以及哪些計畫是以中國的利益和影響力為優先考量的。

這樣的競爭牽涉到援助和貸款，教育和訓練，基礎建設和投資。西方國家長期以來已經習慣於告訴開發中國家，就算認為對它們是最好的（即使是用最進步和最文明的詞彙來表達），也需要再度思考一下。相反地，捐款國如果失去耐心並且直率地提醒接受援助的國家要尊重它的特權，那就會傷害到它自己的戰略目的，這對美國、澳洲和其他國家來說，是很重要的注意事項，提醒它們，當它們尋求在南太平洋對抗中國的影響力時，要盡量保持謙卑。

但如果要假裝自身利益和協助其他國家的新競賽沒有關係，那也是沒有意義的。最理想的作法就是聚焦在「培養能力」，就像日本和澳洲幫助訓練其他國家的海岸防衛部隊，並且提供船隻、海上監測與通訊設備給夥伴國家，包括從越南到印尼，從索羅門群島到斯里蘭卡的多個國家。這些行動都需要進一步加強，如此一來，在中國勢力逐漸加強侵蝕這地區之際，才會有更多國家有能力保護它們自己的主權。

威懾力量：守住陣線

威懾力量是個醜陋的字眼，因為會讓人聯想到冷戰緊張情勢下的核子武器陰影。但是當它發揮作用時，則比衝突更討人喜歡多了。威懾力量傳達的基本訊息就是，某些行動（主要是指軍事入侵）的代價遠高於所得到的利益。威懾力量是指「深思熟慮、有特定目的的威脅」，如果能夠因此說服敵方放棄行動，那麼基本上就算成功。[20] 威懾力量並不單純只跟軍事力量、威脅和軍事競賽有關係。它和外交有親密關係，需要具備明確的溝通能力、意志和決心。保護盟國而「擴大」威懾力量（過去幾十年來，這一直是美國軍方的慣用手段），經常是比較常用來讓盟國感到安心，比較不常用來勸阻那些想要傷害它的盟國的國家。關鍵問題就是：在未來的印太地區裡，有效的威懾力量會是什麼樣子，以及應該怎麼做才能發揮這種力量？

毫無疑問地，威懾的畫面正在改變當中。就如前一章的描述，中國的軍事力量正以驚人的速度成長，並且已經在低於挑釁到全面衝突的情況下，提供一個獨斷行動的保護盾。在最嚴重程度的衝突時（爆發海空大戰、網路衝突、核子威脅），中國幾乎肯定弱於美國，而且理論上一定會戰敗。但傷害是彼此的，也許無法估算，而且中國可能還寄望於美國將會不願意付出「勝利」的代價。中國軍力的大幅度進步，像是擁有大量中短程飛彈，很適合用在尋求既成事實的作戰戰略中。這會牽涉到快速移動來打擊美國前線部隊，讓它們失去戰鬥力，然後威懾美國及其盟國，讓它們不敢出動支援部隊和還擊。[21]

這就是為什麼，美國把它的印太戰略縮減到以亞洲為軸心的某種核武威懾力量。說來悲哀，核子武器仍然很重要，不能只是單純把它們看作是二十世紀的災難性時代錯誤，而希望它們就此消失不見。但美國或它的盟國也不能把它們威懾力量的信譽，寄託在願意讓衝突升高到核子等級。如果在和平與末日大戰之間的模糊地帶裡，核子武器變成是威懾中國的唯一支柱，那麼這場競賽就輸了。

相反地，美國和所有支持軍力平衡的國家，都需要在傳統軍事力量，以及未來的科技與地緣經濟的韌性上取得優勢，就是抵抗壓力，以及施加壓力的能力。它們需要恢復兩種形式的威懾力量：不讓敵方獲利，以及還擊的能力。[22]這將牽涉到維持軍隊現代化，投資新的作戰工具，像是網路、人工智慧、太空、新材料、機器人和先進運算，結合新的外交手段，制定跟這些能力有關係的規則。

不論如何，這個地區重要的改變將來自第三國家，而且大多是中等國家，想要找出它們自己的出路。在其他國家的軍事計畫裡，像是日本、澳洲、越南、印尼和新加坡，中國的威懾力量不再說不出口了。在印度則本來就是直接點出的。還有待證明的，就是它們是否能夠建立起足夠的可靠度，並且能夠在危機中，迫使中國放棄行動，或者至少可以展現出它們能夠讓中國不敢靠近，甚至還會還擊，所有這些，都是在警告對方，最好一開始就不要製造衝突。中等實力國家的軍隊，最近加速了一起訓練的步調，這是外交趨勢開始傾向聯盟和共同自助的最具體宣示。這需要現在所有小集團的國家表達出真誠的心意，願意把它們的部隊聚集起來，既是為了在區域權力鬥爭局面中守住陣線，也是要在危機發生時，對抗破壞和平或直接入侵的行動。[23]

在此同時，各國在聯合起來對抗中國的力量時，是不是能夠展現出充足的靈活性，保證不會在無意中或不可挽回地讓緊張情勢更加惡化（這是第一次世界大戰爆發的重要原因）？像臺灣、日本和越南這些前線國家，如何能夠感受到有人在保護它們不受侵略，但又不致於讓它們因此而大膽到敢去挑釁中國，冒著不必要的風險？如何去向可能被中國列為入侵目標的國家保證，它們不會單獨面對這些威脅，但又能避免發生各國動員之後的行動與反行動的惡性循環？

團結與靈活性之間只隔著一條細線。這需要立即與考慮周到的外交斡旋，不僅在各個簽約國之間進行，像是美國、澳洲和日本，也要和它們那些正在崛起中的戰略夥伴進行外交斡旋，像是印度、印尼和越南。各國之間的對話需要經常舉行和坦白以對，包括政治層級的對話。這應該由實際的工作小組提供像情報與後勤這些問題的資訊。危機情節需要公平討論和進行作戰演練。公眾會驚訝地發現，各國之間竟然很少真正討論如何應付意外事件。很多年來，印太地區各國之間的外交活動，都是很有禮貌地假設，如果一直談到戰爭，戰爭就更有可能發生；現在，反過來說，也是正確的。夥伴之間需要更明確了解其他國家的優先事項以及決策過程，知道它們在危機時可以合理期待別國會作出什麼反應，以及大家應該同意採取共同行動的門檻。[24]對於未來風險這樣的評估，並不能光是繞著全面戰爭的場景打轉。大部分摩擦將不會引發重大的軍事衝突，而是會引發像民兵海岸防衛隊的一連串小規模入侵行動，以及國家支持的漁船船隊和在南海建造人工島礁的人員發生小衝突。各國，包括單獨一個國家和夥伴國家們，都需要擬訂它們的威懾力量計畫，不僅是拿來作為升高行動的梯子，更可以把它當作是一個「切割網」，選擇要如何預期和消弭在這個「灰色地帶」的多種威嚇行動。[25]

外交：共享印太願景

就本身來說，外交並不能避免印太地區的衝突。但外交還有很長的路要走。印太地區因為面積太大（幾乎占了世界的一半），所以沒有一個能夠管理一切的單一機構。多邊機構，像東協區域論壇則經常被發現有所不足，而且受到共識程度最低，「不要得罪任何一國」，以及不口出惡言的種種東協習慣所限制。

然而，這個區域的很多國家的利益，卻不能就這樣交到強國雙邊關係手中，像是美國或中國，或者甚至在未來，是中國和印度，因為它們只會追求兩國關係的和諧，不惜犧牲其他國家。某些時候，有人在推動一種所謂的「大國協調」（Concert of Powers）。[26]這聽來很和諧，也夠穩定，但坦白說，這是幾個最強大國家之間的一種補救措施，就是這幾個大國尊重彼此的勢力範圍，並且允許它們在這個範圍裡壓制一些弱小國家。因為這樣子，這種模式很難再度出現，也不可能長久運作。最著名的這類協調，就是拿破崙戰爭結束後出現在歐洲的勢力均衡，用來保護當時各王國既得利益對抗民族主義和革命浪潮。它是建立在區域反改革的共同價值觀上，並沒有延伸到海外領地或海上帝國。[27]現在，中國的一帶一路勢力範圍被認為已經侵害到其他國家的利益，像是印度和日本，所以很難想像，在它們之間，或是跟美國之間，怎麼可能產生出這樣的「協調」。

有些希望則寄託在新一波的「小型多邊主義」（minilateralism），像是三邊聯盟，以及美國—印度—日本—澳洲這樣的四邊聯盟。它們的邏輯主要是在制衡中國，這有點像是潛伏性的威懾力量。但它們有可能成為踏腳石，用來邁向很多國家採取的合作行動之路。當然，這有很大部分要看在處理相關外交活動時有多小心：很有可能，像東南亞一些比較沒有向心力的國家，仍然會認為這是一個分裂的集團，因而對它保持戒心。然而，對於未來包括中國在內的小型多邊主義聯盟的選項，應該保持開放態度，例如，在執行災難救助和撤退難民任務時，這將需要在規則和原則方面取得基本協議。

最完整的答案就是混合體：同時包含了雙邊主義、多邊主義和實用的小型多邊主義元素的多層級外交。這也許會顯得雜亂和耗費人力，甚至大國也要耗掉大量外交資源，但至少這模式是全面性和具有彈性的。

無論如何，即使是開不完的會議也不夠。所謂的信心建立措施，需要加以擴大和定調，並且付諸實施。關於這樣的措施，整個要點就是，這並不是大國之間完全互信的某種理想國，而是在互不信任的情況下，建立穩定和可預測性。可能和中國部隊遭遇的每一個外國海軍、空軍和海岸防衛隊，都應該趕緊達成協議，制定規範和建立溝通管道，用來處理意外。[28]有些時候，確實有制定這樣的規則，但卻未正確執行。撥打了熱線電話，卻沒有人接；用來處理海上意外事件的行為準則卻毫無用處。政治領袖必須嚴肅看待信心建立措施，而不能只是把它們看成是權宜性的外交協議，在簽署完之後，就放在一旁不管（這些措施只要能夠解決一次危機，就可以證明它們的價值）。在實施信心建立措施時遇到特別困難的情形，以及在面對新科技時發現能力不足，像是網路、自主性武器（autonomous weapon），甚至在戰爭時終於使用人工智慧，這時就需要進行對話。要制定什麼樣的規則，道德標準在哪裡？有可能實現某種透明度和可預測性嗎？在思考要如何規範與控制新型態戰爭時，我們的處境很像是一九五〇年代的核子時代，當時認為，核子戰爭是可以打贏的，裁減武器則是很遙遠的夢想。

立即的危險仍然存在海上。無論什麼情況下，只要中國（或任何國家）拒絕接受減少海上風險的措施，或是不想在危機時理睬，那麼就應該把它的真面目揭露出來：妄自尊大和侵略成性。這樣的事例就發生在二〇一九年，由中國漁船、海警船和石油探勘船組成的一支船隊闖入越南的兩百海里專屬經濟區。[29]

儘管中國不斷在此興建人工島礁，南海仍然是一處共有空間，是全球共同領域的一部分，印太地區的心臟，是每個國家的海上商業高速公路。每個國家應該都有權力，要求東協區域論壇或東亞峰會負起責任，去監督這個地區的漁業資源和有滅絕危險的生態環境，或者建立一個公共資料庫，詳細記錄此地區的意外事件，以及報導各種破壞和平事件。這將會是北京證明它的雙贏說法的一個機會。如果中國反對，那就證明別人的指控是正確的。

大部分情況還是要看各國如何選擇利用目前的泛區域意識的窗口。即使是考慮最周詳的外交機制，如果各國選擇不去使用，還是一點用處也沒有。這是發動外交攻勢最理想的時刻，但必須動員一些中等實力國家，或是由它們帶頭發動，像是澳洲、印尼、新加坡、印度和日本。

印太構想就是在這兒變成一種力量，憑藉的是它不明確的意義和二元性。很容易就可以從各國的官方聲明中挑出語義上的不同，這顯示出，不但沒有聯合起來對抗中國，很多國家要求的反而是很不一樣的東西，所以，它們才會各自宣告它們對印太秩序的願景。日本和美國想要的是一個「自由與開放」的區域，並把中國說成是一個問題；東南亞國家希望和諧與包容，而且似乎特別不急於要去激怒中國這條巨龍；澳洲和印度的立場則是介於這兩者之間，這讓它們處於各方認同的共同領域裡。當然，在所有這些談話的背後，存在著還未解決的緊張氣氛。因此，印太架構是不是一種手段，目的就是要強迫很多中等實力國家在美國和中國之間作出選擇？或者，它是一個平臺，讓所有國家都可以和這兩個大國打交道，並用來處理它們的戰略競爭，以及防止對峙演變成衝突？

尋求團結

然而，讓人感到驚訝的是，印太地區各國的願景，竟然十分相似。這是集體呼籲，呼籲集體降低和吸收中國的力量。這就是重點的一部分。已經加入印太這場花車大遊行的每一個國家，包括美國，都在強調規則、規範、國際法、弱小國家的權力和主權，以及拒絕威嚇。尊重以東協和它的區域機構為中心，則是大家另一項共同呼籲，包括非東協國家，像是印度、日本、澳洲和美國。兩大海洋之間的連結，則被大家公認為是這個新時代的一項特色。綜合起來，這些原則描繪出印太地區觀點的大集合，因而提供了團結的基礎。

想要創造出更團結的區域手段來處理強大中國，則需要互相遷就，尤其是太過膽小的東協，以及對別國的想法沒有感受的美國之間。如果東南亞國家真的很尊重規則和排斥威懾，那麼它們將需要利用和強化這個地區的機構，像是東亞峰會，讓它出面要求中國為自己的威嚇行為負起責任。[30]至於美國，如果它真心要推動區域連結、開發和繁榮的話，那麼它就必須多加注意區域夥伴的利益，同時緩和它自己和中國的長期經濟與技術競爭。

在回應中國的力量時，印太地區的團結提供了極端圍堵或和解的替代方案：可以稱之為「納入」或「有條件交往」的第三條道路。這牽涉到交往與制衡的校準組合。這將會是把中國納為這個區域的合法力量，但必須進行相互調整和相互尊重，中國必須自我調整到符合其他國家利益，以及不會引起別的國家的反感，像是印度，就如同別的國家也要調整來適應中國。這表示要接受中國的重要角色，但必須要遵照本地區的條件，而不是只有中國自己的條件，同時還要做好準備，萬一這樣的交往失敗的話，就要採取更積極的制衡手段。

這種方式不同於某些學者提出的單純地理「勢力範圍」理念，所謂「勢力範圍」，就是在地圖上畫一條線，讓中國保有線的某邊，美國（或是日本、印度或任何國家）則保有另一邊，和平就此降臨。按照這個理念的建議，應該允許中國掌控東亞，印度則控制印度洋，美國則撤退到東太平洋，結果，臺灣發現，在這條「防衛線」被修改過後，自己竟然被丟棄到中華人民共和國那一邊去了。[31]在複雜和瞬息萬變的印太地區，這樣劃界是行不通的，因為這兒的很多主要參與者都有它們的利益和代理人，北京也把安全、地緣經濟和政治影響力，從它的海岸擴展到遠方（這也在向外展現，它已經有能力擺脫過去協議對它的約束，像是香港）。透過有條件交往來追求穩定，這主要並不是建立在地理位置的基礎上，而是建立在行為的基礎上。這個方式將接受，中國可以出現在很多地方，並在那些地方擁有自身利益，而其他國家（包括美國、印度和日本）也擁有相同的權力，可以在這地區扮演持續性和可擴張的角色。但如果中國出現破壞不威懾原則的行為，或是不尊重弱小國家的權益，那麼印太地區的多個國家就可以團結起來反抗。

反對團結的論點，很容易就可取得。各國都是根據自身利益來採取行動。大國將會一次威懾或誘騙一個小國家。沒有國家會為了保護別國利益而冒著自己無法生存的風險。美國真的會為了小小的臺灣，而願意冒著引發重大戰爭的風險？儘管已經表現出深厚的兄弟情誼（莫迪和安倍在二〇一六年的火車之旅就是明證），但日本或印度（或者還包括澳洲），也會如此既瘋狂又勇敢地在別人與中國的衝突中開啟第二條前線嗎？

但是，國與國之間的團結並不完全只存在於軍事領域。聯盟、結盟和政治勇氣並不只是跟軍事武力有關係。沒錯，中國的作法經常就是強迫弱小國家（或是私人企業）讓它們單獨屈服。在這方面，中國一直擁有令人生畏的創意。當正常的外交攻勢進行讓它覺得不滿意時，它就會拘禁一些個別的人質，像是加拿大或澳洲公民，甚至還包括英國在香港領事館的一位當地職員。它會鼓動自己國內的民族主義怒火，讓它們去攻擊那些違反遵守中國對臺灣或是人權立場的外國企業。它會在既沒有和平也沒有戰爭的灰色地帶裡，單獨威懾某一個國家，並且出動由國家支援的民間海防部隊從海上執行入侵任務，有時候甚至還出動砲艇，或是對別的國家實施經濟制裁，或是乾脆暫停重要問題的外交對話。

這就是其他國家想要團結更多國家來得到安全的原因，它們的目的就是建立一個擁有共同路線的外交集團。但不管有多麼謹慎，最優先項目應該就是舉行對話，用來決定各國要如何採取聯合立場來對抗不被它們接受的行為，尤其是在地緣經濟和灰色地帶進行的威懾行為。很常見到的場景就是，在內閣會議室和議事廳裡，瀰漫著絕望氣息：中國會傷害我們；它太強大，我們又太弱小；我們孤獨無助；除了屈服，我們別無他法。連中國統戰部也寫不出比這更好的劇本了。

解決之道就是，在對峙開始出現之前，就要設下界限，而且是要在大家團結的情況下來制定這些界限：在地緣經濟、國際法、網路安全、人權、外交和反宣傳這些領域達成諒解，或甚至簽訂正式協議，採取集體與防衛性行動。各國可以定下最低的共同標準，用來和一帶一路計畫相抗衡：印度在二〇一七年發表的有關於善良治理、透明度和環保的聲明，將會是很好的起點。由美國、日本和澳洲領導的「藍點網絡」，是朝正確方向更向前邁進一步，但只有獲得更大的支持，才會真正成功。[32]如果在共存的「不干預」原則上達成共同立場，就可以奠定用更團結的力量來對抗惡意影響力的基礎。

各國也可以協商，針對牽涉到中國海外威嚇行動的企業實施一致的制裁，像是在南海替中國作事的挖砂船公司，或是在民主內部進行干預的中國代理人。根據不干預原則，更有爭議的是，協調各國採取聯合行動，對抗牽涉在極端內部鎮壓案例的個人或組織。各國外交部可以聯合發出旅遊警告，警告他們的公民，前往新中國旅遊時可能會有被任意逮捕的風險，並會被拿來當作「人質外交」。也許最困難的就是，如何讓私人企業就人權和言論自由這樣的問題，宣布它們的共同價值觀，讓中國難以只對它們其中一個開罰。世界各國的大學也已經被香港喚醒，在澳洲、加拿大、紐西蘭、英國和美國這些國家的大學校園裡，都已經出現相關的示威活動。這些再加上網路攻擊的直接經驗，已經促使各國政府發出最後通牒，鼓勵各大學在和中國來往時，要設立適當的界限。[33]

針對威權國家採取集體或至少協調好的行動，這聽來也許十分理想化和有點牽強，是希望多過策略。早期有人作過這方面的努力，但在規模和功效上仍然十分有限。歐洲則尋求根據美國的《全球馬格尼茨基人權問責法》（The Global Magnitsky Human Rights Accountability Act）去制裁威權國家，這個法案的主要目標，是那些涉及間諜、組織犯罪和侵犯人權的個人。[34]美國政府已經面臨愈來愈多的壓力，要它對涉及鎮壓新疆和香港的中國官員及企業實施這樣的制裁，但那些比較弱小的國家是不是也願意採取類似措施，則尚有待觀察。二〇一六年，國際法庭裁決，菲律賓在控告中國在南海侵犯菲國領土一案上勝訴，這給了第三世界國家集體維護國際通航權的機會，最明顯的是透過七大工業國發表的一篇聲明，但這些努力，或多或少都被菲律賓不願繼續堅持它的主權宣示而削弱了力道。比較有希望的是，在二〇一八年十二月，七個國家的政府〔美國領導的五眼（Five Eyes）情報聯盟，再加上日本和德國〕聯合指出，中國在網路上大量偷竊，並譴責中國情報機構背後支持的駭客團體，竊取全世界公司的智慧財產。[35]

在人類層級上，受到中國共產黨迫害的平凡老百姓團結起來的人數愈來愈多了，也許是因為受到高能見度的香港悲劇的影響，很有可能會出現全球輿論大動員的情況，催促政府和企業劃清它們和中國關係的界線。在這個緊密連結的世界裡，透過社群媒體發起的社會大動員，已經完成很多項偉大成就，像是阻止企業僱用奴工，放棄種族歧視和尊重兩性平等；因此，不難想像，在其他人權問題上，也可以獲得同樣成就。令人感到不愉快的一項事實就是，私人企業只有在已經賺到足夠的利潤、名聲和可以長久維持下去時，才會去注意人權。但公司企業也已經開始了解到，如果向中國的世界觀讓步，只會贏得短暫的利益，不會有永久的商業優勢，並且會因此提高中國的期望，認為強迫私人企業作進一步讓步是可以辦得到的。還有，中國也許總有一天會了解到，持續霸凌外國企業，其實對它自己的商業反而有害，因為會傷害到這些最能夠容忍中國無理要求的公司的國際名聲，結果讓很多外國企業不敢到中國投資。[36]

然而，也許可以合理地這麼問，一個中等實力國家或是單獨一家企業，真的會如此有勇無謀地率先號召，並組成一個聯盟來對抗中國？中國逮捕兩名加拿大公民的「人質外交」就可以說明一切：有些國家公開表示同情這兩名加拿大公民的困境，以及中國對加拿大的威嚇，但這並沒有導致任何有效的國際報復，或是對中國推出進一步的威懾措施。在此同時，對於北京指責它是國際間抵制華為的「元凶」，澳洲仍然十分敏感。杜特蒂主政下的菲律賓，幾乎已經放棄它在南海法律戰中取得的勝利。在釣魚臺列嶼、洞朗和南海爭議上，印度、日本和越南已經多次堅守它們對抗中國的立場，並且讓情勢緊張到接近戰爭邊緣，但最終還是進行和解會談，再平衡它們之間的關係，直到下一次再爆發爭執。除了美國，任何國家如果讓自己成為對抗中國勢力的前線目標，往往只能撐上很短的一段時間。對弱小國家和私人企業來說，想要單獨對抗中國，似乎是勇氣多過理智。當然，國際集團國家或是跨國大企業，比較有成功的機會，也能夠作出比較有效的反抗，但首先要讓大家先團結起來。

如果有強權大國參與的話，團結比較有可能成功和有效，尤其是這個大國如果是美國的話。在可預見的未來，美國因素仍然十分重要。這並不是一定都要由美國領導，但確實需要美國參與。美國想要在印太地區制衡中國，有其結構上的理由：投資、貿易、聯盟、科技、安全。這些都已經反映川普政府說出的一些重話，以及推出的一些措施，還有美國國會兩黨發出的訊號。然而，還是存在著一些重要的不確定感。川普惡名昭彰的不可靠作為（像是他拋棄了庫德族）究竟是無心之過，還是預告往後還會如此？美國繼續留在中東，其實是在補強它對印太地區的承諾，而不是降低承諾？

著名的美國安全思想家科麗．舍克（Kori Schake），已經提供一幅藍圖給中等主要參與者，告訴它們如何在全世界舞臺上站出來，並且守住陣線，對抗中國（有時候也要對抗美國本身），維護基於規則的自由秩序，並且靜待美國恢復清醒。[37]她指出，中等實力國家其實比它們自己想的更強大，而且現在正是翻轉「中等實力國家認為自己很弱」的這種想法的時候了。

中等國家的再度復活，可能在全球和區域層級上造成相互補強的狀況。在全球問題上，像是貿易、環保、人權和保護基於規則的秩序，歐洲可以扮演一個重要角色，甚至可以讓自己和日本、加拿大和澳洲一起站在中等實力國家聯盟的核心，這很像是德國外交部長海科．馬斯（Heiko Maas）所說的「多邊主義聯盟」。[38]在印太地區，日本、印度、印尼、越南、南韓和澳洲隱約可以扮演更大的角色。值得再說一遍，到了二〇四〇年代，日本、印度和印尼加起來，預料可以超過中國的GDP、軍事費用和人口數。只要再加入一或兩個國家，就可以組成一個重量級聯盟，尤其是這些國家擁有的地理自然優勢，換句話說，就是它們監管了印太地區大部分的戰略水路。

當然了，光是替美國遭遇的麻煩爭取時間，等待這些麻煩自動消失，這似乎是無可奈何的退卻，而不是解決問題。我們必須等待多久？等到第二任的川普政府結束時，那時候的世界秩序會是什麼模樣？但是，也許這些問題掩飾了目前的一項事實：美國在印太地區其實還是很活躍，是的，是很難以預測，但並不是被動。在被要求行動，以及必須作出負責任的行動時，美國仍然保有強大力量，可以作為主要的行動者，以及聯盟領袖，或甚至只是在這些國家當中作為一個重要的主要參與者。還有，到二〇二〇年代，中國可能因為自己國內的挑戰，而變得比較綁手綁腳，並且只能很辛苦地設法控制愈來愈多的海外利益。

但如果其他印太國家最後決定，不管有沒有美國參與，它們都要嘗試制衡中國勢力，那麼它們必須願意為此付出代價，忍受短時期的痛苦，以求得長期的安全。想要達成這目標，它們必須深謀遠慮，要有強大的政治意志，以及最重要的，堅強的韌性。

最後，堅強的韌性

韌性是很特別的一種力量。當越南和中國海防部隊船隻在靠越南海岸線的南海海域中，為了爭奪石油和天然氣探勘權而相互推擠衝撞時，一位越南外交官在與外國學者開會，被問到一連串問題。如果他的國家明天和中國發生戰爭了，誰會前來援助呢？「這個答案很簡單，」這位外交官不慌不忙地回答道：「越南人。」

他解釋說，為了此事，他的國家正在努力加強自己的力量，目前最需要的就是希望外國朋友幫助他的國家強化保護自己的自衛能力。在我們這些坐在會議桌對面的人看來，這是很可信的回答。畢竟，越南什麼事都見識過了，也都撐過去了，從過去幾千年一直在和中國勢力周旋，到我們記憶猶新的羞辱了強大的美國軍隊。[39]

不管是大國或小國，都必須讓自己變得不容易崩潰。這並不是說，一定要很富裕或強大，或是要加強心理建設和對每種風險都很執迷。而是指，要能夠度過艱苦時期，並且能夠迅速復原。每個國家都再也不能跟其他國家隔離的情況下，單獨去跟全世界打交道，和處理各種問題：外交事務、經濟、社會政策、教育、工業、科技、能源、國家安全等。在這個緊密連結的世界裡，當一個修正主義國家決心把黨、國家、軍事、外交和商業力量全部集結起來時，其餘國家就處於極為不利的地位，特別是自由民主國家。（從這方面來看，越南的例子並不完全符合，因為它對外國強權的反抗似乎是出於全體人民的意志和民族主義，而不完全是黨指示的。）

那麼，民主國家要如何改善它們的韌性呢？答案並不是要變得更像習近平統治下的黨國：堅持政權的存在等於國家安全，以及國家安全凌駕於所有考慮之上。相反地，答案就是要努力建立起更包容性的論述，說明在這個競爭激烈的區域裡，這個國家想要實現什麼樣的目標，以及想要保護什麼。如果在定義和保護國家利益的權力時，還是仍然把這樣的權力保留給一小群官員和專家，那麼將不可能動用國家的全部力量，在競爭激烈的印太地區，對付別國的威嚇或一般動亂。

在政府內部，這表示在安全、經濟、外交、資訊或論述各領域的政策已經真的完全整合。決策需要跨越經濟和安全不相容的這種虛假的二分法，因為這樣的二分法將會破壞在對抗中國挑戰時的聯合行動。這兒的陷阱就是，有些人會認為，在作出遏制中國勢力的防衛性決定之後，例如，制止中國參與國家基礎建設，或是軍民兩用的科技研究計畫，將會替自己國家帶來無法承受的經濟苦果。

這種零和的態度，就是認為，經濟繁榮和安全是相互衝突的，但當我們跳脫眼前的這種狹窄眼光之後，這種態度馬上崩解。短期之內，經濟繁榮和安全真的是對立的，但長期來看，它們則是相互依賴的。從一個世代的觀點來看（例如，展望二十五年），讓一個獨裁政權巨人在科技和地理位置上居於統領地位，其所造成的後果並不僅限於安全憂慮（或是對民主價值的威脅），它還威脅到會引發長期的經濟劣勢。在另一方面，決策者一定不能忘記魯莽的貿易限制（最明顯的就是川普的關稅戰），不僅傷害到商業活動，長期下來還會危及安全，不僅降低了每個國家負擔國防費用的能力，還會傷害到盟國的善意。

除了向前思考未來，在重新塑造國家利益時，政府還需要橫向思考。安全太重要了，不能僅讓安全機構來處理。像環保、能源和教育這些政策領域，不僅需要了解它們本身原有的價值，更要了解它們對國家韌性的貢獻。例如，有些作法對國家是沒有好處的，像是光會在外交上講大話，或者只是不斷進行軍隊現代化，卻沒有確定能源供應（包括再生能源在內）是不是有問題，或是用一些危險的想法來教導未來的勞工。在大學、企業或是政府機構裡，如果對國家利益有幫助的外國資金無法進來，那麼即使成功阻止了疑似跟中國有關係的研究經費，對國家也沒有什麼好處。

韌性不僅需要政府各部門採取更緊密結合的作法，同時也要和每一個國家進行更開放和更包容的對話，大家一起討論，在這個戰略競爭的新時代裡，什麼才是最重要的。很多情報機構和政府部門幾乎都有點與世隔絕，因此，現在確實會有人很焦急地關切世界目前的真實狀況，包括戰略大情勢和詳細的評估。但這樣的資料一定被列為機密，只提供給特定人士參考，一般平民老百姓是看不到的。難怪，當很多人聽到有關戰略權力鬥爭的一些零零碎碎的資訊時，像是南海、一帶一路、外國干預等，他們就會把它們想像成是很遙遠的風險，而且被過度誇大了，這些都不是值得他們關切的問題。在一些民主國家，像是澳洲，政府其實迫切需要在戰略方面，和公民社會、商界及政界全體，作更好的溝通。例如，澳洲政府並不允許安全單位向反對黨作出跟中國有關的簡報，但這其實是很短視的作法，而且會產生反效果。[40]像這樣的禁令，現在還延伸到商界和大學，它們經常是網路和影響力攻勢的前線目標。在聯邦系統，像澳洲和加拿大，情報服務的範圍應該擴大到州和省級政府。

在地緣政治鬥爭的新時代裡，想要達到全民討論安全問題的目標，需要這個國家的政治已經達到高度成熟階段。勢在必行的是，絕對不可以把對話鎖定在黨對黨，或者，更糟糕的製造出某種偏執和妄想，使得華裔公民覺得，他們被塑造成好像是造成這些問題的部分原因。在多元文化社會裡，這將是很嚴重的挑戰。然而，在民主國家裡，對於和中國在人權與迫害的戰略競爭問題上，如果左派和溫和中間派，全都選擇保持沉默，那麼想要在回應這些挑戰時，建立一個包容性和韌性的全國一致的立場，只會變得愈來愈困難。

開放水域

你想要如何稱呼都可以，我們現在稱之為印太的這個以亞洲為中心的海域，將是塑造世界未來的地方。這個超級區域的定義，有一部分是因為中國向外擴張利益和勢力，加上其他國家的反彈，以及很多崛起中國家之間的權力互動。但這不是一幅由中國單獨規劃的地圖。事實上，中國在印太地區的最大挑戰，也許並不是來自於它想像中的那些敵國，反而是它自己，因為它把勢力伸進過去吸引帝國過度擴張的這個地區，結果反而會害了自己。跟過去的帝國一樣，中國的行動，造成在印太所有地區培育出黑天鵝和黑象。而中國這種準殖民主義的輕率、匆促的快速向前擴張，對所有人來說，表示將來發生衝撞的機會和影響，全都會變得愈來愈大，尤其是新的地緣政治快速道路興建的速度極快，快得讓駕駛人來不及學會道路規則。

另外還有一個很嚴肅的問題：維修。中國真的擁有世界第一的軍事優勢？因為軍隊有一半的經費都是拿來「維修」軍備的，也就是說，在這些武器裝備生產出來後，就要對它不斷維修和升級，以確保它們能夠保有原來的戰鬥能力，因此，即使中國已經取得全球第一的軍事優勢，但是，它能一直維持下去嗎？已經有報導指出，人民解放軍在南海的高科技島礁要塞正在努力對抗炙熱、潮濕和暴風雨。[41] 一個國家的國防科技愈先進，每一年就要花費愈多的經費，只不過是為了繼續維持此一優勢。以美國來說，它早已發現，軍隊愈來愈強大和花費愈來愈多，變得更難防止軍隊的萎縮。作為一個世界強權，是永遠不能鬆懈和得到同情的。

中國軟實力和銳實力最常見的一項成就就是，它們讓全世界都相信，時間是自動站在北京這一邊的。也許真的如此。但有很好的理由去認定，中國的力量已經達到高峰，但這不是拿來和美國相比，而是和印太地區的其他國家相比。過去十年當中，在規劃印太地區未來時，中國的確發揮了變革和分裂的效果，但這並不能保證，在規劃本地區未來時，它將繼續扮演領導或主宰的角色。

相反地，如果中國的領導人真的是他們經常自誇的大戰略家，那麼他們應該多加注意這四項因素。第一，中國一帶一路沿線的印太地區和歐亞大陸，隱藏著危險的動力；各地已經出現反彈，未來勢必出現更多。第二，印太地區的大部分國家，也正變得更富裕和更強大。和此一地區的這些國家相比，中國也許永遠不再顯得那麼強大。第三，美國力量雖然稍有衰退，但距離被淘汰出局還早得很，而且，它並不需要僅僅只是為了想要制衡中國勢力，就必須單獨一個去統領亞洲、印太地區或全世界。第四，中國的國內問題（債務、人口問題、環保壓力、不滿情緒）可能會十分惡化，再加上三個外來因素的挑戰：各國反彈，其餘國家逐漸強大，以及美國的持久耐力，前途更不樂觀。

這四項因素結合起來，替中國帝國的向外擴張過度投下陰影。中國將在廣大的印太地區各地面臨多方面的安全考驗，不管美國是不是支撐全方位的戰略對抗。中國將會繼續引發印度和其餘相關國家的焦慮。遲早，北京的決策者（在充滿自信或過度緊張的那一刻），將下令在海外一或多處地方發動軍事行動，並因而出現難以預測和失去控制的後果。而且，將來在和美國或另一個強大國家出現緊張對峙時，中國的遠方前哨站和資源補給線，將立即成為它的弱點和不利之處。所有這些都需要得到保護，再加上跟很多沒有互信基礎的鄰國之間的爭議性邊界，以及少數關係並不穩定的鄰近國家。在此同時，中國還必須在大中華區維持「內部」秩序，而這個地區裡包括了有理由去痛恨中國政權的一億多人口。還有一些因素會拖慢中國的經濟成長，像是日漸老化的人口會迫使中國必須撥出更多經費在社會福利上，另外還有一套僵硬、對人民不友善的政治制度，這些使得中國未來前途更加朦朧不清。帝國擴張的代價，可能引爆內部的怨恨；為了維護政權在國內的合法性，可能會鼓勵中國在國外採取軍事行動；這樣的行動如果成功，將會讓帝國更進一步向外擴張，長期下來將會讓它的內部矛盾更形惡化，但如果軍事行動失敗，將會使中國政權變得衰弱。這是一個全新發展的老故事。沒有一個國家曾經像中國這樣跑得如此之遠和如此之快。沒錯，它掌握了驚人的資源。但它也同時把國內與國外多種問題的複雜性，連結在在一個威權黨國的僵硬制度裡，在這種情況下，失敗是必然的。

當然，事情的發展也許會不一樣。中國也許會讓那些懷疑者大吃一驚，就是它竟然能夠維持幾十年的科技威權主義政府，全面監測和便宜行事，造成一言堂、任意恫嚇和自負。不論如何，中國不會為了要把幸福與安定帶給大部分人民，或是為了讓它的經濟成長引擎繼續在國界之外奔馳，而被迫去滿足習近平中國夢的全球強權大國野心。所以，這是不確定的未來，但有法子去看清楚未來。一旦以中國為中心的戰略競爭的權力鬥爭，是透過更寬廣的印太鏡頭來觀看，並且是以一個世代的時間框架為基礎，這時各方就會把焦點放在如何協調出一個戰略定點。如果其他國家對中國過度與威嚇行動的抵抗，可以強化到全面性競爭，並且獲得韌性、團結與威懾力量的支援，這麼一來，印太戰略將變成各方注目的爭奪戰。對任何人來說，這都不是愉快的場景，但這會讓中國跟任何國家一樣暫時停止腳步。

儘管是一黨政治，並且自稱有偉大的治國計畫，但對於到底應該怎麼作，中國內部還是繼續存在著不同的意見。事實上，不久之前，某些外國分析家就在爭論，中國的對外行動，根本不是什麼戰略，因為所謂的戰略，基本上是要整合很多「政策參與者」的雜音之後才能形成，而這些「政策參與者」不是只有執政黨，還包括了軍方、商界、省級利益、學術界和反映民意的網路社區。這種情況與比較多元化的民主社會，並不完全一樣。[42]一位學者甚至更進一步指出，中國自身的政策專家當中，有些人希望北京的外交政策能夠進行「前進改革」，並且加強與美國的合作。[43]

不管這樣的結論有什麼效果，但接下來的事實卻有所改變。習近平的政權在過去七年裡，把各種複雜性和知識分子的勇氣，全部趕出中國內部對外交政策的討論。然而，這個國家仍然擁有很多戰略長才。其他國家在對抗中國勢力時，它們的目標應該是要逼中國再三思考。而且，如果這種反抗是採取競爭多過對峙的模式，那麼也許比較審慎或甚至比較溫和的聲音，將會被再度聽見。對習近平之前時代的討論遭到禁止，但並沒有完全不見，例如，他們開始回顧和重新評估一帶一路早期的一些不顧一切的輕率作法。中國很可能成為一個自我設限的帝國。其他國家在保護自己的同時，將會很快幫助中國找出這些限制。[44]

還有，隨著中國面對的挑戰愈來愈多，它需要其他國家幫助，以及其他國家需要中國幫助的機會，也跟著同樣增加。二〇〇八年發生四川大地震後，中國收到它本來不信任的很多國家的援助。在碰到傳染病大爆發時，中國提供了援助（在非洲對抗伊波拉病毒），也要求援助（禽流感和最近的非洲豬瘟）。中國成了提供聯合國維和部隊最多部隊的貢獻國，大部分派駐在南蘇丹，但也同時部署在另外很多國家執行任務。最近幾年來，中國海軍的「和平方舟號」（Peace Ark）醫院船，已經對幾個海洋沿岸社區提供他們急需的醫療援助，替中國的軟實力加分不少。但是，大規模的人道援助想要發揮最佳功能，必須由很多國家在事前協調他們的公益目標。畢竟，中國自己在這方面的行動，也是受到美國（它派遣醫療船前往海外各地提供醫療援助，已經有幾十年了）和它的四方聯盟的夥伴國家（澳洲、印度和日本）的啟發。因此，可以合理假設，將來在印太沿岸地區進行大規模災難援助時，至少也是由這五個國家協調行動。也許，北京或多或少也能夠處理它在擴張一帶一路時出錯的很多事情。不過，有時候這將需要中國自動和跟它的利益相衝突的國家進行合作。

最後再提一次，澳洲的經驗可以說明一切。二〇一三年年底，北京基本上凍結了與坎培拉的外交關係，因為澳洲竟公然和日本及美國聯手，批評中國意圖控制引發爭議的東海領空。二〇一四年三月八日，馬來西亞航空的三七〇航班（機上乘客中有一百五十三名中國國民），在飛行途中突然消失，後來推測應該已經墜毀在印度洋。在中國國內，這是悲慘災難，並且是一場外交惡夢，因為這個政權愈來愈被期望能夠在世界任何地方保護它的人民及他們的利益。包括中國在內，很多國家接受由澳洲協調進行國際大搜索：澳洲有這樣的能力，還有足夠的夥伴國家，也接近災難現場，而且這架班機是消失在澳洲廣大的搜救責任區內的某個地方。突然之間，中國需要快速重新恢復與這個南方國家的友誼：中國外長王毅發現，他自己居然向他之前避不見面的同一位澳洲外長畢紹普伸出友誼之手。中國的飛機和船隻被邀請加入這場聯合行動，另外還包括日本、南韓、法國、英國、美國和馬來西亞等國，搜救總部就設在澳洲境內，在它的西南角落裡，而這也是黑天鵝的主要棲息地。

那個地方（西南澳）的原住民努加族（Noongar），有一些關於祖先的夢幻神話，提到這種被他們稱之為「馬亞力」（maali）的神奇鳥兒，替牠注入了一些令人驚訝的特色。這種天鵝本來是白色的，但很驕傲，因此激怒了有著楔形尾羽的老鷹對牠們發動攻擊，並且把牠們的羽毛全部啄光。這個故事提到合作與衝突：這時，烏鴉前來幫忙，牠們保護這些受傷的天鵝，並且提供黑色的羽毛讓牠們穿上。今天，黑天鵝的白色尾羽就是在提醒我們，這些黑天鵝並不是牠們本來的樣子，而且牠們的鳥喙仍然還是紅色的，這是牠們當年和老鷹打鬥時留下的傷痕。[45]

地緣政治的歷史提供了它自己的教訓。驕傲、自大和改變現狀，似乎總是伴隨著企圖統治印太地區的每一個帝國。這個超級區域太過廣大和複雜，任何國家都無法成功保護它自己在這兒的利益。建立夥伴關係反而有好處。在各國重新調整彼此的力量時，每一個國家，每一個社會，都需要去幫助別人和接受別人的幫助，才能安全航行過這區域的新亂流。它們的口號應該是多極、團結，以及戰略信心與耐心。在衝突與投降之間可以規劃出一條路來。未來並不是完全掌握在威權主義的中國手中，也不在難以預測、以自我為中心的美國。到頭來，印太既是一個區域，也是一種理念：是集體行動的象徵，自助和互助。如果情勢朝很不好的方向發展，那麼這地方可能會成為一九四五年以來第一場災難性大戰的戰場。但如果未來發展十分美好，那麼這兒將會繁榮興盛，是重新連結起來的世界中心的一個共享空間，這是這個區域早期的航海家所難以想像的。

致謝

本書開始於二〇一二年，最初只是一篇部落格小貼文，後來變成一場公開演講，然後就是一大堆文章、報告、演說和在大學裡開課。我想要把所有這些集結成書的願望，一直受到拖延，這讓我在有空閒時可以寫出更多東西。而在這段期間，印太已經從一個複雜理念，進化成很多國家在制定外交政策時使用的正統說法。當然，世界事務的潮流一直在不斷改變當中，而當事實開始變化時，我希望我也已經準備好要改變我的認知。

我的職業生涯帶我遊歷各地，但總是隨時會帶我走回探索歷史真相之路。外交任命讓我前往印度和日本，最後則回到我的出生地，巴布亞紐幾內亞。身為情報分析家，我都是透過區域安全稜鏡來觀察中國和東南亞。自從二〇〇七年以來，置身在智庫和大學的外交「第二軌道」生活裡，和數不清的專家和官員進行各種對話、圓桌會議、研討會和無數非正式的交談之後，已經讓我獲得無數的真知灼見。這是一個灰色地帶（未曾發表過，也經常未被列入正式紀錄），這兒提供了對世界大事極有價值的初步闡釋。我更為專業的安全研究計畫（海上信心建立措施、核子威懾力量、印度、中國和澳洲）全都投入這波印太潮流中。

因此，本書滙集了我所有經驗的諸多要素。但這遠遠不是我個人的努力。書中的缺點是我造成的，而書中極佳的品質，則是集合了很多人的貢獻。

一些極有才氣的年輕分析家給我很多資訊，也影響了我。其中最引人注目的有：Fiona Cunningham、Ashley Townshend、Katherine Mansted、James Brown、Danielle Rajendram、Brendan Thomas-Noone、Marty Harris、Darshana Baruah、Dhruva Jaishankar、Geng Chen和Shannon Tow。澳洲國立大學國家安全學院的幾位學生，很好心地在他們的課程作業裡對印太理念作了實際的體驗。我很稱讚他們的珍貴想法。

多位極有智慧的政策決策者和專家，透過啟發和挑戰的方式，幫助我精進了我的世界觀。他們包括：C. Raja Mohan、Peter Varghese、Doug Kean、Allan Gyngell、Richard Maude、Bruce Miller、James Goldrick、Brendan Sargeant、Kanehara Nobukatsu、Ian Hall、Ric Smith、Ashok Malik、Samir Saran、Tanvi Madan、Nitin Pai、Sujan Chinoy、Anthony Bergin、Allan Behm、Darren Lim、Oriana Skylar Mastro、Anthea Roberts、Bill Tow、Mohan Malik、Andrew Shearer、Hugh White、Euan Graham、David Brewster、Richard Rigby、Richard McGregor、Malcolm Cook、Anthony Bubalo、Gordon Flake、You Ji、Dino Patti Djalal、Ashley Tellis、Mike Green、Zack Cooper、Bonnie

Glaser、Ely Ratner、Shen Dingli、Yamato Taro、Tom Wright、Brendan Taylor、Bruno Tertrais和Valérie Niquet。

特別感謝Katherine Mansted、Darren Lim、James Goldrick、Eva Medcalf、Bruce Miller、Allan Gyngell和Ian Hall。感謝他們對我的原稿提出建設性的批評。

在重大思想方面，我要向已故的貝爾博士致敬，她生前最後的鉅著〈瓦斯科・達伽馬時代的結束〉，是我在智庫「洛伊研究所」校訂的第一篇論文。

對於主持澳洲國立大學的國家安全學院，我深感驕傲，也很推崇那兒的同事。他們交出了十分傑出的工作成果（在互信、獨立及低調的環境中默默工作），為澳洲的長期國家利益開發出新一代的專門知識。特別要提到我的行政助理，蘿拉・佛洛倫斯（Laura Florance），以及我們的首席執行祕書，夏儂・迪恩（Sharon Dean），當我轉移心力去專心寫書時，她們承擔了很多額外的工作。

在我的知識之旅中，有兩家研究所對我幫助最大。澳洲「國家評估辦公室」（Office of National Assessments），現在改名「國家情報辦公室」（Office of National Intelligence），是一流分析、寫作和集體作業的大本營。我也不能漏掉「洛伊研究所」。它給了我重新思考政策的空間，幫助我突破印太界限，讓我加入公共辯論。對於作出關鍵決定，讓我能夠進入這兩家機構的，我要隨時感謝道格・基恩（Doug Kean）和金格爾。

我也要感謝凱・丹塞（Kay Dancey）和澳洲國立大學CartoGIS Services地理空間服務社，感謝他們繪製本書中如此專業的一些重要地圖。

有太多安全研究和評論，和我自身的直接經驗出現很大的落差。澳洲皇家海軍奉命執行一項任務，希望能夠修正這個問題。我要感謝澳洲海軍司令，麥可・努南（Michael Noonan）海軍中將，「海權中心」（Sea Power Centre）的席恩・安德魯（Sean Andrews）上校，以及「坎培拉號」船員和當時的艦長，亞斯雷・帕普（Ashley Papp）上校，感謝讓我有機會參加他們所說的在二〇一九年五月的這趟「海上之旅」。

我知道，當作者說，他們很感謝他們的出版社時，他們說的一定是真心話。拉籌伯大學出版社（La Trobe University Press）完成了一項傑出的工作。該出版社的克里斯・費克（Chris Feik），打消了我想要改採託人代筆偷懶的出版方式。但我也要特別感謝，負責我的出版計畫的這位很有才華和很有耐心的編輯，喬・羅森伯格（Jo Rosenberg），他花了很多時間弄清楚書中思路，讓本書得以成功出版。

對很多人很多事，我一直心懷感激，但最重要的是我心愛的家人。我親愛的父母，費絲（Faith）和馬克斯（Max），感謝他們長久以來對我的事業深抱信心。我兩位神奇的孩子，艾德加（Edgar）和福里達（Frida），有了他們，所有事都值得。還有，我的妻子，伊娃（Eva），她的愛、智慧、耐心和罕有的感覺，引領我們安全航過每一處海峽，最後總是能夠抵達光明燦爛的地平線。

注釋

第一章 名稱、地圖和各國

1. Ministry of External Affairs of the Republic of India, 'India-Japan joint statement during the visit of Prime Minister to Japan', 11 November 2016.
2. 這些分析是根據本書作者之前的幾本著作而來，包括 'Pivoting the map: Australia's Indo-Pacific system', Centre of Gravity Series, No. 1, Strategic and Defence Studies Centre, Australian National University, November 2012; 'The Indo-Pacific: What's in a name?' *American Interest*, October 2013; 'Reimagining Asia: From Asia-Pacific to Indo-Pacific', *Asian Forum*, 26 June 2015; '*La Chine et l'Indo-Pacifique: Multipolarité, solidarité et patience stratégique*' [China and the Indo-Pacific: Multipolarity, solidarity and strategic patience], *Revue Défense Nationale*, No. 811, 2018; and 'Indo-Pacific visions: Giving solidarity a chance', *Asia Policy*, Vol. 14, No. 3, July 2019.
3. Geoff Raby, 'China relations can only be unfrozen with Julie Bishop's sacking', *Australian Financial Review*, 14

May 2018. 吉歐福・拉比（Geoff Raby）是前澳洲駐北京大使，目前在北京開設一家商業顧問公司。

4. Bill Birtles, 'China mocks Australia over "Indo-Pacific" concept it says will "dissipate"', ABC News, 8 March 2018. 某些分析家認為，中國對印太地區的反應，十分「冷淡」，如果這是真的，也許中國的官方立場是要忽視這個聯盟，並且認為它是無害的。Feng Zhang, 'China's curious nonchalance towards the Indo-Pacific', *Survival*, Vol. 61, No. 3, 2019.
5. Robert Kaplan, 'Center stage for the 21st century: Power plays in the Indian Ocean', *Foreign Affairs*, March/April 2009.
6. Barry Buzan, 'Security architecture in Asia: The interplay of regional and global levels', *The Pacific Review*, Vol. 16, No. 2, 2003, pp. 145-148.
7. 艾米塔夫・阿查亞（Amitav Acharya）也發表類似看法，Amitav Acharya, *The End of American World Order*, Polity Press, London, 2014, p. 82.
8. Mu Chunshan, 'What is CICA (and why does China care about it)?', *The Diplomat*, 17 May 2014.
9. Bilahari Kausikan, 'An expose of how states manipulate other countries' citizens', *The Straits Times*, 1 July 2018.
10. 例如，澳洲政府財政部對這兩個經濟體規模所作的估計，成為澳洲著名學者休・懷特（Hugh White）研究的起點，他認為，澳洲應該在美國不會參加聯盟或對聯盟漠不關心的假設下，制定自己的國防政策。Hugh White, *How to Defend Australia*, La Trobe University Press, Melbourne, 2019, p. 9. 其他幾位專家則作出不同的結論，例如美國學者麥可・貝克利（Michael Beckley）已經開發出一套「資產負債表」（balance sheet），用來評估各國實力，就是從GDP中減去像福利和國內安全這些負債，因而得出結論，美國將繼續超越中國的實力，而且是成指數增加。Michael Beckley, *Unrivaled: Why America Will Remain the World's Sole Superpower*, Cornell University Press, Ithaca, 2018, pp. 1-3.

11. 資料來自多種來源，包括：United Nations, Department of Economic and Social Affairs, Population Division, 'World population prospects 2019', Medium fertility variant; PricewaterhouseCoopers, 'The long view: How will the global economic order change by 2050?', February 2017, pp. 23, 68; Stockholm International Peace Research Institute, 'Military expenditure by country, in constant 2017 US$ 1988-2018'.
12. 關於中國官方統計數字的可信度，有很多爭辯。想要了解中國經濟統計造假的問題，請參閱Yi Fuxian, 'China's population numbers are almost certainly inflated to hide the harmful legacy of its family planning policy', *South China Morning Post*, 20 July 2019.
13. 這一部分是根據梅卡爾夫和莫罕的分析文章，Rory Medcalf and C. Raja Mohan, 'Responding to Indo-Pacific rivalry: Australia, India and middle power coalitions', Lowy Institute Analysis, 2014.
14. 作者和一位政府高級官員的私下交談，分析二〇一六年十一月莫迪—安倍會談。
15. 日本首相安倍晉三於二〇一六年八月二十七日在肯亞首都奈洛比的「第六屆東非開發東京國際會議」（Sixth Tokyo International Conference on African Development, TICAD VI）開幕式上發表的演說。
16. Brahma Chellaney, 'Building a "Free and Open" Indo-Pacific', *The Japan Times*, 21 November 2018.
17. 有報導說，印度外交部內甚至將設置「日本視察官」，賦與相當權力，用來推動和日本的所有關係；請參閱Thomas F. Lynch III, 'An Indo-Pacific romance', *The National Interest*, March/April 2019, p. 53.
18. 沒有單獨一位學者或官員能夠完全宣稱，是他發明了二十一世紀這個戰略術語「印度洋—太平洋」（Indo-Pacific）。現代第一篇提到印度洋—太平洋這個地緣政治術語的學術文章，是加拿大海軍學者詹姆斯．波提利爾（James Boutilier），時間是二〇〇四年，接著，紐西蘭海洋專家彼得．柯任斯（Peter Cozens）和澳洲新聞記者麥可．理查遜（Michael Richardson）在二〇〇五年跟進，印度海軍軍官庫拉納在二〇〇七年採用。著名印度和美國戰略思考家，例如莫罕和麥可．奧斯林（Michael Auslin）也在二〇〇八年左右開始公開使用這個名詞。作者得知，從二〇〇五年起，澳洲和加拿大政府分析師就在內部文件中使用印度洋—太平洋這個術語，並從二〇〇七年起開始進一步推廣使用，最初是從寫給當時的澳洲外長的一封公開信開始。請參閱 James A. Boutilier, 'Reflections on the new Indo-Pacific maritime and naval environment', *Journal of the Australian Naval Institute*, Issue 114, 2004; Peter Cozens, 'Some reflections on maritime developments in the Indo-Pacific during the past sixty years', *Maritime Affairs*, Vol. 1, No. 1 2005; Michael Richardson, 'Australia-Southeast Asia relations and the East Asian Summit', *Australian Journal of International Affairs*, Vol. 59, No. 3, 2005; Gurpreet S. Khurana, 'Security of sea lines: Prospects for India-Japan cooperation', *Strategic Analysis*, Vol. 31, No. 1, 2007; Michael Auslin, 'Security in the Indo-Pacific commons: Toward a regional strategy', American Enterprise Institute, 2010; C. Raja Mohan, *Samudra Manthan: Sino-Indian Rivalry in the Indo-Pacific*, Carnegie Endowment for International Peace, Washington, 2012; Rory Medcalf, 'Incoming government brief: Australia's relations with India', *The Interpreter* (Lowy Institute blog), 21 December 2007.

19. Commonwealth of Australia, 'Defence White Paper 2013', Canberra, pp. 7, 13.
20. 'National Security Strategy of the United States of America', December 2017, pp. 45-47.
21. Department of Defense, 'Indo-Pacific Strategy Report: Preparedness, partnerships, and promoting a networked region', 1 June 2019.
22. Editorial Board, East Asia Forum, 'India's cautious courtship with the US-led order in Asia', East Asia Forum (blog), 24 September 2018.
23. 二〇一八年六月一日，印度總理莫迪在新加坡香格里拉對話（Shangri-La Dialogue）發表的基調演說。
24. Association of Southeast Asian Nations, 'ASEAN outlook on the Indo-Pacific', 23 June 2019; Melissa Conley Tyler, 'The Indo-Pacific is the new Asia', *The Interpreter* (Lowy Institute blog), 28 June 2019.

25. J.R. Logan, *Ethnology of the Indo-Pacific Islands*, Jacob Baptist, Singapore, 1852.
26. Anthea Roberts, Henrique Choer Moraes and Victor Ferguson, 'The geoeconomic world order', *Lawfare* (blog), 19 November 2018.
27. Robert D. Blackwill and Jennifer M. Harris, *War by Other Means: Geoeconomics and Statecraft*, Harvard University Press, Cambridge, Massachusetts, 2016, p. 20.
28. 請參閱 Bruno Maçães, *Belt and Road: A Chinese World Order*, Hurst and Company, London, 2018.
29. Cuiping Zhu, *India's Ocean: Can China and India Coexist?*, Springer/Social Sciences Academic Press, Singapore, 2018, pp. 142-143.
30. Darren J. Lim and Rohan Mukherjee, 'What money can't buy: The security externalities of Chinese economic statecraft in post-war Sri Lanka', *Asian Security*, Vol. 15, No. 2, 2019.
31. 中華人民共和國國務院，《中國的軍事戰略》，二〇一五年。
32. 例如 'Power projection in the Indo-Pacific region: Aircraft carriers and amphibious ships', in *Asia-Pacific Regional Security Assessment 2019*, International Institute for Strategic Studies.
33. 澳洲國防軍司令安格斯・坎貝爾（Angus Campbell）將軍，二〇一九年六月十三日在澳洲戰略政策研究所（Australian Strategic Policy Institute）於坎培拉舉行的「二〇二五年戰爭」（War in 2025）研討會上發表演說，他說：「你也許對戰爭沒有興趣，但戰爭對你有興趣。」
34. Rory Medcalf, 'China's influence in Australia is not ordinary soft power', *Australian Financial Review*, 7 June 2017. The concept of sharp power was further developed by the US National Endowment for Democracy in its report 'Sharp power: Rising authoritarian influence' in December 2017.
35. Peter Harris, 'Conflict with China is not about a clash of civilisations', *The National Interest* online, 3 June 2019.

36. Bilahari Kausikan, 'No sweet spot for Singapore in US–China tension', *The Straits Times*, 30 May 2019.
37. Brendan Taylor, *The Four Flashpoints: How Asia Goes to War*, La Trobe University Press, Melbourne, 2018.
38. Hal Brands, 'The too-good-to-be-true way to fight the Chinese military', *Bloomberg*, 10 July 2019.
39. Commonwealth of Australia, 'Opportunity, security, strength: The 2017 foreign policy white paper', Canberra, 2017.
40. 「勢力範圍」論點被認為是像澳洲這樣的國家在單獨面對中國時，必須具備的基本觀點。請參閱Hugh White, *How to Defend Australia*, pp. 38-42.
41. 例如，Michael D. Swaine, 'A counterproductive Cold War with China: Washington's "Free and Open Indo-Pacific" strategy will make Asia less open and less free', *Foreign Affairs*, 2 March 2018.
42. Philip Bowring, *Empire of the Winds: The Global Role of Asia's Great Archipelago*, I.B. Tauris, London, 2019, p. 61.
43. Shyam Saran, *How India Sees the World: Kautilya to the 21st Century*, Juggernaut, New Delhi, 2017.
44. Rose George, *Ninety Percent of Everything: Inside Shipping, the Invisible Industry that Puts Clothes on Your Back, Gas in Your Car and Food on Your Plate*, Metropolitan Books, New York, 2013.
45. Will Doig, *High-Speed Empire: Chinese Expansion and the Future of Southeast Asia*, Columbia Global Reports, New York, 2018.

第二章　被遺忘的亞洲歷史

1. 本書作者梅卡爾夫二〇一二年在澳洲國立大學的一場公開演說中，重新介紹米謝爾這幅旋轉的亞洲地圖。請參閱

Rory Medcalf, 'Pivoting the map: Australia's Indo-Pacific system', Centre of Gravity Paper No. 1, Strategic and Defence Studies Centre, Australian National University, November 2012. 另外，也請參閱 Thomas Mitchell, *Journal of an Expedition into the Interior of Tropical Australia in Search of a Route from Sydney to the Gulf of Carpentaria*, Longman, Brown, Green and Longmans, London, 1848.

2. Institute of Geodesy and Geophysics, Chinese Academy of Sciences, 'A new version of world map published', 2013, website accessed 16 January 2019. http://english.whigg.cas.cn/ns/es/201312/t20131211_114311.html.
3. Pepe Escobar, 'Chinese scholar offers insight into Beijing's strategic mindset', *Asia Times*, 5 January 2019.
4. Andrew Phillips and J.C. Sharman, *International Order in Diversity: War, Trade and Rule in the Indian Ocean*, Cambridge University Press, Cambridge, 2015, p. 9.
5. Tansen Sen, 'The "Indo-Pacific" is really nothing new, just ask the fish', *South China Morning Post*, 30 December 2017.
6. Kalidas Nag, *India and the Pacific World*, Book Company Ltd., Calcutta, 1941, p. 18. 一九二四年，納格和印度詩人與亞細亞主義（pan-Asian）夢想家泰戈爾出海旅遊，企圖重新找出印度與東亞的文化及歷史淵源；請參閱 T.C.A. Raghavan, 'The changing seas: Antecedents of the Indo-Pacific', *The Telegraph* (Kolkata), 17 July 2019.
7. D. Fuller, N. Boivin, T. Hoogervorst and R. Allaby, 'Across the Indian Ocean: The prehistoric movement of plants and animals', *Antiquity*, Vol. 85, No. 328, 2011, pp. 544-558.
8. Bill Hayton, *The South China Sea: The Struggle for Power in Asia*, Yale University Press, New Haven and London, 2014, p. 6.
9. Angela Clark et al., 'Biological anthropology in the Indo-Pacific region: New approaches to age-old questions', *Journal of Indo-Pacific Archaeology*, Vol. 41, 2017, pp. 78-94.

10. Bill Hayton, *The South China Sea*, pp. 6-8.
11. 引用自Pepe Escobar, 'Chinese scholar offers insight into Beijing's strategic mindset'.
12. Ellen L. Frost, *Asia's New Regionalism*, National University of Singapore Press, Singapore, 2008, p. 47.
13. Kautilya, *The Arthashastra*, Book 6; Shyam Saran, *How India Sees the World*, pp. 11-14.
14. Herodotus, *The Histories*, Aubrey de Sélincourt (trans.), Penguin Classics, London, 1954, pp. 187, 213, 440-441.
15. Tansen Sen, *India, China, and the World: A Connected History*, Roman and Littlefield, Lanham, 2017, p. 6.
16. K.M. Panikkar, *Asia and Western Dominance: A Survey of the Vasco da Gama Epoch of Asian History 1498-1945*, George Allen & Unwin, London, 1953 (1959 edition), p. 29.
17. The News Minute/Indo-Asian News Service, 'Navigation began in India: Indians used monsoon winds for sailing long before Greeks', 4 December 2017.
18. 引述中國知識分子梁啟超在一九二四年的談話，引用自Tansen Sen, *India, China, and the World*, p. 1.
19. 同上，第125-127頁。
20. Howard W. French, *Everything Under the Heavens: How the Past Helps Shape China's Push for Global Power*, Vintage Books, New York, 2017 (2018 edition), pp. 114-117.
21. Philip Bowring, *Empire of the Winds*, pp. 57-64.
22. 此部分引用Howard W. French, *Everything Under the Heavens*, pp. 117-119.
23. Timothy Brook, *Great State: China and the World*, Profile, London, 2019, pp. 36-42, 45-52.
24. 同上，第44-45、83-84頁。
25. 'Full text of President Xi's speech at opening of Belt and Road Forum', *Xinhua*, 14 May 2017.
26. 'Full text: Hu's speech', *The Sydney Morning Herald*, 24 October 2003.

27. Bill Hayton, *The South China Sea*, pp. 24-26; Howard W. French, *Everything Under the Heavens*, pp. 101-104; Tansen Sen, *India, China, and the World*, pp. 195-222: Geoff Wade, 'The Zheng He voyages: A reassessment', *Journal of the Malaysian Branch of the Royal Asiatic Society*, Vol. 78, No. 1, 2005, pp. 37-58; Timothy Brook, *Great State*, pp. 79-83.
28. 習近平在雅加達向印尼國會的演說，二〇一三年十月二日。
29. Howard W. French, *Everything Under the Heavens*, p. 101.
30. 同上，第98-109頁；Bill Hayton, *The South China Sea*, pp. 24-26; Timothy Brook, *Great State*, p. 105.
31. 潘尼迦的《亞洲與西方統治》（*Asia and Western Dominance*），是很吸引人的一本著作，也是由亞洲學者執筆的第一本廣泛探討亞洲殖民歷史的大作。
32. 'Speech by Chairman of the delegation of the People's Republic of China, Deng Xiaoping, at the Special Session of the UN General Assembly', New York, 10 April 1974.
33. 請參閱James A. Millward, 'Is China a colonial power?', *The New York Times*, 4 May 2018; Richard McGregor, 'Mahathir, China and neo-colonialism', *Nikkei Asian Review*, 30 August 2018; Mihir Sharma, 'China should beware what it wishes for', *Bloomberg*, 19 May 2017.
34. Isabel Hilton, 'The myth of China's "great state"', *New Statesman*, 18 September 2019; Timothy Brook, *Great State*.
35. Admiral James Stavridis, *Sea Power: The History and Geopolitics of the World's Oceans*, Penguin Books, New York, 2017, p. 103.
36. K.M. Panikkar, *Asia and Western Dominance*, p. 49.
37. Robert D. Kaplan, *Monsoon: The Indian Ocean and the Future of American Power*, Random House, New York, 2010, p. 55.

38. K.M. Panikkar, *Asia and Western Dominance*, pp. 40-41.
39. J.C. Sharman, *Empires of the Weak: The Real Story of European Expansion and the Creation of the New World Order*, Princeton University Press, Princeton and Oxford, 2019.
40. Ellen L. Frost, *Asia's New Regionalism*, p. 54.
41. Michael Wesley, *Restless Continent: Wealth, Rivalry and Asia's New Geopolitics*, Black Inc., Melbourne, 2015, pp. 43-44.
42. 一九四七年三月二十四日，尼赫魯在新德里舉行的第一屆亞洲關係會議上的演說。
43. K.M. Panikkar, *Asia and Western Dominance*, p. 52; Bill Hayton, *The South China Sea*, p. 35.
44. Ellen L. Frost, *Asia's New Regionalism*, p. 55.
45. Tansen Sen, *India, China, and the World*, p. 4.
46. Amitav Acharya, 'Asia is not one', *The Journal of Asian Studies*, Vol. 69, No. 4, 2010, p. 1003; John M. Steadman, *The Myth of Asia*, London, Macmillan, 1969, pp. 32-33.
47. Matteo Ricci (trans. Louis J. Gallagher), *China in the Sixteenth Century: The Journals of Matthew Ricci 1583-1610*, Random House, New York, p. 364.
48. Timothy Brook, *Great State*, pp. 2-5.
49. J.R. Logan, *Ethnology of the Indo-Pacific Islands*, Jacob Baptist, Singapore, 1852; J.R. Logan, 'The Ethnology of the Indian Archipelago: Embracing enquiries into the continental relations of the Indo-Pacific Islanders', *Journal of the Indian Archipelago and Eastern Asia*, Vol. 4, 1850, pp. 252-347.
50. C. Raja Mohan, *Samudra Manthan: Sino-Indian Rivalry in the Indo-Pacific*, Carnegie Endowment for International Peace, Washington, 2012; 'Return of the Raj', *The American Interest*, Vol. 5, No. 5, May 2010.

51. Robert Kaplan, *Monsoon*, pp. 181-185.
52. 請參閱 Michael J. Green, *By More than Providence: Grand Strategy and American Power in the Asia Pacific since 1783*, Columbia University Press, New York, 2017, pp. 21-31.
53. 同上，第64-77頁。
54. 想要澈底了解對馬海峽戰役和俄國艦隊的災難之航，請參閱 Constantine Pleshakov, *The Tsar's Last Armada: The Epic Voyage to the Battle of Tsushima*, Basic Books, New York, 2002.
55. Alistair Horne, *Hubris: The Tragedy of War in the Twentieth Century*, Weidenfeld & Nicolson, London, 2015, pp. 66-87.
56. Hans Weigert, 'Haushofer and the Pacific: The future in retrospect', *Foreign Affairs*, July 1942.
57. K.M. Panikkar, *India and the Indian Ocean: An Essay on the Influence of Sea Power on Indian History*, George Allen & Unwin, London, 1945.
58. Dennis Rumley, Timothy Doyle and Sanjay Chaturverdi, '"Securing" the Indian Ocean? Competing regional security constructions', *Journal of the Indian Ocean Region*, Vol. 8, No. 1, 2012, pp. 1-20.
59. Karl Haushofer, *Geopolitics of the Pacific Ocean*, edited and updated by Lewis A. Tambs, translated by Ernst J. Brehm, 2002, Edwin Mellen Press, New York, 1924; K.M. Panikkar, *India and the Indian Ocean*, p. 18.
60. Pankaj Mishra, *From the Ruins of Empire: The Revolt Against the West and the Remaking of Asia*, Penguin, London, 2012, pp. 230-231.
61. K.M. Panikkar, *Asia and Western Dominance*, pp. 197-199.
62. Ashok Malik, 'Under China's shadow, India looks to Australia', *Yale Global Online*, 8 February 2013.
63. K.M. Panikkar, *India and the Indian Ocean*, p. 85.

64. Admiral James Stavridis, *Sea Power*, p. 111.
65. 例如，「大東亞共榮圈地圖」，這是日本帝國在一九四二年六月二十日發布的宣傳地圖，在社區會議上被用來向人民說明，為了取得需要的資源，征服其他國家是必要的。
66. C. Raja Mohan, 'Return of the Raj'.

第三章　國家漂流史：尋找地區家園

1. Phillips Talbot, '1947 India conference that marked end of colonialism', *The New Republic*, 29 April 1947.
2. 同上。
3. 同上。
4. Vineet Thakur, 'An Asian drama: The Asia Relations Conference, 1947', *The International History Review*, Vol. 41, No. 6, pp. 673-695.
5. 一九四七年三月二十四日，尼赫魯在新德里舉行的第一屆亞洲關係會議上的演說。
6. 荷蘭歷史學家馮客（Frank Dikötter）估計，從一九四九年到一九五九年，至少有五百萬人死於整肅、恐怖統治和土改，他並認為，中華人民共和國政權必須為此負責。請參閱 Frank Dikötter, *The Tragedy of Liberation: A History of the Chinese Revolution 1945-1957*, Bloomsbury, London, 2013, pp. xi-xv.
7. Victor D. Cha, *Powerplay: The Origins of the American Alliance System in Asia*, Princeton University Press, Princeton, 2016, p. 4.
8. Amitav Acharya, 'Asia is not one', p. 1009.
9. 關於這兩項計畫的內幕，請參閱當時澳洲外長史班德的著作，Percy Spender, *Exercises in Diplomacy*, Sydney

University Press, Sydney, 1969.

10. Allan Gyngell, *Fear of Abandonment: Australia in the World since 1942*, La Trobe University Press, Melbourne, 2017, pp. 84-85.
11. Julie Suares, *J.B. Chifley: An Ardent Internationalist*, Melbourne University Publishing, 2019, pp. 5-7.
12. Tansen Sen, *India, China, and the World*, pp. 396-398.
13. 'India: Never again the same', *Time*, 30 November 1962.
14. Neville Maxwell, *India's China War*, Jonathan Cape, London, 1970, pp. 11-14, 286-288.
15. Jeff Smith, *Cold Peace: China-India Rivalry in the 21st Century*, Lexington Books, Lanham, 2013.
16. C. Raja Mohan, *Samudra Manthan*, p. 39.
17. Michael Wesley, *Restless Continent*, pp. 47-48.
18. K.M. Panikkar, *India and the Indian Ocean*, pp. 14-15, 85.
19. Defence Studies Project, *Proceedings of the Seminar on Nuclear Dispersal in Asia and the Indo-Pacific Region*, The Australian Institute of International Affairs and the Australian National University, Canberra, 1965; Defence Studies Project, *Proceedings of the Seminar on Commonwealth Responsibilities for Security in the Indo-Pacific Region*, The Australian Institute of International Affairs and the Australian National University, Canberra, 1966.
20. UK Cabinet Office, 'Indo-Pacific strategy', 6 October 1965, National Archives Ref. CAB148 52 C614951.
21. Alessio Patalano, 'Days of future past: British strategy and the shaping of Indo-Pacific security', Policy Exchange report, 2019.
22. UK Cabinet Office, 'Indo-Pacific Strategy', p. 2.
23. 同上。

24. Richard M. Nixon, 'Asia after Viet Nam', *Foreign Affairs*, October 1967.
25. J.D.B. Miller (ed.), *India, Japan, Australia: Partners in Asia? Papers from a Conference at the Australian National University, September 1967*, ANU Press, Canberra, 1968, p. vii.
26. Allan Gyngell, *Fear of Abandonment*, p. 113.
27. 同上。
28. 格雷厄姆．艾里森（Graham Allison）和布萊克威爾與阿里．韋恩（Ali Wyne）的訪問和節錄，請參閱 *Lee Kuan Yew: The Grand Master's Insights on China, the United States and the World*, Belfer Center Studies in International Security, The MIT Press, Cambridge, Massachusetts, 2012, p. 63.
29. Sunanda Datta-Ray, *Looking East to Look West: Lee Kuan Yew's Mission India*, Institute of Southeast Asian Studies and Penguin, Singapore, 2009.
30. Google Books, Ngram Viewer, using search terms 'Asia-Pacific', 'Indo-Pacific', 1800-2008.
31. Sue Thompson, 'The Western powers and the development of regional cooperation in Southeast Asia: The international dimension, 1945-67', *Global Change, Peace and Security*, Vol. 23, No. 1.
32. Amitav Acharya, 'Asia is not one', pp. 1009-1010.
33. 同上，第1009頁。
34. Paul Keating, *Engagement: Australia Faces the Asia-Pacific*, Macmillan, Sydney, 2000.
35. Yen Makabenta, 'At 26, APEC is still looking for a noun', *Manila Times*, 6 November 2015.當然，一些自詡是學者的人會指出，「合作」（cooperation）也是名詞，但外長艾文斯是假設性地指出，因為在名稱的最後面沒有加上像「組織」（organisation）這樣的名稱結構，結果，使得ＡＰＥＣ沒有獲得可以把它的參加國聯合起來行動的權力。
36. Gaye Christoffersen, 'China and the Asia-Pacific: Need for a grand strategy', *Asian Survey*, Vol. 36, No. 11, 1996,

pp. 1067-1076.

37. 'Condi entertains at Asean Forum', BBC News, 28 July 2006.
38. 'Towards an East Asian Community' (report of the East Asia Vision Group), 2001, p. 15.
39. 關於布希政府亞洲政策的權威解讀，請參閱Michael J. Green, *By More than Providence*, pp. 482-517.
40. 澳洲學者麥可．衛斯里（Michael Wesley）已經很適當地描述馬來西亞、泰國和新加坡正好組成一個「印太半島」（Indo-Pacific peninsula），請參閱Michael Wesley, *Restless Continent*, p. 146.
41. 幾年之後，印度外長納塔萊加瓦說，東亞峰會的出現，是東南亞國家印太外交斡旋的成果，請參閱Marty Natalegawa, 'An Indonesian perspective on the Indo-Pacific', Speech to the Centre for Strategic and International Studies Indonesia Conference, Washington, DC, 16 May 2013.事實上，早在二〇〇五年九月，甚至在各國領袖還未實際會面之前，澳洲記者理查遜就第一個注意到，這個剛成立的論壇已經作出改變，轉向印太構想，請參閱Michael Richardson, 'Australia-Southeast Asia relations and the East Asia Summit', *Australian Journal of International Affairs*, Vol. 59, No. 3, 2005.

第四章　印太崛起

1. 'Chinese navy sets sail for anti-piracy mission off Somalia', *Xinhua*, 26 December 2008.
2. Rory Medcalf, 'China's gunboat diplomacy', *The New York Times (International Herald Tribune)*, 28 December 2008.
3. 'Chinese ship uses Molotov cocktails to fight off Somali pirates', *The Telegraph*, 19 December 2008.
4. James Mulvenon, 'Chairman Hu and the PLA's "New Historic Missions"', *China Leadership Monitor*, Vol. 27,

Hoover Institution, 2009.

5. United Nations Security Council Resolution 1851, 'The situation in Somalia', 2008.
6. United States Government, 'A cooperative strategy for 21st century seapower', October 2007.
7. Robert Zoellick, 'Whither China: From membership to responsibility?' Remarks to National Committee on US-China relations, 21 September 2005.
8. 例如Brendan Taylor, *The Four Flashpoints: How Asia Goes to War*; Bill Hayton, *The South China Sea*; Richard McGregor, *Asia's Reckoning: The Struggle for Global Dominance*, Penguin, London, 2017.
9. 有關「無瑕號」事件更詳盡的報導，請參閱Michael J. Green, Kathleen H. Hicks and John Schaus, 'Countering coercion in maritime Asia: The theory and practice of gray-zone deterrence', Center for Strategic and International Studies, 2017.
10. 'How much trade transits the South China Sea?' China Power website, Center for Strategic and International Studies, https://chinapower.csis.org/much-trade-transits-south-china-sea.
11. Bill Hayton, *The South China Sea*, pp. 59-60.
12. Navin Rajagobal, 'The 2009 claims that changed the dynamics in the South China Sea', *The Straits Times*, 12 July 2016.
13. Linda Jakobson, 'China's unpredictable maritime security actors', Lowy Institute Report, 2014.
14. Richard Halloran, 'What is Hatoyama's foreign policy?', *Real Clear Politics*, 6 September 2009.
15. Abe Shinzō, 'Asia's democratic security diamond', *Project Syndicate*, 27 December 2012.
16. 'In 2010 the US surfaced three missile submarines as a warning to China', *The National Interest online*, 14 August 2017.

17. 'US here to stay, says Clinton, Ha Noi', ASEAN website, 23 July 2010.
18. Joshua Kurlatzick, 'The belligerents', *New Republic*, 27 January 2011.
19. Kurt M. Campbell, *The Pivot: The Future of American Statecraft in Asia*, Twelve, New York, 2016.
20. The White House, 'Remarks by President Obama to the Australian Parliament', 17 November 2011.
21. Michael J. Green, *By More than Providence*, pp. 482-517; Nina Silove, 'The pivot before the pivot: US strategy to preserve the balance of power in Asia', *International Security*, Vol. 40, No. 4, 2016, pp. 45-88.
22. 例如Malcolm Fraser, 'Our star spangled manner', *The Sydney Morning Herald*, 7 June 2012.
23. Hillary Clinton, 'America's Pacific century', *Foreign Policy*, 11 October 2011.
24. 'Nuclear anxiety: Indian's letter to Clinton on the nuclear testing', *The New York Times*, 13 May 2013.
25. 從二〇〇〇年到二〇〇三年，本書作者以澳洲駐新德里外交官的身分，在近距離內觀察了地緣政治的這項快速轉變。
26. Shyam Saran, *How India Sees the World*, pp. 194-195.
27. 美國大使布萊克威爾預言：「想要達成這目標，需要美國特別強化，和這些擁有跟我們相同民主價值觀和國家利益的亞洲國家之間政治、經濟，以及軍隊與軍隊的關係。特別是印度。美國和印度的堅強夥伴關係，會對建立和平與繁榮的亞洲作出重大貢獻，會把全世界力量最強大和人口最多的民主國家的資源結合起來，用來支持自由、政治溫和改革，以及經濟與科技的發展。」請參閱Robert Blackwill, 'The quality and durability of the US–India relationship', Speech in Kolkata, 27 November 2002.也請參閱Ashley Tellis, 'India as a new global power: An action agenda for the United States', Carnegie Endowment for International Peace, 2005.
28. 'US to help make India "a major world power"', *China Daily*, 26 March 2005.
29. 作者和中國高級外交官的討論，新德里，二〇〇三年。
30. Amit Baruah, 'Only "escort duties" in Malacca Straits', *The Hindu*, 23 April 2002.

31. Tanvi Madan, 'The rise, fall and rebirth of the "quad"', *War on the Rocks*, 16 November 2017.
32. 請參閱 Kevin Rudd, 'The convenient rewriting of the history of the "Quad"', *Nikkei Asian Review*, 26 March 2019.
33. Rory Medcalf, 'Chinese ghost story', *The Diplomat*, 14 February 2008.
34. Coral Bell, *The End of the Vasco da Gama Era: The Next Landscape of World Politics*, Lowy Institute Paper 21, Sydney, 2007, p. 22. 貝爾博士已經被親切地說成她是澳洲的「喬治・凱南（George Kennan，美國知名的歷史學家），只不過是戴著厚厚的眼鏡，身穿藍色洋裝，脖子掛著一條珍珠項鍊」；請參閱 Minh Bui Jones, *The Interpreter* (Lowy Institute blog), 5 October 2012.
35. James Brown, 'Pirates and privateers: Managing the Indian Ocean's private security boom', Lowy Institute Analysis, Sydney, 12 September 2012.
36. June Park and Ali Ahmad, 'Risky business: South Korea's secret military deal with UAE', *The Diplomat*, 1 March 2018.
37. 專門研究中國軍事的知名漢學家艾立信提供的統計資料，請參閱 Andrew Erickson, 'The China anti-piracy bookshelf: Statistics and implications from ten years' deployment ... and counting', 2 January 2019, http://www.andrewerickson.com/2019/01/the-china-anti-piracy-bookshelf-statistics-implications-from-ten-years-deployment-counting.
38. Rajat Pandit, 'India suspicious as Chinese submarine docks in Sri Lanka', *The Times of India*, 8 November 2014.
39. Rory Medcalf and Raja Mohan, 'Sea change of China power', *The Australian*, 11 February 2014.
40. 'China builds up strategic sea lanes', *The Washington Times*, 17 January 2005.
41. Shen Dingli, 'Don't shun the idea of setting up overseas military bases', *China.org.cn*, 28 January 2010.
42. Howard French, *China's Second Continent: How a Million Migrants Are Building a New Empire in Africa*, Knopf,

New York, 2014.

43. 習近平在印尼國會的演講，雅加達，二〇一三年十月二日。

44. 二〇一三年九月七日，習近平在哈薩克（Kazakhstan）阿斯坦納（Astana）的納扎爾巴耶夫大學（Nazarbayev University）發表題為〈弘揚人民友誼　共創美好未來〉（Promote friendship between our people and work together to build a bright future）的演講。

45. Bruno Maçães, *Belt and Road*, p. 24.

46. Rachel Will, 'China's stadium diplomacy', *World Policy*, 6 June 2012; Thomas Fuller, 'Myanmar backs down, suspending dam project', *The New York Times*, 30 September 2011; Lermie Shayne Garcia, 'Chinese aid in Southeast Asia before the Belt and Road Initiative: Solidarity or business as usual?', *Asian Studies: Journal of Critical Perspectives on Asia*, Vol. 53, No. 1, 2017.

47. 中華人民共和國國家發展改革委員會、外交部、商務部，經國務院授權發布《推動共建絲綢之路經濟帶和二十一世紀海上絲綢之路的願景與行動》，二〇一五年三月二十八日。

48. Bruno Maçães, *Belt and Road*, p. 24.

49. David Zweig, 'Spooked by China's hawks? So are the Chinese', *The Wall Street Journal (Asia)*, 11 November 2010. 本書作者二〇一〇年在中國舉行的研討會議上，也聽到中國學者提出類似的看法。

50. 例如Qi Jianguo, 'An unprecedented great changing situation: Understanding and thoughts on the global strategic situation and our country's national security environment', in James A. Bellacqua and Daniel M. Hartnett, 'Article by LTG Qi Jianguo on international security affairs', *CNA China Studies*, April 2013; and Kui Jing, 'Welcoming the US into the Indo-Asia-Pacific', *Sohu*, 19 March 2013.

51. Minghao Zhao, 'The emerging strategic triangle in Indo-Pacific Asia', *The Diplomat*, 4 June 2013.

52. 請參閱，例如Lü Yaodong, 'Japan's "Indo-Pacific" concept another platform for containing China', *Global Times*, 13 October 2014;另一位中國學者宣稱，印度是美國印太戰略的「關鍵」，目的是要制衡中國，以及「反制北京的一帶一路挺進印度洋」。請參閱'Obama's India visit aimed at containing China: Report', *The Times of India*, 25 January 2015.
53. Minghao Zhao, 'The emerging strategic triangle in Indo-Pacific Asia'.
54. Commonwealth of Australia, 'Australia in the Asian Century: white paper', Canberra, October 2012.
55. 這幅地圖是國防部高級官員布倫丹·沙金特（Brendan Sargeant）委託繪製，一開始，在澳洲國防部一些機構裡引發爭論，而且，據報導，還讓那些仍然把焦點放在中東的美國官員感到困惑。有一種陰謀論的說法，說澳洲國防部官員之所以推動印太構想，是要超越一直在推動亞洲世紀理念的經濟部門，但這種說法，顯然沒有注意到，印太構想已經在亞洲世紀白皮書裡出現，而且，外交政策圈也很重視印太理念。請參閱Graeme Dobell, 'Sunny Asian century versus dark Indo-Pacific', *The Strategist*, 8 July 2019.
56. Dennis Rumley, Timothy Doyle and Sanjay Chaturverdi, '"Securing" the Indian Ocean?: Competing regional security constructions', Indo-Pacific Governance Research Centre Policy Brief, University of Adelaide, 2012.
57. Nick Bisley and Andrew Phillips, 'Rebalance to where? US strategic geography in Asia', *Survival*, Vol. 55, No. 5, 2013, p. 96.
58. Commonwealth of Australia, 'Opportunity, security, strength: Foreign policy white paper', Canberra, 2017.
59. 例如Michael Auslin, 'Tipping point in the Indo-Pacific', *The American Interest*, March 2011. 作家羅伯特·卡普南（Robert Kaplan）透過一篇及時的雜誌文章，對美國政策思考產生影響，請參閱Robert Kaplan, 'Center stage for the 21st century: Power plays in the Indian Ocean', *Foreign Affairs*, March 2009.
60. 'President Obama, PM Modi's joint statement: full text', 25 January 2015.

61. Marty Natalegawa, 'An Indonesian perspective on the Indo-Pacific', keynote address at the Conference on Indonesia, Washington DC, 16 May 2013.
62. 印度總理莫迪在澳洲國會的演講，坎培拉，二〇一四年十一月十八日。
63. C. Raja Mohan, *Samudra Manthan*.
64. Shyam Saran, 'Mapping the Indo-Pacific', *Indian Express*, 29 October 2011.
65. Gurpreet S. Khurana, 'Security of sea lanes: Prospects for India-Japan cooperation', *Strategic Analysis*, Vol. 31, No. 1, 2007.
66. 安倍晉三，《兩大海合流》（Confluence of the two seas），在印度國會的演說，新德里，二〇〇七年八月二十二日。
67. 'Movers of Abe's diplomacy', *The Japan Times*, 11 February 2013.
68. Shiraishi Takashi, 'Japan's Indo-Pacific policy', Center for Strategic and International Studies, 1 March 2016.
69. Michael J. Green, Kathleen H. Hicks and John Schaus, 'Countering coercion in maritime Asia: The theory and practice of gray-zone deterrence'.
70. Barack Obama, 'Commencement speech: West Point', New York, 28 May 2014.
71. Ashley Townshend and Rory Medcalf, 'Shifting waters: China's new passive assertiveness in Asian maritime security', Lowy Institute Analysis, 2016.
72. 日本首相安倍於二〇一六年八月二十七日在肯亞首都奈洛比的「第六屆東非開發東京國際會議」開幕式上發表的演說。
73. Kori Schake, *America vs the West*, Lowy Institute Paper, 2018.
74. Commonwealth of Australia, *Opportunity, Security, Strength: Foreign Affairs White Paper*, 2017, p. 4.
75. Louis Nelson, 'In Asia, Trump keeps talking about Indo-Pacific', *Politico*, 7 November 2017.

76. 川普總統在越南峴港舉行的ＡＰＥＣ會議上發表的演說，二〇一七年十一月十日。
77. National Security Strategy of the United States of America, December 2017, p. 45.
78. Lindsey Ford, 'Promise vs. experience: How to fix the "free and open Indo-Pacific"', *War on the Rocks*, 10 April 2018.
79. Jansen Tham, 'What's in Indonesia's Indo-Pacific concept?', *The Diplomat*, May 2018.
80. Bill Birtles, 'China mocks Australia over "Indo-Pacific" concept it says will "dissipate"'.
81. Raja Mohan, Rory Medcalf and Bruno Tertrais, 'New Indo-Pacific axis', *Indian Express*, 8 May 2018.
82. Richard Heydarian, 'The Indo-Pacific era debuts at Shangri-La Dialogue', Asian Maritime Transparency Initiative, 8 June 2018.
83. Sam Sachdeva, 'Peters pushes trade, pokes China in latest US trip', *Newsroom*, 18 July 2019.
84. 對東南亞政策菁英進行的一次民意調查顯示，六一%的受訪者認為，需要對印太構想作更多解釋。大約一七%的受訪者也說，印太構想會傷害到東協，另有同樣比例的受訪者認為，印太構想是能夠長久維持本地區新秩序的基礎。大約四分之一受訪者表示，這個構想是要「制衡」中國。只有一一．八%受訪者認為，這個構想最後終將「消失不見」。請參閱 *The State of Southeast Asia: Survey Report*, Institute of Southeast Asian Studies, Singapore, 2019, p. 25.
85. John Garnaut, 'Australia's China reset: The rest of the world is watching how we counter Beijing's campaign of influence', *The Monthly*, August 2018.
86. The White House, 'Remarks by Vice President Pence on the administration's policy towards China', 4 October 2018.
87. US Department of Defense, 'Indo-Pacific Strategy report: Preparedness, partnerships, and promoting a networked region', 1 June 2019.
88. US Congress, *John S. McCain National Defense Authorization Act for Fiscal Year 2019*.

89. David Wroe, 'China eyes Vanuatu military base in plan with global ramifications', *The Sydney Morning Herald*, 9 April 2018; 'Outflanking China, U.S. allies – including Japan – pledge to provide electricity to Papua New Guinea', *The Japan Times*, 18 November 2018.

第五章　賽局與巨人

1. 請參閱David Scott, 'The great power "Great Game" between China and India: The logic of geography', *Geopolitics*, Vol. 13, No. 1, 2008; Robert Kaplan, 'Center stage for the 21st century: Power plays in the Indian Ocean', *Foreign Affairs*, March/April 2009; Bertil Lintner, *Great Game East: India, China and the Struggle for Asia's Most Volatile Frontier*, HarperCollins India, Delhi, 2012, p. xxv; Rani D. Mullen and Cody Poplin, 'The new Great Game: A battle for access and influence in the Indo-Pacific', *Foreign Affairs online*, 29 September 2015; Garima Mohan, 'Great Game in the Indian Ocean', Global Public Policy Institute, 11 June 2018.
2. Peter Hopkirk, *Quest for Kim: In Search of Kipling's Great Game*, Oxford University Press, Oxford, 1996, pp. 2, 6.
3. 有關圍棋的類比，請參閱You Ji, 'The Indian Ocean: A grand Sino-Indian game of "Go"', in David Brewster (ed.), *India and China at Sea: Competition for Naval Dominance in the Indian Ocean*, Oxford University Press, Delhi, 2018.
4. 美國政策學者格林對美國在此區域的戰略作過類似的評論，形容這個戰略「至少和三層的棋戲同樣複雜」：華府必須同時支持規則、和中國交手，以及維持軍事力量。請參閱Michael J. Green, *By More than Providence*, p. 543.
5. 用「典型智慧能力」來稱呼日本，請參閱Lowy Institute Asia Power Index 2019, p. 8.
6. John J. Mearshemier, *The Tragedy of Great Power Politics*, W.W. Norton and Company, New York, 2014, pp. 1-5.
7. Alexander Wendt, 'Anarchy is what states make of it: The social construction of power politics', *International*

Organization, Vol. 46, No. 2, 1992.

8. 對組成國家力量的各種因素進行全面性評估的第一人就是漢斯・摩根紹，Hans Morgenthau, *Politics among Nations: The Struggle for Power and Peace*, Knopf, New York, 1948.目前，有一個線上評估服務，專門評估印太各國的實力，並且根據各項因素的變動進行調整，這就是洛伊研究所的《亞洲實力索引》（Asia Power Index），https://power.lowyinstitute.org.
9. Kenneth Waltz, quoted in George Perkovich, 'Is India a major power?', *The Washington Quarterly*, Vol. 27, No. 1, 2003, p. 129.
10. Michael Beckley, *Unrivaled: Why America Will Remain the World's Sole Superpower*, Cornell University Press, Ithaca, 2018, pp. 10-13.
11. 撞球的類比，牽涉到一些老資格的國際關係學者，請參閱John J. Mearshemier, *The Tragedy of Great Power Politics*, p. 18.
12. Hal Brands and Charles Edel, *The Lessons of Tragedy: Statecraft and World Order*, Yale University Press, New Haven, 2019, p. 6.
13. David Fickling, 'China could outrun the US next year. Or never', *Bloomberg Opinion*, 9 March 2019.
14. Michael Beckley, *Unrivaled*, p. 61.
15. Wei Chen et al., 'A forensic examination of China's national accounts', Brookings Papers on Economic Activity, 2019.
16. Sebastian Heilmann (ed.), *China's Political System*, Rowman & Littlefield, Lanham, 2017, p. 23.
17. Frank Dikötter, *The Age of Openness: China Before Mao*, University of Chicago Press, Berkeley, 2008.
18. Vicky Xiuzhong Xu, 'China's youth are trapped in the cult of nationalism', *Foreign Policy*, 1 October 2019.
19. 習近平向十九大發表主題為「決勝全面建成小康社會，奪取新時代中國特色社會主義偉大勝利」的報告，二〇一七年十月十八日。

20. 同上。
21. Bates Gill and Linda Jakobson, *China Matters: Getting It Right for Australia*, La Trobe University Press, Melbourne, 2017, p. 46 (ebook).
22. Richard McGregor, *Asia's Reckoning: China, Japan and the Fate of US Power in the Pacific Century*, Penguin, New York, 2017, pp. 129-132.
23. Carl Minzner, *End of an Era: How China's Authoritarian Revival Is Undermining Its Rise*, Oxford University Press, New York, 2018, pp. 21, 168-169.
24. Thomas J. Christensen, *The China Challenge: Shaping the Choices of a Rising Power*, Norton, New York, 2015, p. 13.
25. Elizabeth E. Economy, *The Third Revolution: Xi Jinping and the New Chinese State*, Oxford University Press, New York, 2018, p. 188; Richard N. Haas, *Foreign Policy Begins at Home: The Case for Putting America's House in Order*, Basic Books, New York, 2013, p. 32.
26. Chris Buckley and Keith Bradsher, 'Xi Jinping's marathon speech: Five takeaways', *The New York Times*, 18 October 2017.
27. Elizabeth E. Economy, *The Third Revolution*.
28. Kai Strittmatter, *We Have Been Harmonised: Life in China's Surveillance State*, Old Street Publishing, London, 2019, p. 6.
29. Wang Jisi, quoted in Richard McGregor, *Xi Jinping: The Backlash*, Penguin/Lowy Institute Paper, Sydney, 2019, p. 112.

30. '"Arrogant demands" by US "invade" China's economic sovereignty, state news agency says', *South China Morning Post*, 26 May 2019.
31. Richard McGregor, *Xi Jinping*, p. 114.
32. 取自習近平二〇一七年的報告：「著眼於實現中國夢強軍夢，制定新形勢下軍事戰略方針……加強練兵備戰，有效遂行海上維權、反恐維穩、搶險救災、國際維和、亞丁灣護航、人道主義救援等重大任務。」
33. You Ji, 'The Indian Ocean: A grand Sino-Indian game of "Go"', p. 90; Michael Peck, 'China is tripling the size of its Marine Corps', *The National Interest*, 29 August 2018.
34. Hugh White, *How to Defend Australia*, pp. 39. 42.
35. 中國國務院發布國防白皮書，《新時代的中國國防》，二〇一九年七月。
36. Howard French, *Everything Under the Heavens*, p. 274.
37. 同上，第278-283頁。值得注意的是，中國的吉尼係數（Gini coefficient，指的是年收入分配公平程度的指標）比印度糟。
38. David Shambaugh, *China's Future?*, Polity, Cambridge, 2016, pp. 50-51, 125-129; Carl Minzner, *End of an Era*, pp. 164-172.
39. Bill Birtles, 'China's security obsession is now a point of national pride', ABC News, 10 October 2017; Lily Kuo, 'China is spending more on policing its own people than on its defense budget', *Quartz*, 6 March 2013.
40. 例如，皮尤研究中心（Pew Research Center）從二〇一二年到二〇一四年在中國進行的全球態度與趨勢民意調查，結果顯示，八二%和九二%之間的受訪者對中國領導人有信心。但是當時是習近平統治初期，在加強鎮壓和經濟成長變緩之前，而且這也許正好反映出在一個威權監測國家裡，想要取得可靠的民意調查結果，是有困難的。https://www.pewresearch.org/global/database/indicator/69/country/CN.

41. '20 years on, Falun Gong survives underground in China', *The Japan Times*, 23 April 2019.
42. Tom Blackwell, '"Don't step out of line": Confidential report reveals how Chinese officials harass activists in Canada', *National Post*, 5 January 2018.
43. Peter Pomeranstev, *This Is Not Propaganda: Adventures in the War Against Reality*, Faber & Faber, London, 2019, pp. 246-247.
44. 在二〇一七年和二〇一八年，這些相當賣座的電影描述英勇的中國特種部隊軍人深入非洲和阿拉伯半島，救出被美國傭兵和伊斯蘭恐怖分子綁架的人質。《戰狼２》的宣傳主題是，「犯我中華者，雖遠必誅」。請參閱 Kai Strittmatter, *We Have Been Harmonised*, pp. 56-57.
45. 'Headlines from China: Will China ban *Wolf Warrior 3?' ChinaFilmInsider*, 3 December 2018.
46. US Department of Defense, 'Indo-Pacific Strategy Report', Washington DC, June 2019.
47. Wu Xinbo, 'The end of the silver lining: A Chinese view of the US-Japan alliance', *The Washington Quarterly*, Vol. 29, No.1, 2005.
48. Robert Jervis, 'Cooperation under the security dilemma', *World Politics*, Vol. 30, No. 2, 1978.
49. George Perkovich, 'Is India a major power?', p. 130.
50. 沒有單獨一份印度安全戰略文件正式列出印度面對的所有挑戰。對印度安全挑戰的非官方的全面性調查，則來自由多位作者合著的一篇報告：Sunil Khilnani et al., 'Nonalignment 2.0: a foreign and strategic policy for India in the 21st century', Center for Policy Research, New Delhi, 2012.近期，另外一本很有參考價值的印度安全挑戰的著作則是：Gurmeet Kanwal, *The New Arthashastra: A Security Strategy for India*, HarperCollins India, Noida, 2016.
51. Shivshankar Menon, *Choices: Inside the Making of India's Foreign Policy*, Brookings Institution Press, Washington DC, 2016, pp. 37-38.

52. Annie Gowen, 'In Modi's India, journalists face bullying, criminal cases and worse', *Washington Post*, 16 February 2018.
53. 'India is world's second-largest arms importer', *The Hindu*, 11 March 2019.
54. Niall McCarthy, 'Report: India lifted 271 million people out of poverty in a decade', *Forbes*, 12 July 2019.
55. World Bank, 'Poverty and equity brief: South Asia: India', 2019.
56. 'India's oil import dependence jumps to 86 per cent', *Economic Times*, 5 May 2019.
57. Rory Medcalf, 'India Poll 2013', Lowy Institute and Australia-India Institute, May 2013, https://www.lowyinstitute.org/publications/india-poll-2013.
58. Shyam Saran, *How India Sees the World*, p. 106.
59. C. Raja Mohan, 'Explained: How Balakot changed the familiar script of India-Pakistan military crises', 4 March 2019.
60. Ravi Agrawal and Kathryn Salam, 'Is India becoming more like China?' *Foreign Policy*, 22 October 2019.
61. 'Air strikes on Pakistan may win Narendra Modi India's election', *The Economist*, 14 March 2019.
62. Sumit Ganguly, 'Why the India-Pakistan crisis isn't likely to turn nuclear', *Foreign Affairs*, 5 March 2019.
63. Tanvi Madan, 'Doklam standoff: The takeaways for India', *LiveMint*, 4 September 2017.
64. Ian Hall, *Modi and the Reinvention of Indian Foreign Policy*, Bristol University Press, Bristol, 2019, p. 142.
65. Subrahmanyam Jaishankar, remarks at launch of 'Indian Foreign Policy: the Modi Era', Observer Researcher Foundation, New Delhi, 24 April 2019.
66. Amartya Sen, 'Contrary India', *The Economist*, 18 November 2005.
67. Subrahmanyam Jaishankar, remarks at launch.
68. Sadanand Dhume, 'The dueling narratives of India's Kashmir crackdown', *The Atlantic*, 5 September 2019.

69. Kishan Rana, 'The Indian foreign service: The glass gets fuller', *The Foreign Service Journal*, June 2014.
70. Ashok Malik and Rory Medcalf, 'India's new world: Civil society in the making of foreign policy', Lowy Institute Analysis, May 2011.
71. Ministry of External Affairs, Government of India, 'Official spokesperson's response to a query on participation of India in OBOR/BRI forum', 13 May 2017; 'With China still opposed, India's NSG membership application remains in cold storage', *The Wire*, 22 June 2019.
72. Kenneth Waltz, quoted in George Perkovich, 'Is India a major power?', p. 129.
73. 二〇〇九年，梅赫塔海軍上將是印度參謀會議主席，是印度最高階軍官。他曾經引發爭論，因為他公開承認，印度如果把自己拿來和更強大、更富裕的中國相比，那是有勇無謀的行為，他還作出一項戰略建議，後來被證明他有先見之明：「以一個師的兵力來對抗敵國一個師的兵力，這種傳統作法應該放棄，改而使用高科技來發展出高度警戒能力，以及創造出可靠的對峙威懾力量。」請參閱Sureesh Mehta, 'India's national security challenges: An armed forces overview', Paper presented at the Indian Habitat Centre, New Delhi, 10 August 2009.
74. Michael J. Green, *By More than Providence*, p. 5.
75. Victor Cha, *Powerplay: The Origins of the American Alliances System in Asia*, Princeton University Press, Princeton, 2016, p. 18.
76. Thomas J. Wright, *All Measures Short of War: The Contest for the 21st Century and the Future of American Power*, Yale University Press, Connecticut, 2017, pp. 154-155.
77. Barry Posen, *Restraint: A New Foundation for US Grand Strategy*, Cornell University Press, Ithaca, 2014, p. xiii. 亦參閱James Steinberg and Michael E. O'Hanlon, *Strategic Reassurance and Resolve: US-China Relations in the 21st Century*, Princeton University Press, Princeton, 2014, pp. 48-55; John J. Mearsheimer and Stephen M. Walt,

第九章　猜疑之航

1. Nassim Nicholas Taleb, *The Black Swan: The Impact of the Highly Improbable*, Random House, New York, 2007. 為了替自己以及天鵝求得公平，塔雷伯後來承認「黑天鵝事件」不一定都是災難性的，只是造成的影響比較大而已。
2. Peter Ho, 'The black elephant challenge for governments', *The Straits Times*, 7 April 2017.
3. United States National Intelligence Council, *Paradox of Progress*, Global Trends report 2017, p. 21.
4. 同上，第10頁。
5. Global Military Advisory Council on Climate Change, 'Climate change and security in South Asia', GMACC paper no. 2, May 2016; Intergovernmental Panel on Climate Change (IPCC), 'AR5 Climate change 2014: Impacts, adaptation and vulnerability', Chapter 12, 'Human security'.
6. 美國國家情報委員會（US National Intelligence Council）的全球趨勢報告裡有設想二〇三三年的一個情景，提到某個國家使用飛機施放大量煙霧劑噴到他們領土上空的大氣層裡，以減少太陽輻射的暖化效應，引來其他國家的強烈抗議，因為其他國家擔心，這會引發不好的副作用，像是酸雨和臭氧層遭到破壞（同上，第24頁）。也請參閱Adam Lockyer and Jonathan Symons, 'The national security implications of solar geoengineering: An Australian perspective', *Australian Journal of International Affairs*, Vol. 23, No. 5, 2019.
7. 'China could be the first country to exploit deep sea minerals', *South China Morning Post*, 23 October 2019.
8. Anthony Bergin and David Brewster, 'Environmental security in the eastern Indian Ocean, Antarctica and the Southern Ocean: A risk mapping approach', ANU National Security College, 2019, p. 32.
9. Elizabeth Buchanan, 'Antarctica: A cold, hard reality check', *The Strategist*, 17 September 2019; Klaus Dodds, 'In 30 years the Antarctic Treaty becomes modifiable, and the fate of a continent could hang in the balance', *The*

27. Malcolm Cook, Raoul Heinrichs, Rory Medcalf and Andrew Shearer, 'Power and choice: Asian security futures', Lowy Institute, 2010, pp. 48-49.
28. 像這樣的信心建立措施，也需要延伸到中國和臺灣軍方之間，因為臺灣海峽仍然是一個重要的衝突點。請參閱 Brendan Taylor, *Dangerous Decade: Taiwan's Security and Crisis Management*, International Institute for Strategic Studies, London, 2019, pp. 113-120.
29. Laura Zhou, 'Vietnam demands Chinese ship leave disputed waters as end of fishing ban threatens to inflame tensions', *South China Morning Post*, 17 August 2019.
30. 我們需要一個強化的東亞峰會。著名的印尼學者和外交家迪諾・帕替・德加拉（Dino Patti Djalal）也提出這樣的類似觀點：Dino Patti Djalal, 'Are we ready for Indo-Pacific 2.0?' *The Jakarta Post*, 25 February 2019.
31. Lyle J. Goldstein, *Meeting China Halfway: How to Defuse the Emerging US-China Rivalry*, Georgetown University Press, Washington, 2015; Brendan Taylor, *The Four Flashpoints: How Asia Goes to War*, Black Inc., Melbourne, 2018.
32. US Overseas Private Investment Corporation (OPIC), 'The launch of multi-stakeholder Blue Dot Network', media release, 4 November 2019.
33. David Wroe, 'China "behind" huge ANU hack amid fears government employees could be compromised', *The Sydney Morning Herald*, 5 June 2019; Ben Doherty, 'Universities to work with security agencies to combat foreign interference', *The Guardian*, 28 August 2019.
34. Ewelina U. Ochab, 'The Magnitsky law is taking over the European Union', *Forbes*, 10 December 2018.
35. 'Germany says link between China govt, hackers credible', *Associated Press*, 21 December 2018.
36. Ben Bland, 'China's demands for loyalty are bad for business', *Bloomberg Opinion*, 24 August 2019.

37. Kori Schake, *America vs the West*, pp. 83-95.
38. 'Germany, France to launch multilateralism alliance', *Deutsche Welle*, 3 April 2019.
39. 作者和越南官員及澳洲學者的會談，二〇一九年十月。
40. Penny Wong and Kimberley Kitching, 'Engaging the parliament on China', Joint media release, Australian Labor Party, 6 September 2019.
41. Steven Stashwick, 'China's South China Sea militarization has peaked', *Foreign Policy*, 19 August 2019.
42. Linda Jakobson, 'New Foreign Policy Actors in China', Stockholm Peace Research Institute, 2010.
43. Lyle J. Goldstein, *Meeting China Halfway*, pp. 336-340.
44. 前紐約時報駐北京記者傅好文（Howard French）說：「中國在受到平等對待和被認為有作出很多貢獻時……但在必要時，如果面對不完全但堅決的態度……將會在進行過程中變得成熟……然後，極有可能穩定下來。」請參閱 Howard W. French, *Everything Under the Heavens*, p. 284.
45. Peter Hancock, 'Ancient tales of Perth's fascinating birds', *The Sydney Morning Herald*, 5 April 2014.

普羅米修斯BF3045

國家圖書館出版品預行編目（CIP）資料

印太競逐：美中衝突的前線，全球戰略競爭新熱點／羅里・梅卡爾夫（Rory Medcalf）著；李明譯. -- 初版. -- 臺北市：商周出版：家庭傳媒城邦分公司發行, 2020.09
面；　公分. --（普羅米修斯；BF3045）
譯自：Contest for the Indo-Pacific : why China won't map the future.
ISBN 978-986-477-904-8（平裝）
1. 地緣政治　2. 國際關係　3. 太平洋　4. 印度洋
571.15　　109011911

印太競逐

美中衝突的前線，全球戰略競爭新熱點

原 文 書 名／Contest for the Indo-Pacific : Why China Won't Map the Future
作　　　者／羅里・梅卡爾夫（Rory Medcalf）
譯　　　者／李　明
編 輯 協 力／林嘉瑛
責 任 編 輯／鄭凱達
企 畫 選 書／陳美靜
版　　　權／黃淑敏
行 銷 業 務／周佑潔、林秀津、王　瑜、黃崇華、賴晏汝

總　編　輯／陳美靜
總　經　理／彭之琬
事業群總經理／黃淑貞
發　行　人／何飛鵬
法 律 顧 問／台英國際商務法律事務所　羅明通律師
出　　　版／商周出版
臺北市104民生東路二段141號9樓
電話：(02) 2500-7008　傳真：(02) 2500-7759
E-mail: bwp.service @ cite.com.tw
發　　　行／英屬蓋曼群島商家庭傳媒股份有限公司　城邦分公司
臺北市104民生東路二段141號2樓
讀者服務專線：0800-020-299　24小時傳真服務：(02) 2517-0999
讀者服務信箱E-mail: cs@cite.com.tw
劃撥帳號：19833503　戶名：英屬蓋曼群島商家庭傳媒股份有限公司城邦分公司
訂 購 服 務／書虫股份有限公司客服專線：(02) 2500-7718；2500-7719
服務時間：週一至週五上午09:30-12:00；下午13:30-17:00
24小時傳真專線：(02) 2500-1990；2500-1991
劃撥帳號：19863813　戶名：書虫股份有限公司
E-mail: service@readingclub.com.tw
香港發行所／城邦（香港）出版集團有限公司
香港灣仔駱克道193號東超商業中心1樓
電話：(852) 2508-6231　傳真：(852) 2578-9337
馬新發行所／城邦（馬新）出版集團
Cite (M) Sdn. Bhd.
41, Jalan Radin Anum, Bandar Baru Sri Petaling, 57000 Kuala Lumpur, Malaysia.
電話：(603) 9057-8822　傳真：(603) 9057-6622　E-mail: cite@cite.com.my

封 面 設 計／廖勁智@覓蠹
印　　　刷／鴻霖印刷傳媒股份有限公司
經　銷　商／聯合發行股份有限公司　電話：(02) 2917-8022　傳真：(02) 2911-0053
地址：新北市新店區寶橋路235巷6弄6號2樓

■2020年9月3日初版1刷
■2020年12月17日初版3刷
Printed in Taiwan

定價490元
ISBN 978-986-477-904-8